《IQ는 아버지 EQ는 어머니 몫이다》 총서 ⑩ : 쉐마교육 시리즈 5

잃어버린 구약의 지상명령
쉐마

전 3 권

IQ·EQ 박사 **현용수** 지음

제3권: 제4부 제2장~제6부

2009년
쉐마

IQ·EQ 박사 현용수의 유대인의 자녀교육
《IQ는 아버지 EQ는 어머니 몫이다》 총서 ⑨ : 쉐마교육 시리즈 4

잃어버린 구약의 지상명령 쉐마 3 (전3권)

초판	1쇄(2006년 7월 15일)
	3쇄(2007년 2월 10일)
수정증보판	1쇄 2009년 6월 19일)
	3쇄(2017년 7월 25일)
지은이	현용수
펴낸이	현용수
펴낸곳	도서출판 쉐마
등록	2004년 10월 27일
	제315-2006-000033호
주소	서울시 강서구 공항대로71길 54
	(염창동, 태진한솔아파트 상가동 3층)
전화	(02) 3662-6567
팩스	(02) 2659-6567
이메일	shemaiqeq@naver.com
홈페이지	http://www.shemaiqeq.com
총판	한국출판협동조합(일반)
	생명의 말씀사(기독교)

Copyright ⓒ 현용수(Yong Soo Hyun), 2009
본서에 실린 자료는 저자의 서면 허가 없이 복제를 금합니다.
Duplication of any forms can't be published without written permission.

ISBN 978-89-91663-08-4 04230

값 15,000원

도서출판 쉐마는 무너진 교육을 세우기 위한 대안으로
인성교육과 쉐마교육의 원리와 실제를 연구하여 보급합니다.

하나님께서 아브라함과 그의 후손 유대인에게 오실 예수님을 준비하기 위해 "말씀을 자손 대대로 전수하라"는 지상명령을 주셨다. 따라서 유대인은 자녀에게 최선을 다하여 말씀을 전수하는데 성공했다.
(사진: 아버지가 아들의 손과 함께 포인터를 잡고 두루마리 성경을 가리키며 읽고 있다. 이는 아버지가 아들에게 말씀을 대물림한다는 것을 상징한다.)

정통파 유대인은 피임을 안 하기 때문에 자녀가 많다. 그들은 혈통적인 유대인에게 말씀을 가르쳐 온전한 영적 유대인으로 양육하기 위하여 최선을 다한다. 그들은 신본주의 사상, 생활 방식, 복장까지 세대차이가 없다. 유대인에게 많은 자녀의 생산은 말씀 전파의 방법이다.
[사진: 랍비 에들러스테인 씨 가족과 함께한 저자(두 남매와 부인이 빠졌다.)]

성년식 때 랍비가 보는 앞에서 3대가 하나님 말씀 전수식을 갖고 있다. 제1대 할아버지가 2대 아들에게 그리고 2대 아들이 3대 손자에게 토라를 전수하고 있다. 여호와의 말씀 전수는 유대인의 사명이다.

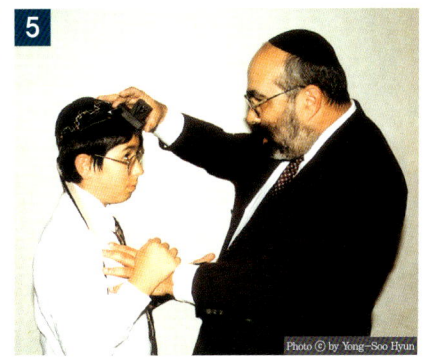

쉐마언약의 표식들 중 하나가 각 문 문설주에 있는 쉐마 말씀이 들어 있는 메주사다. 유대인은 출입할 때마다 이 메주사에 손을 댄 후 그 손을 입에 대어 키스한다. 여화와의 말씀이 송이꿀보다 더 달아 평생토록 빨아 먹어야 복과 생명을 얻는다는 뜻이다.

유대인 아버지는 아들을 '율법 맡은 자'로 키우고, '성년식(바 미쯔바)'을 준비시킨다.
(사진: 아버지가 아들에게 성년식을 치르기 전에 쉐마 경문을 미간과 팔에 매고 기도하는 법을 가르치고 있다.)

새로 구입한 두루마리 성경(토라)를 회당에 안치할 때는 그 절차가 유대인의 결혼 예식으로 진행된다. 이것은 하나님의 말씀이 이스라엘 백성과 결혼한다는 뜻이다. 하나님은 신랑, 이스라엘 백성은 하나님의 신부 격이 된다.
(사진: 훗파라는 장막 속에서 토라를 회당으로 이동하고 있다. 그 주위로 회당의 수많은 인파가 노래를 부르고 춤을 추며 따르고 있다. 굿은 비가 오는데도 회중이 많다.)

전세계 유대인은 예루살렘 통곡의 벽에서 성년식을 치르는 것이 소원이다.
(사진: 통곡의 벽에서 성년식을 마친 후 아버지가 아들과 함께 무등을 타고 춤을 추며 기뻐하고 있다.)

신약시대의 교회는 장소와 시간을 초월하여 성도들이 신령과 진정으로 예배를 드릴 수 있다.
(사진: '쉐마지도자클리닉'에서 민족의 2세교육을 살리기 위한 열띤 토의 광경. 왼쪽부터 김진섭 박사, 박재영 목사, 이근수 목사, 윤희주 목사, 홍정찬 목사, 김동식 목사, 김경윤 목사, 정지웅 박사)

Biblical Jewish Shema Educational Theology Series 5

The Forgotten Great Commission in the Old Testament, Shema
– The Educational Theology Perspective on Gen. 18:19 and the Shema –

Vol. Three
Part 4 Chapter 2~Part 6

By
Dr. Yong Soo Hyun (Ph.D.)

**Presenting
Christian Education Problems
and It's Solution**

2009 (Second Edition)

Shema Books
Seoul, Korea

차 례

화보
수정증보판 서문: 수정증보판 전3권을 내면서 · 15
서평
  랍비신학적 입장
   • 현 박사는 유대인의 하나님 말씀 전수 비밀을 정확하게 발견 · 18
    - 랍비 이츠학 에들러스테인(미국 LA, 로욜라 법대 교수)
  실천신학적 입장
   • 남이 발견하지 못한 역사적 탁견 · 21
    - 정성구 박사(전 총신대 및 대신대학교 총장, 실천신학)
  기독교교육학적 입장
   • 구약의 지상명령 발견은 '현용수 교육신학'의 기초 공사 · 24
    - 이정근 박사(전 미주성결대학교 총장, 기독교교육학)
저자 서문:《잃어버린 구약의 지상명령, 쉐마》를 펴내며 · 28
IQ-EQ 총서를 발간하면서: 무너진 교육의 혁명적 대안을 찾아서 · 34

제4부
하나님이 유대민족에게 주신 지상명령, 쉐마

제2장 유대민족이 받은 지상명령, 쉐마의 내용

  III. 교육학적으로 본 쉐마교육 방법의 우수성 · 42
    1. 교육신학적 유익 · 42
    2. 교육학 및 심리학적 유익 · 45
    3. 왜 예수님은 바리새인들의 테필린과 찌찌트를 비판하셨는가 · 51
    4. 교육 형식(신 6:8~9)의 내면적 뜻도 새겨라 · 53
  IV. 기독교인도 쉐마(신 6:4~9)를 실천해야 하는가 · 57
    1. 쉐마교육의 방법은 하나님이 명하신 교육의 형식이다 · 57

2. 실화: 자녀의 마음을 뒤바꾼 예수님의 지혜 · 61

제3장 쉐마와 오순절: 율법과 성령 받은 절기

I. 문제 제기 · 67
II. 구약의 오순절과 율법 · 68
   1. 유월절(Passover, פֶּסַח) · 68
   2. 구약의 오순절(Shavouth, שָׁבֻעוֹת) · 76
     A. 율법 받은 날 · 76
     B. 유대인이 오순절을 지키는 방법과 룻기서 · 80
III. 교회론적 입장에서 본 오순절 · 84
   1. 오순절: 구약교회와 신약교회의 탄생 · 84
   2. 신약교회의 예배: 말씀(율법)과 성령의 두 바퀴 · 89
IV. 요약 및 결론 · 94

제5부
쉐마와 유대인 '자녀'의 개념(자녀신학)

제1장 쉐마와 '말씀 맡은 자'(자녀의 정체성)

I. 왜 자녀는 하나님이 주신 기업인가(시 127:3~5) · 99
II. 자녀 생산은 '말씀 맡은 자'의 번성이다 · 104
   1. 왜 유대인은 '말씀 맡은 자'인가 · 104
   2. 왜 '말씀 맡은 자'의 번성은 천국의 확장인가 · 111
   3. 왜 천국을 확장하기 위하여 자녀를 많이 낳아야 하는가 · 117
III. 왜 하나님은 동성애자들을 그토록 저주하셨는가 · 121

제2장 쉐마와 유대인의 성년식

I. 성년식(בר מצוה, Bar Mitzvah)의 뜻은 '율법 맡은 자' · 128
II. 성년식의 과정 · 134

Ⅲ. 성년식 후의 특권과 의무 · 145
　　Ⅳ. 신약시대 성년식의 의미: 율법 맡은 아들 = 말씀 맡은 자 · 150
　　Ⅴ. 왜 유대인 성년식을 치르는 연령이 13세인가 · 157
　　　1. 13세 이전의 교육이 중요한 11가지 이유 · 157
　　　2. 13세 이전에 자녀를 교육시키는 사람들의 예 · 167

제3장 기독교와 쉐마교육선교 전략

　　Ⅰ. 서론 · 173
　　　1. 전체 문제 제기 · 173
　　　2. 2세교육의 문제점 · 175
　　　　A. 인성교육학적 측면 · 175
　　　　B. 교회성장학적 측면 · 175
　　Ⅱ. 2세교육의 중요성 · 177
　　　1. 세계 기독교의 역사적 측면에서 2세교육의 중요성 · 177
　　　2. 한국인 2세에게 말씀을 전수하지 못한다면 어떠한 문제가 생기겠는가 · 179
　　　　A. 유대인에 비교한 한국인의 선민사상 요소 · 179
　　　　B. 한국인 2세에게 말씀을 전수하지 못하면 또다시 중국이나 일본의
　　　　　　속국이 될 수 있다 · 193
　　　3. 왜 2세교육이 세계선교 중 땅 끝 선교인가 · 196
　　Ⅲ. 쉐마교육선교 전략: 그 해결 방안 · 202
　　　1. 쉐마교육선교 전략 Ⅰ: 가정에서 부모가 자녀를 말씀의 제자 삼아라 · 203
　　　　A. 왜 기독교인에게 유대인의 선민교육, 쉐마가 필요한가 · 204
　　　　B. 쉐마(שמע, 신 6:4~9)란 무엇인가 · 207
　　　2. 쉐마교육선교 전략 Ⅱ:
　　　　　전 세계 코리안 디아스포라 교회가 살아남을 수 있는 방법 · 209
　　　3. 쉐마교육선교 전략 Ⅲ : 쉐마를 통한 제3세계 한국인의 선교 전략 · 213
　　　4. 쉐마교육선교 전략 Ⅳ: 제3세계 교회에 쉐마를 전수하여 그들 디아스포라
　　　　교회를 통한 세계선교 전략 · 216
　　Ⅳ. 결론: 2세교육과 세계선교의 문제점과 해결 방안 · 224

제6부
쉐마 연구를 마치며
- 역사적 사명을 찾아서 -

I. 구약의 지상명령 쉐마는 하나님의 간절한 소원이다 · 232
   1. 신약의 지상명령을 위한 구약의 지상명령, 쉐마 · 232
   2. 긴 쇠사슬에서 연결 고리 역할을 해낸 유대인 부모들 · 236

II. 가나안에 들어간 유대인의 타락과 남은 자 · 240
   1. 이스라엘 백성은 얼마나 말씀 전수에 성공했는가 · 240
   2. 그래도 이스라엘에는 '남은 자들'이 있었다 · 245

III. 인성교육학적 분석:
   왜 당시 유대인 2세가 현재 한국인 2세보다 나은가 · 249

IV. 유대인 말씀 전수의 비밀을 캐기 위한 교육신학의 주제들 · 255

V. 요약 및 결론 · 261
   1. 전체 요약 · 261
   2. 구약시대: 아브라함에게 약속하신 복과 말씀 맡은 자 · 263
   3. 신약시대: 기독교인의 복 - 말씀(복음)을 믿고 말씀을 맡은 자 · 267
   4. 두 지상명령의 목적: 복을 위해 복음과 말씀을 자손과 만방에 전하라 · 271
   5. 글을 마치며: 기독교인에게 더 큰 희망이 보인다 · 275

※ 우리의 각오: 쉐마교사대학 졸업생 선언문 · 277

부록 1 쉐마지도자클리닉 참석자들의 증언
  목회신학적 입장
   • 자녀교육과 주일학교 문제로 고민하던 중 쉐마에서 대안을 찾았다 · 279
    - 김경원 박사(서울 서현교회, D. Min., 목회학)
   • 해답을 찾은 것은 마치 흑암에 비치는 한 줄기 빛입니다 · 282
    - 고용남 박사(서울 신촌중앙침례교회, 전 침신대원 교수, D.Min., 목회학)

선교신학적 입장
- 쉐마는 새로운 학문의 눈을 뜨게 해주었다 · 287
  - **남후수 박사**(미국 미드웨스트 신대원 교수, Ph.D., 선교학)

가정과 교회목회 적용
- 구약의 지상명령, 쉐마의 발견은 피곤한 목회에 소망과 생기를 주었습니다 · 292
  - **박현준 목사**(드림교회, D.D., 목회학)
- 답을 찾아 하버드까지 갔지만 결국 쉐마에서 찾았다 · 295
  - **한원섭 목사**(인천 하얀교회, D.Min., 목회학)

부록 2 국악 찬양 · 300

참고자료(References) · 307

찾아보기(Index) · 319

랍비의 토막 상식
- 기도는 짧게, 배움에는 오랜 시간을 보내라 · 65
- 모세는 하나님이 아니다 · 73
- 동성애에 대하여 · 125
- 부모와 선생은 하나님과도 같다 · 156

랍비의 지혜
- 하나님이 맡기신 보석 · 103
- 바보 어버이 · 115

저자 주
- '하프토라'란? · 141

랍비의 유머
- 강직한 판사에게 승소를 얻는 법 · 171
- 기적 · 192
- 3단 논법 · 206
- 탈무드 공부법 · 238
- 유대인 거지 · 270

랍비의 성경 강해
- 회당 · 83
- 지도자의 비극 · 143

잃어버린 구약의 지상명령 쉐마 제1권의 내용

제1부 서론: 하나님의 인류 구원 계획에 왜 두 가지 지상명령이 필요한가

Ⅰ. 문제 제기: 왜 초대교회는 2,000년간 살아남지 못했는가
Ⅱ. 연구를 위한 질문들
Ⅲ. 하나님의 인류 구원 계획에 왜 두 가지 지상명령이 필요한가
Ⅳ. 기독교교육의 두 가지 선민교육
Ⅴ. 신약시대의 기독교인은 왜 구약과 신약의 지상명령을 함께 지켜야 하는가

제2부 하나님이 아브라함에게 주신 지상명령

제1장 아브라함이 받은 지상명령의 성경적 배경

제2장 아브라함이 받은 지상명령의 내용

제3장 아브라함이 지상명령을 실천한 방법
   [3대 가정교육신학의 효시]

제4장 구·신약 지상명령의 균형을 잃은 결과:
   기독교교육의 근본 오류 분석

잃어버린 구약의 지상명령 쉐마 제2권의 내용

제2부 하나님이 아브라함에게 주신 지상명령

제5장 결론과 적용

제3부 왜 기독교교육에 유대인 자녀교육이 필요한가

제1장 유대인과 이방 기독교인과의 관계:
유대인에게 접붙임 받은 이방 기독교인

제2장 뿌리(유대인)와 가지(이방 기독교인)의 관계:
무엇이 접붙임 받은 가지(이방 기독교인)를 보전하는가

제3장 쉐마의 입장에서 본 유대계 기독교인과
이방 기독교인의 차이

제4장 유대인(뿌리)이 2,000년간 진액(말씀)을
자손에게 전수한 비밀이 쉐마다

제5장 결론: 이방 기독교인이 신앙의 가문을 영원히 이을 수 있는
방법: 유대인(뿌리)의 쉐마를 배우고 실천해야 한다

제4부 하나님이 유대민족에게 주신 지상명령, 쉐마

제1장 유대인 쉐마의 성경적 배경

제2장 유대민족이 받은 지상명령, 쉐마의 내용

수정증보판 서문

수정증보판 전3권을 내면서

초대교회는 왜 살아남지 못 했는가?
- 한국 교회 위기에 대안을 제시하는 **구약의 지상명령 쉐마** -

저자가 구약의 지상명령을 세계 최초로 발견한 것은 온전히 하나님의 은혜다. 《IQ는 아버지 EQ는 어머니 몫이다》(국민일보, 1996; 조선일보, 1999; 쉐마, 2005)란 책을 발간한지 10년만이다. 2005년에 처음으로 저자의 저서 《부모여 자녀를 제자삼아라》에 38쪽(pp. 73~111)으로 소개하고, 2006년에 두 권으로 된 《구약의 지상명령 쉐마》란 책을 세상에 내 놓게 되었다.

반응은 먼저 학계에서 나왔다. 구약학계에서는 '탁월한 기독교 미래 교육에 대한 혜안'(김의원, 전 총신대학교 총장), '기독교 역사 2,000년에 나타난 교육의 문제점에 해답 제시'(김진섭, 백석대학교 신학부총장), "'현용수 쉐마학파'의 태동을 알리는 학설"(윤사무엘, 미국 Geneva College 교수)이란 제목으로, 기독교교육학계와 신약학계에서는 '구약의 지상명령은 교육신학의 근본 원리 제시'(고용수, 전 장로회신학대학교 총장), "구약의 지상명령 발견은 '현용수 교육신학'의 기초 공사"(이정근, 미주성결대학교 총장), '이제 신·구약 지상명령의 균형을 연구 할 때다'(김상복, 횃불트리니티신학대학원대학교 총장) 등의 제목으로 과분한 서평을 써주셨다.

이 책의 핵심을 한국 기독교교육학회지에 영문 논문으로 발표하자 미국 달라스신학대학원 구약학 석좌교수이며 ETS(복음주의학회)

회장이신 유진 메릴 박사는 '근본적인 성경적 및 신학적 개념을 예리하게 정립했다', 미국 저자의 은사이신 미국 탈봇신학대학원 대학원장 데니스 덕스 박사(기독교교육학 전공)는 '신·구약 지상명령의 연결은 부모들의 책임임을 발견했다', 그리고 유대인 랍비 학자 에들러스테인은 현 박사는 '유대인이 하나님 말씀 전수의 비밀을 정확하게 발견'이라고 서평해 주셨다. 그리고 2008년 미국 ETS 60주년 연차회의에서 발표하게 됐다.

계속 구약성경과 신약성경의 차이를 지상명령적 차원에서 그동안 미진했던 부분들을 연구하자 숨겨졌던 비밀스런 영적 금광에서 기존 분량의 2배가 넘는 황금 같은 보물들이 쏟아져 나와 수정 증보판 3권을 내기에 이르렀다. 아브라함이 구약의 지상명령을 실천한 방법, 교회론적으로 본 가정 성전과 예루살렘 성전의 차이, 3대가정교육신학, 바람직한 부모와 자녀의 유형 그리고 로마서 11장에서 발견한 기독교교육에 유대인 자녀교육이 필요한 이유 등이 증가되었다.

저자가 주관하는 '쉐마지도자클리닉'도 더욱 학문적 탄력을 받게 되어 교계와 학계에 많은 동역자들이 일어나 '쉐마교육학회'도 창립할 예정이다. 이제 쉐마가 각국 언어로 번역되어 세계를 향하여 뻗어 나갈 수 있는 준비를 마쳤다. 부족한 종에게 지혜를 주신 예수님께만 온전히 영광을 돌린다.

2009년 3월 6일
미국 쉐마교육연구실에서 고난 주간을 앞두고
현용수

《잃어버린 구약의 지상명령 쉐마》를 읽고

(현용수, 쉐마, 2006, 초판)

> **편집자 주:** 현용수 박사가 창안한 쉐마교육 사상을 이해하기 위해서는 먼저 그의 저서 《잃어버린 구약의 지상명령 쉐마》(쉐마, 2006)를 연구해야 합니다. 본 저서에 대한 학계의 권위 있는 구약학자와 신약학자 및 기독교 교육학자들의 서평은 독자들이 쉐마를 이해하는 데 도움이 될 것입니다. 다음은 초판 2권이 출간되었을 때 쓴 서평입니다. 바쁘신 중에도 꼼꼼히 학문적으로 서평을 써주시고, 그간 쉐마 사역을 크게 도와주신 열 분의 학자님들에게 주님의 이름으로 감사드립니다.

랍비신학적 입장
- 현 박사는 유대인의 하나님 말씀 전수 비밀을 정확하게 발견
  - 랍비 이츠학 에들러스테인 (미국 LA. 로욜라 법대 교수)

실천신학적 입장
- 남이 발견하지 못한 역사적 탁견
  - 정성구 박사 (전 총신대 및 내신대학교 총장, 칼빈대학교 석좌교수, 실천신학)

기독교교육학적 입장
- 구약의 지상명령 발견은 '현용수 교육신학'의 기초 공사
  - 이정근 박사 (전 미주성결대학교 총장, 기독교교육학)

서 평

랍비 신학적 입장

현용수의 '구약의 지상명령과 그의 구속사에서의 위치' 논문을 읽고

현 박사는 유대인의
하나님 말씀 전수 비밀을 정확하게 발견

랍비 이츠학 에들러스테인
(미국 LA, 로욜라 법대 교수)

나는 현용수 박사를 15년 이상 알게 됨을 기쁘게 생각합니다. 그리고 그의 제자들에게 전통적인 유대인의 교육방법들을 소개하는 일을 돕게 된 것을 특권으로 생각합니다.

현 박사는 창세기 18장 19절에 근거하여 유대인이 하나님의 말씀을 자손 대대로 전수한 방법의 비밀 - 거의 4000년 전 아브라함 때에 시작된 과정 - 을 대단히 정확하게 발견했습니다.

또한 그는 유대인이 경외롭게 여기고 자신들의 삶에서 매일 하루에 두 번씩 암송하는 '쉐마', 즉 신명기 6장 4~9절 말씀이 창세기 18장 19절의 연장으로 볼 수 있다는 것을 발견했습니다. 이 전통적인 말씀들은 자녀들이 부모님들의 가르침에 경외심을 갖고 준수하도록 확신을 주는데 초점을 맞추고 있습니다. 그 말씀들은 가정이 두 가지, 성전과 토라 연구실이며, 유대인의 가장 중요한 제자들은 자신의 자녀들이라는 이상을 개발하게 했습니다.

현 박사는 이런 핵심적인 가르침에 주목했고, 이를 히브리 성경[구약 성경]의 '지상명령'이라고 명명했습니다. 이것은 대단히 훌륭하고 인상적인 용어입니다.

나는 현 박사가 하나님의 계시된 말씀을 명예롭게 여기고 유대인의 전통을 명예롭게 여기어 존경과 감탄으로 그 방향으로 돌이키려는 것을 기쁘게 생각합니다.

나는 현 박사의 열정과 통찰력 그리고 그 동안 좋은 친구가 되었음에 경의를 표합니다.

랍비 이츠학 에들러스테인
- 미국 LA, 로욜라 법대 교수
- 예시바 대학교, LA 여고, 탈무드 교수
- 쉐마교육연구원 강사

MUSEUM OF TOLERANCE-LOS ANGELES
NEW YORK TOLERANCE CENTER
CENTER FOR HUMAN DIGNITY-JERUSALEM

Rabbi Marvin Hier
Founder and Dean

Rabbi Abraham Cooper
Associate Dean

April 20, 2009

Dr. Yong Soo Hyun
Shema Education Institute
3446 Barry Ave
Los Angeles, California 90066

Subject: Article Review:
The Great Commission in the Old Testament and its Place in the History of Redemption
- The Educational Perspective on Gen. 18:19 and the Shema -

I have been delighted to know Dr. Yong-Soo Hyun for well over fifteen years, and privileged to help him introduce his students to traditional Jewish educational techniques.

Dr. Yong-soo Hyun has quite accurately discovered the "secret" of how Jews have conveyed the Word of G-d from generation to generation based on Gen. 18:19, a process that began with Abraham almost 4000 years ago.

Additionally, he found that Deut. 6:4-9, which Jews revere as the Shema, and recite twice a day every day of their lives, can be seen as an extension of Genesis 18:19. These traditional texts focus on assuring that children will stay loyal to the teachings of their parents, and promote the idea that a Jew's most important disciples are his children, while his home is both sanctuary and Torah study hall.

Dr. Hyun notes these core teachings and labels them "The Great Commission" of the Hebrew Bible. This is important and impressive terminology.

I am pleased that Dr. Hyun honors G-d's revealed Word and honors Jewish tradition by turning towards it with respect and admiration.

I salute Dr. Hyun for his vigor, his insight - and for being a good friend.

Sincerely,

Rabbi Yitzchok Adlerstein
Director, Interfaith Affairs, The Simon Wiesenthal Center, Los Angeles
Sydney M Irmas Adjunct Chair, Jewish Law and Ethics, Loyola Law School, Los Angeles
Faculty member Yeshiva University High School for Girls, Los Angeles

---

SNIDER SOCIAL ACTION INSTITUTE
International Headquarters
1399 South Roxbury Drive, Los Angeles, California 90035-4709 · t) 310.553.9036 f) 310.553.8007 www.wiesenthal.com
NEW YORK · FLORIDA · TORONTO · JERUSALEM · PARIS · BUENOS AIRES

서평

실천신학적 입장

현용수 저 《잃어버린 구약의 지상명령 쉐마》(쉐마, 2006)를 읽고

남이 발견하지 못한 역사적 탁견

정성구 박사(실천신학)
(전 총신대 및 대신대학교 총장, 칼빈대학교 석좌교수)

이번에 새로 출간된 현용수 박사의 책《잃어버린 지상명령 쉐마》를 흥미 있게 읽었다. 현 박사를 처음 알게 된 것은 16년 전 한국 총신대학교의 분교인 미주총신대학원에 총신대학원 교수들이 출강을 하면서다. 그 때 그는 그 학교의 기독교교육학을 가르치는 강사이면서 M.Div. 학생이었다. 내가 아는 현 박사는 언제나 예지가 번득이고 기발한 아이디어의 샘이 끊임없이 솟아난다. 또한 깨달은 진리와 확신을 뜨거운 가슴으로 토해 내는 그의 열정은 모든 사람들에게 감동과 도전을 주고 있다.

오늘 우리 시대는 동서양을 막론하고 가정과 교육이 거의 무너진 판국이며, 이에 대한 대안 부재의 시대에 살고 있다. 그런데 십여 년 전부터 그는 독특하게 기독교교육의 대안과 탈출구를 유대인의 교육방법에 착안하고 새로운 방향을 제시했었다. 그의 베스트셀러 《IQ는 아버지 EQ는 어머니 몫이다》(전3권)는 이미 교계에 널리 알려진 사실이다.

사실 그동안 몇몇 분들이 유대인 교육방법에 대해서 글로 발표한 바는 있었지만 현 박사의 경우처럼 아예 디아스포라 정통파 유대인 공동체에 들어가서 그들의 전통과 사상과 삶을 체험하고

수 천년 동안 유대 공동체의 정체성(Identity)을 지켜온 비밀을 학문적 이론과 실제를 캐어낸 사람은 거의 없었다. 뿐만 아니라 현 박사는 이를 한국인 기독교인에 적용하여 새로운 한국인 기독교 교육의 패러다임을 구축하였다.

현 박사의 질문은 이렇게 시작된다. 왜 신약시대는 자손대대로 말씀을 전수한 민족이 지상에 없는데 유대인은 어떻게 아브라함 때부터 현재까지 4,000년 동안 전 세계를 유랑하면서도 자손대대로 토라를 전수하는데 성공했는가? 이는 자녀 교육의 소명 없이는 불가능하다. 현 박사는 유대인의 교육 소명을 구약의 지상명령에서 발견했다. 신약의 예수 그리스도의 선교의 대명에 대칭되는 구약의 지상명령은 창세기 18장 19절에 숨겨진 쉐마라고 밝혔다. 그리고 이에 대한 더 구체적인 내용들이 신명기 6장 4~9절의 말씀들이라고 설명한다.

왜 하나님의 인류 구원의 역사에 두 가지 지상명령이 필요한가? 왜 신약의 지상명령을 위해 구약의 지상명령이 필요한가? 현 박사는 이렇게 정리했다.

1. 구약의 지상명령: 오실 예수님을 준비 – 유대인이 쉐마를 실천하여 수직적으로 하나님의 말씀 전수
2. 신약의 지상명령: 유대인과 이방인이 수평적으로 오신 예수님(복음)과 하나님의 말씀 전파

현 박사는 기독교가 구약의 지상명령 곧 쉐마의 교육신학과 교육의 방법을 잃어버린 원인을 기독교인이 2,000년 동안 유대인을 소홀히 취급했기 때문이라고 했다. 그래서 구약을 교육신학(실천신학)의 안경을 쓰고 보지 못했다고 했다. 그 결과 신약시대에 예수님의 지상명령인 수평적 선교는 잘 해 왔는데, 구약의 지상명령인 수직적 자녀교육이 제대로 안 됐다는 것이다. 이는 실천 신학적 입장에서 역사적으로 남이 발견하지 못한 탁견이다.

현 박사는 유대인의 가장 큰 교육의 자산을 두 가지로 요약했다.

첫째는 구약성경(율법)에 기초한 확고한 교육신학이고, 둘째는 이에 기초한 교육의 방법들이다. 그들은 이 두 가지를 끊임없이 그리고 철저하게 반복 교육을 통해서 승계하도록 한다. 그렇게 함으로서 유대인 부모는 자녀에게 육신의 몸만 물려주는 것이 아니라 하나님의 토라(말씀)와 신앙, 신본주의 사상과 삶 그리고 습관도 함께 물려준다. 그 비밀이 쉐마교육이다.

 이번에 출간된 그의 저서 《잃어버린 지상명령 쉐마》는 미진했던 신학적 부분들을 총정리한 통쾌한 성경적 교육신학서다. 이 책이 발간됨으로 기독교 역사 2,000년 만에 부실했던 교육신학이 확고해졌다. 그리고 실천신학계가 크게 힘을 받게 되었다.
 따라서 이 책은 방황하는 한국교회뿐 아니라 온 세계 교회에 가정을 세우고 자손 대대로 말씀을 전수하여 예수님의 재림을 준비하게 하는 새로운 이정표가 되는 명저임에 틀림없다.

서 평

기독교교육학적 입장

현용수 저 《잃어버린 구약의 지상명령 쉐마》(쉐마, 2006)를 읽고

구약의 지상명령 발견은 '현용수 교육신학'의 기초 공사

이정근 박사(기독교교육학)
(전 미주성결대학교 총장)

　현용수 박사가 최근에 저술한 책 《잃어버린 지상명령 쉐마》(전 2권, 2006)을 읽었다. 현 박사는 그의 박사학위 논문 《문화와 종교교육》에서 시작하여 여러 권의 책을 저술했는바 모두 유대인의 교육을 기독교교육과 한국교육에 적용하여야 한다는 외침을 담고 있는 명저들이다. 서평자는 이 가운데 《유대인의 인성교육 노하우》(전2권, 2005), 《부모여, 자녀를 제자 삼아라》(전2권, 2005)를 제일 감명 깊게 읽었는데 이번에 《…쉐마》를 접하게 되었다.
　이 책은 현 박사가 종래에 관심을 갖던 모든 주제(issue)들을 종합적으로 체계화하고 있다. 현 박사는 그의 박사학위 논문을 쓰게 된 출발점이, "왜 초대교회는 흔적도 없이 사라졌는가…… 이것은 앞으로 기독교가 흔적도 없이 사라질 위험성을 예고해 주는 것이 아닌가?" 하는 질문이었다. 그리고 그에 대한 대답을 유대인의 교육에서 발견하려는 노력을 지금껏 기울여 오고 있다. 유대인들은 몇 천 년의 유랑생활과 다른 민족들의 참혹한 학대, 심지어 인종말살의 위협을 끊임없이 받으면서도 정통신앙을 견고

하게 이어왔다는 데서 이런 문제를 해결하는 데 어떤 빛을 줄 수 있는 것으로 확신했다.

현 박사는 유대인의 교육을 단순히 이론서를 읽고 평면적으로 배우는 것이 아니라 그들과 대화하고 특히 삶의 현장에 직접 뛰어들어 입체적으로 파악함으로써 유대인 교육을 한국인 교육과 기독교교육에 접목시키는 지대한 공헌을 해 왔다. 특히 이 방면에는 독보적 학자가 되었고 〈쉐마교사대학〉을 열어 지도자를 육성하는 교육가로서의 사명 수행에도 심혈을 기울여 오고 있다.

이런 배경에서 현 박사가 씨름해 오는 주제들은 신앙의 대물림 교육, 인성교육, 수직교육과 수평교육, 가정교육, 성경교육, IQ보다는 EQ교육, 전통문화 전수, 민족교육…… 이런 것들이었다. 이런 주제 가운데 '수평교육과 수직교육'은 기독교교육학사에 길이 남는 창조적 이론으로 평가된다.

그런데 이번에 새로 선을 보인 《잃어버린 지상명령 쉐마》에서는 다음 몇 가지의 특징을 발견할 수 있다.

첫째로, 지금까지는 좀 산만하고 단편적으로 여러 주제를 다루어 왔으나 이 책에서 이런 모든 주제들이 질서 있게 통합되고 체계화되었다. 위에 언급한 관심사들이 거의 모두 포함되어 있으며 새롭게 설명되고 있다. '구약의 지상명령은 하나님의 말씀대로 살도록 하는 수직교육', '신약의 지상명령은 모든 사람을 제자로 삼는 수평교육'이라는 언급이 좋은 사례이다.

둘째로, 이 책은, "들으라, 이스라엘아"로 시작되는 '쉐마'(신 6:4~9)를 신약성경과의 계속성 위에서 심도 있게 논의하고 있다는 점이 눈에 뜨인다. '쉐마'는 새로 제시한 창세기 18장 19절로 구체화되고 있고 또 10계명과도 연결하여 해석하고 있다. 말하자면 쉐마 개념의 확대인 동시에 쉐마가 구약성경의 기본 골격임을 제시한 대목이다.

셋째로, 이 쉐마의 지상명령은 구약성경에서만 중요한 것이 아니고 신약성경의 기본 골격임을 논증하고 있다. 예수님께서 "내가 너희에게 분부한 모든 것을 가르쳐 지키게 하라"(마28:20)는 말씀으로 전승되고 확장되었다는 점이다. 그리고 유대인에게 중요한 절기인 유월절(뛰넘절), 율법을 받은 오순절, 성령강림의 신약 오순절을 연결시켜 해석하고 있다.

이 같은 학적 업적은 그 동안 현 박사의 저서들이 유대인 교육과 구약성경에 대한 편애라는 한계를 지적한 사람들도 있었는데 그에 대한 시원한 대답이 될 것이다. 당초 예수님은 사랑대명을 언급하실 때에 "이스라엘아 들으라"로 시작하심으로 예수님도 쉐마교육의 창조적 계승자이시라는 점이 더 강조된 셈이다.

마지막으로, 이 책에는 '교육신학의 근본원리'라는 부제가 붙어 있는 것에 서평자는 주목하고 있다. 교육신학은 그 학문적 성격이 이론신학과 실천신학의 양면을 가지고 있는 것이 특징이다. 교육학은 이론이지만 교육은 실천이기 때문이며 이론 없는 실천은 맹목적이 되고 실천 없는 이론은 공허하게 마련이다.

그런 점에서 이 저서는 부모들이 가정에서 쉐마교육을 자녀들에게 전수하는 방안과 전략이 있고 이 교육선교(educational mission)의 과업을 이웃으로, 전 세계로 확장시키는 방안이 포함되어 있는 것을 특징으로 한다. 가령 땅끝은 공간적 개념뿐만 아니라 사회적 개념 곧 가정의 자녀와 그 속사람이 바로 '땅끝까지'(행 1:8)에 해당된다는 깨우침이 이 책에 들어 있다.

이 저서는 현용수 박사가 지금까지 개발해온 여러 이론과 실천들을 종합한 '현용수 교육신학의 기초공사' 보고서로 평가 된다. 그는 지금까지 설계도를 작성하고 건축 재료를 마련하여 왔지만 이제는 그것들을 활용하여 기초공사를 튼튼히 완결해 놓은 셈이다.

따라서 앞으로 더 많은 이론서와 교육실천에 대한 보고서가 나와 완성된 아름다운 건축물을 보게 될 것을 확신한다. 그 완성된 건축물로 인해 기독교 신앙이 대대로 이어지며 모든 사람들이 '예수 그리스도의 장성한 분량이 충만한 데까지 이르는'(엡 4:13) 열매를 보게 될 것이다.

저자 서문

《잃어버린 구약의 지상명령, 쉐마》를 펴내며
- 교육신학의 근본 원리 -

미국의 젊은 아버지의 한마디.

"기독교 서점에서 자녀 양육에 관한 책을 찾아보았습니다. 그 책들은 모두 '아이의 자존감', '자기 중심적인 편견에 따른 충동적인 욕구', '주의 결핍 장애' 등과 같은 말로 뒤덮여 있습니다……. 성경이 아버지들에게 전하고 있는 구체적인 명령들을 적어 보면 한 반 페이지 정도밖에 되지 않습니다"(MacArthur, *Successful Christian Parenting*, 2001, p. 8).

이것은 부모들이 얼마나 성경에 근거한 자녀교육서에 목말라하고 있는가를 짐작하게 한다. 저자에게도 많은 목사님들이 하소연한다. 교인들에게 성경적 자녀교육을 강의하기 위해 기독교교육학자들이 저술한 책들을 살펴보면 성경 말씀은 거의 없고, 대부분 세상 교육학이나 심리학 용어들로 가득 채워져 있다는 것이다. 그래서 대체적으로 어렵고, 이해하기가 힘들다고 한다. 목회에 도움이 되지 않는다는 것이다. 실제로 저자가 기독교교육학을 전공하며 가졌던 의문도 바로 이런 것이었다.

왜 기독교인은 성경적 자녀교육서를 찾기 힘든가? 가장 큰 이유는 기독교 학자들이 성경적 자녀 양육법을 구약성경에 근거한 하나님의 선민교육인 유대인 자녀교육에서 찾지 않고, 교육적 자료가 극히 빈약한 신약성경에서만 찾기 때문이다. 신약은 구원에 이르는 복음이 중심 주제이고, 구약은 하나님의 선민을 하나님의 형상을 닮도록 양육하기 위한 쉐마교육이 중심 주제다. [자세한 내용은 저자의 《부모여 자녀를 제자 삼아라》(쉐마, 2005), 제1권 참조]

왜 신약시대의 기독교인들이 유대인의 선민교육을 놓쳤을까? 가장 큰 원인은 구약을 주로 구속사적 입장에서 해석하는 데 주력하고 교육신학적인 접근을 하지 않았기 때문이다.

저자는 정통파 유대인 공동체에서 15년 이상 함께 살면서 구약을 교육신학적 입장에서 연구했다. 유대인이 자녀들의 선민교육에 목숨을 거는 현장을 목격하면서 충격을 받았다.

왜 그들은 자녀들의 선민교육에 목숨을 거는가? 저자는 그 이유가 그들이 하나님으로부터 구약의 지상명령, '쉐마'의 사명을 받았기 때문이란 사실을 발견했다. 그들이 아브라함 때부터 현재까지 4,000년간 하나님의 말씀을 자손 대대로 전수하는 데 성공한 비밀도 바로 이 '쉐마'에 있었다.

그리고 저자는 기독교 2,000년 동안 각 지역의 신약교회들이 다른 민족에게 복음을 전하는 선교에는 성공했는데, 왜 자손 대대로 말씀을 전수하는 데는 실패했는가에 대한 이유도 발견했다. 그것은 신약의 기독교인들이 구약의 지상명령, '쉐마'를 잃어버렸기 때문이었다. 이것은 기독교 역사의 흐름을 바꾸는 대발견이었다. 저자는 흥분하기 시작했다. 연구를 계속했다. 그리고 두 가지 사실을 또 발견했다.

첫째, 구약에 근거한 유대인 자녀교육에 왜 하나님의 말씀이 그렇게 많은지 그 이유를 발견했다. 그것은 유대인 자녀교육의 내용과 방법 자체가 하나님께서 친히 그들에게 명령하신 말씀에 근거했기 때문이다(본서 제2권 제4부 제2장 참조). 이것은 유대인의 자녀교육이 바로 성경적 자녀교육이라는 것을 증명한다.

둘째, 유대인이 어떻게 하나님의 말씀을 자손 대대로 전수하는데 성공했는지 그 교육의 원리와 방법을 발견했다. 그것은 유대인 자녀교육의 거의 모든 내용과 방법이 '쉐마'라는 지상명령을 성취하기 위해 만들어졌다는 사실이다. 물론 이 속에는 하나님의 형상을 닮아가는 선민교육도 포함된다. 구약에서 하나의 키워드를 선택한다면 '쉐마'다. 그만큼 '쉐마'가 중요하다.

본서의 내용을 요약해 보자. 하나님의 가장 큰 관심사는 타락한 인류를 구원하시는 것이다. 제1부에서는 하나님의 인류 구원 계획에 왜 두 가지 지상명령이 필요한지를 설명한다. 구약의 지상명령은 가정에서 부모가 자녀에게 말씀을 자손 대대로 대물림하라는 '쉐마'이고, 신약의 지상명령은 교회에서 예수님의 복음을 열방에게 전파하라는 '선교'다. 전자가 수직적 선민교육이라면, 후자는 수평적 전도다. 본서는 왜 구약의 지상명령이 지켜져야 예수님이 오실 수 있고, 신약(예수님)의 지상명령이 성취될 수 있는지를 구속사적 입장에서 설명한다. 구약과 신약 성경이 짝을 이루어 완전한 하나님의 말씀이 되는 것처럼, 사역도 구약과 신약의 지상명령, 즉 가정사역과 교회사역이 짝을 이루어 행해질 때 하나님의 구속의 계획을 온전히 이룰 수 있다.

제2부는 왜 창세기 18장 19절이 하나님이 아브라함에게 주신 구약의 지상명령인지를 설명한다. 그리고 성경적 가정사역의 본질을 선민의 조상 아브라함의 가정에서 찾아야 하는 당위성을 설명한다. 이것은 성경적 3대가정신학의 본질이며 원리다. 아브라함과 사라가 어떻게 일평생 외아들 이삭 한 명만 데리고 목회를 하면서 말씀을 대물림했는가? 그 비밀을 간직한 유대인의 가정 목회가 바로 성도들의 가정 목회의 모델이 되어야 한다는 것을 논증한다.

제3부는 로마서 11장 참감람나무와 돌감람나무의 비유를 분석하면서 왜 기독교인에게 유대인 자녀교육이 필요한지를 논증한다. 왜 참감람나무(유대인) 뿌리가 접붙임 받은 가지(이방 기독교인)를 보전해야 하는지, 그리고 이방 기독교인이 공유하는 참감람나무 뿌리의 진액이 무엇인지를 밝힌다. 결론적으로 왜 접붙임 받은 가지가 참감람나무를 닮아야 하는지를 성경신학적으로 논증한다.

제4부는 아브라함이 받은 지상명령을 더 구체적으로 발전시킨 것이 시내산에서 유대인이 받은 '쉐마'(신 6:4~9)라는 사실을 밝힌다. 창세기 18장 19절 말씀이 하나님이 선민의 조상 아브라함 개인에게 주신 지상명령이라면, '쉐마'는 유대민족 전체에게 주신 지상명령이다.

제2~4부는 구약의 지상명령의 내용이 무엇이고, 이런 지상명령이 나오게 된 성경적 배경이 무엇이고, 유대인은 이 지상명령을 어떻게 지켜 행하는가에 대하여 설명한다. 말하자면 본서는 유대인의 삶의 근본 철학을 소개하는 책이다. 이것이 유대인의 존재 이유이기도 하다.

제5부는 쉐마와 유대인 '자녀'의 개념에 대하여 설명한다. 즉 '자녀 신학'이다. 왜 자녀는 여호와께서 주신 '기업'인가? 그 기업이 왜 '말씀 맡은 자'(롬 3:2)인지를 설명한다. 그리고 그 뜻을 유대인의 '성년식'에서 찾는다. '성년식'을 히브리어로 '바 미찌바'라고 하는데, 이는 '율법 맡은 자'란 뜻, 즉 '말씀 맡은 자'와 같은 뜻이기 때문이다. 그리고 왜 유대인 성년식을 치르는 연령이 13세인지, 13세 이전의 교육이 왜 중요한지에 대하여 자세히 설명한다. 제4부 제3장은 '기독교와 쉐마교육선교 전략'에 대하여 설명한다. 쉐마는 왜 주님의 재림을 준비하기 위하여 세계선교로 이어져야 하는지를 설명한다.

마지막 제6부는 쉐마 연구를 마치며 역사적 사명을 다시 확인한다. 흔히 많은 이들이 유대인 자녀교육의 실패를 거론할 때 드는 성경의 예 중 하나가 사사기의 말씀이다. 출애굽의 체험을 하지 않았던 다음 세대(next generation)는 하나님과 멀어진 다른 세대(another generation)가 되었다(삿 2:10)는 것이다. 본서는 그런데도 불구하고 유대인은 어떻게 자손들에게 말씀을 전수하며 현재까지 살아남았는지 그 이유를 밝힌다. 그러면서 하나님의 소원을 이루는 첫 걸음이 가정의 자녀에게 있다는 것을 구약의 교육신학적 입장에서 자세하게 논증한다.

이 책을 집필하는 데 많은 정통파 유대인 학자들의 특별한 도움을 받았다. 정통파 탈무드 학교인 Yeshiva University의 학장이며 Simon Wiesenthal Center 국제 본부장 랍비 Marvin Heir와 Yeshiva University의 탈무드 교수이며 로욜라대학교 법대 교수인 랍비 Adlerstein 부부와 그 가정, 서기관 랍비 Kraft 씨 부부와 그 가정에 심심한 사의를 표한다.

그리고 편집과 교정을 도와준 황갑순 제형, 양승옥 교수, 김영갑 목사 및 그 외 쉐마동역자 여러분과 도서출판 쉐마의 김명기 간사에게 감사한다.

저자를 키워 주신 작고하신 어머님과 형님 내외분, 지금도 내조를 아끼지 않는 아내 황(현)복희, 그리고 영문 원고 정리 작업을 도와 준 내일의 희망인 네 아들들 승진(Stephen), 재진(Phillip), 상진(Peter), 호진(Andrew)에게 감사한다.

독자들이 이 책을 읽은 후 먼저 구약의 지상명령을 실천하여 자신의 자녀를 말씀으로 제자 삼고, 신약의 지상명령을 실천하여 예수님의 재림을 준비하는 '쉐마교육운동'이 일어나기를 간절히 소원한다. 아무쪼록 이 책이 독자들에게 도움이 되었다면 오직 나의 주님에게만 영광을 돌린다.

2009년 4월 고난주간에
미국 West Los Angeles 쉐마 서재에서
저자 현용수

IQ-EQ 총서를 발간하면서

무너진 교육의 혁명적 대안을 찾아서

왜 유대인의 IQ+EQ교육은 인성교육+쉐마교육인가

현대인들은 교육의 문제점은 많이 지적하지만, 속 시원한 대안은 찾지 못하는 시대에 살고 있다. 저자는 오랜 연구 끝에 그 대안으로 온전한 인간교육을 위해 크게 두 가지가 필요하다는 사실을 깨달았다. 하나는 인성교육이고, 다른 하나는 종교교육이다. 기독교인을 예로 든다면, 인성교육을 바탕으로 한 성경적 쉐마교육(기독교교육)을 해야 한다는 것이다. 따라서 전체 기독교교육은 예수님을 믿기 이전과 이후로 나누는데, 이전에는 인성교육을, 이후에는 쉐마교육을 시켜야 한다. 그래서 유대인 자녀교육《IQ는 아버지 EQ는 어머니 몫이다》총서는 인성교육론 편과 쉐마교육신학론 편으로 나누어 정리했다.

인성교육론 편(인성교육 노하우 시리즈)
예수님을 믿기 이전: 왜 인성교육은 Pre-Evangelism인가?

'인성교육 시리즈'는 현대교육의 근본적인 문제점을 분석하고, 해결 방안을 제시한다. 즉 다음 네 가지 질문에 답을 준다.

Q 1. 일반 교육학적 질문: 가르치고 가르쳐도 왜 자녀가 달라지지 않는가? 왜 현대교육은 점점 발달하는데 인간은 점점 더 타락하는가?

그것은 IQ교육 위주의 현대교육은 인성교육에 꼭 필요한 세 가지를 놓치고 있기 때문이다.

– 어떻게 자녀들에게 깊이 생각하게 하는 교육을 시킬 수 있을까?
– 어떻게 자녀들이 바른 행동을 하게 할 수 있을까?
– 수직문화의 중요성과 수평문화의 위험성은 무엇인가?

Q 2. 문화인류학적 질문: 왜 한국인 자녀들이 서양 문화에 물들고 있는가?

한국의 젊은 세대는 거의가 한국인의 문화적 및 철학적 정체성의 빈곤에 처해 있다. 부모들이 인성교육의 본질이 수직문화인지를 모르고 가르치지 않았기 때문이다. 그 결과 세대 간의 가치관 차이가 너무나 다르다. 북미주 한인 2세 자녀들이 부모가 섬기는 교회를 떠난다.

Q 3: 기독교인의 인성 문제: 왜 예수님을 믿는다고 하면서 사람의 근본은 잘 변하지 않는가?

많은 기독교인들이 예수님만 믿으면 모든 인성교육이 살되는 줄 알고 있다. 그러나 모두 그런 건 아니다. 왜 유교교육을 받은 가정의 어린이들이 기독교교육을 받은 어린이들보다 더 예의 바르고 효자가 많을까? 예수님을 믿고 성령의 은사가 많았던 고린도교회는 왜 데살로니가교회보다 도덕적인 문제가 더 많았을까?

Q 4. 기독교의 복음주의적 질문: 왜 현대인들에게 전도하기가 힘든가?

왜 기독교 가정에서 2세들이 대학을 졸업하면 90% 이상 교회를 떠나는가? 교회학교 교육이 천문학적인 투자에도 불구하고 90% 이상 실패하는 이유는 무엇인가? 왜 현대(2000년대)에는 1970년대 이전보다 복음 전하기가 더 힘든가? 아마 생각 있는 교육자라면 모두가 이런 고민을 안고 살았을 것이다.

한 인간의 마음이 예수님을 믿기 이전 인성교육, 즉 복음적 토양교육이 잘못되었기 때문이다. 예수님의 '씨 뿌리는 자의 비유'에서 말씀하신 네 가지 종교성 토양(길가, 돌밭, 가시떨기, 옥토)(눅 8:4~15) 중 옥토이어야 복음을 영접하기도 쉽거니와 구원을 받은 후 예수님을 닮는 제자화도 되기 쉽다는 말이다. 이를 'Pre-Evangelism'(예수님을 믿기 이전의 복음적 토양 교육)이라 이름했다.

- 현용수의 인성교육론은
인성교육의 **원리**와 **공식**을 제공한다 -

쉐마교육신학론 편(쉐마교육 시리즈)
예수님을 믿은 후: 왜 쉐마교육은 Post-Evangelism인가?

예수님을 영접한 사람에게는 하나님의 형상을 닮아가는 기독교교육을 시켜야 한다. 이를 '성화교육' 혹은 '예수님의 제자교육'이라고도 한다. '신의 성품'(벧후 1:4)에 참여하는 자(partakers of the divine nature)가 되는 과정이다. 이를 'Post-Evangelism'(예수님을 믿은 이후의 성화교육)이라 이름했다. 교육의 내용은 신·구약 하나님의 말씀이다. 예수님 믿기 이전의 좋은 인성교육이 마음의 옥토를 준비하는 과정이라면, 복음과 하나님의 말씀은 그 옥토에 심어야 하는 생명의 씨앗이며 기독교적 가치관이다. (물론 기독교 가정에서 태어난 자녀에게는 어려서부터 인성교육과 쉐마교육을 함께 시켜야 한다.)

저자는 성경적 기독교교육의 본질과 원리를 유대인의 선민교육에서 찾았고 그 내용과 방법이 바로 구약의 '쉐마'에 있음을 발견했다. 즉 성경적 교육신학의 본질과 원리가 '쉐마'에 있다는 것이다. '쉐마'는 한 마디로 부모가 자녀에게 말씀을 가르쳐, 자손 대대로 자녀를 말씀의 제자 삼으라는 '구약의 지상명령'이다[저자의 저서 《잃어버린 구약의 지상명령 쉐마》(쉐마, 2006, 2009), 제1권 제1~2부 참조]. 유대인이 아브라함 때부터 현재까지 4,000년 간 하나님의 말씀을 후대에게 전수하는 데 성공한 것은 자녀를 말씀의 제자 삼는 쉐마교육에 성공했기 때문이다. (물론 신약시대는 영적 성숙을 위해 신약성경도 필요함)

여기에서 "왜 기독교교육에 유대인 선민교육이 필요한가?"란 질문이 대두 된다. 신약시대에 복음으로 구원받은 하나님의 선민인 기독교인은 영적 유대인(갈 3:6~9)으로 구약에 나타난 선진들(예; 모세, 다윗, 에스라)의 믿음생활과 쉐마교육을 본받아야 한다(히 11장). 예수님도 유대인으로 태어나셔서 유대인의 선민교육(쉐마교육)을 받고 자라셨으며 제자들에게도 그 교육을 시켰다(마 23:1~4). [더 자세한 내용은 저자의 저서 《부모여 자녀를 제자 삼아라》(쉐마, 2005), 제1권 제1장 '왜 기독교교육에 유대인 자녀교육이 필요한가'의 '성경신학적 입장' 참조]

기독교의 제자교육에는 교회에서 타인을 제자 삼는 수평적 제

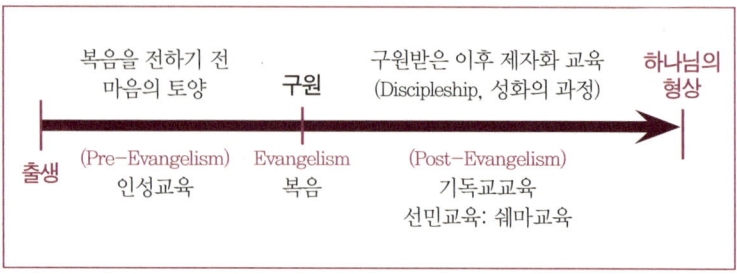

자교육과 가정에서 자녀를 제자 삼는 수직적 제자교육, 두 가지가 있다. 유대인의 쉐마교육에는 전도에 필요한 복음은 없지만, 자녀를 제자 삼는 교육의 원리와 방법이 있다. 이 원리와 방법은 타인을 제자로 삼는 데도 적용할 수 있다. 먼저 가정에서 자녀를 제자 삼을 수 있는 지도자가 된 후에 타인을 제자 삼는 지도자가 성경적 지도자의 모델이다.

저자는 구약의 지상명령, 쉐마를 성취하기 위해 필요한 쉐마교육신학들을 다음과 같이 정리했다.

쉐마교육신학론 주제들(쉐마교육 시리즈)
1. 왜 유대인의 선민교육이 기독교교육에 필요한가?
2. 구약의 지상명령 쉐마(교육신학)   3. 자녀신학
4. 유대인의 가정교육(가정신학)
5. 유대인의 아버지 교육(아버지신학, 경제신학)
6. 유대인의 어머니 교육(어머니신학)
7. 유대인의 효도교육(효신학)
8. 유대인의 고난의 역사교육(고난의 역사신학) 등.

이것은 구약성경에 근거한 기독교교육의 새로운 패러다임이며, 대안이다. 또한 개혁주의 입장에서 신약 교회가 적용할 수 있도록 정리했다.

왜 인성교육론이 'Know-Why'라면 유대인의 쉐마교육신학론은 'Know-How'인가?

유대인 자녀교육의 우수성은 이미 역사를 거듭하면서 증명되었다. 그러나 두 가지 의문이 아직까지 남아 있다. 첫째, 그것이 왜 우수한지에 대한 교육학적, 심리학적 및 철학적 이유를 설명하지는 못했다. 둘째, 왜 유대인 자녀교육이 기독교교육에 필요한지 그 이유를 설명할 수 있는 확실한 교육신학적 해답을 제공하는 데 미흡했다.

두 가지 의문 중 전자에 대한 답이 '인성교육 노하우 시리즈'라면, 후자에 대한 답은 '쉐마교육 시리즈'다. 왜 유대인 자녀교육이 한국인에게 필요한지를 설명한 '인성교육 노하우 시리즈'가 'Know-Why'라고 한다면, '쉐마교육 시리즈'는 'Know-How'가 될 것이다. 원인을 밝히고 당위성을 설명하는 'Know-Why'가 있기에 쉐마교육인 'Know-How'가 더 힘을 빌어 자신과 자신의 가정 그리고 교회에서 적용할 수 있다.

현재까지 천문학적 돈을 교육에 투자하고도 교육의 열매가 바람직하지 못한 것은 교육의 원리와 공식을 발견하지 못했기 때문이다. 물론 현대 기독교교육의 이론이 모두 필요 없다는 뜻은 아니다. 인간교육과 교회성장 위기의 근본 대안이 인성교육 + 쉐마교육이라는 뜻이다.

처음 국민일보에서 초판 2권(1996년, 23쇄), 조선일보에서 개정2판 3권(1999년, 19쇄)으로 출간됐던 유대인 자녀교육서 《IQ는 아버지 EQ는 어머니 몫이다》가 하나님의 은혜와 교계의 열화 같은 성원에 힘입어 지금까지도 스테디셀러인 것에 감사드린다. 그러나 소수이긴 하지만 목회자들과 신학자들께서 까다로운 질문도 했다. 그도 그럴 것이 구원론과 관계없는 인성교육에 관한 수직문화와 수평문화에 대해, 그리고 기독교가 2,000년간 원수처럼 여겼던 복음도 없는 유대인의 교육을 이해하기란 쉽지 않았을 것이다. 덕분에 저자는 계속 연구에 연구를 거듭하는 계기가 되었다.

긴 학문의 순례를 마치는 기분이다. 처음 개척한 분야이기에 더 많은 연구가 필요하다. 그리고 쉐마가 주님의 종말을 준비하는 세계선교까지 가려면 갈 길은 아직 멀었다. 이제 하나님의 은혜로 많은 오해도 풀렸다. 많은 쉐마 동역자들의 도움으로 쉐마교육이 파도처럼 번지고 있다.

이 연구는 분명히 하나님의 지혜로 하나님께서 하셨다. 세세토록 영광 받으실 오직 우리 주 예수님께만 감사와 찬송과 영광을 드린다.

2009년 4월 예수님의 부활절에
미국 West Los Angeles 쉐마교육연구실에서
저자 현용수

SHEMA · SHEMA · SHEMA
제2장

유대민족이 받은
지상명령, 쉐마의 내용

제2장 붉은색 I. II. 항은 제2권에 있습니다.

I. 쉐마의 서론: 시내산 언약을 지키기 위한 방법
II. 쉐마(신 6:4~9) 강해: 하나님이 부모에게 주신 특권이며 의무
III. 교육학적으로 본 쉐마교육 방법의 우수성
IV. 기독교인도 쉐마(신 6:4~9)를 실천해야 하는가

III. 교육학적으로 본 쉐마교육 방법의 우수성

지금까지 쉐마교육의 방법으로 테필린, 메주사, 술 단 저고리(찌찌트) 그리고 탈릿(기도복)에 관하여 설명했다. 왜 이런 시청각교육 방법들이 자녀들에게 말씀을 늘 상기하게 하고 전수하게 하는 데 좋은가? 그리고 왜 인성교육에 좋은가? 그 이유들을 교육신학적 및 교육학적 측면에서 설명해 보자.

1. 교육신학적 유익

먼저 교육신학적인 유익을 알아보자.

첫째, 교육에는 교육의 내용과 형식이 있다. 하나님께서는 유대인의 쉐마교육을 통하여 인간에게 교육의 내용과 형식을 함께 가르칠 때 교육의 효과를 극대화시킬 수 있다는 것을 증명해 보이셨다. [더 자세한 내용은 저자의 저서 《현용수의 인성교육 노하우》(동아일보, 2008), 제3권 제6부 제1장 '인성교육에 예절이 필요한 이유: 인성교육에는 내용과 형식이 있다' 참조]

하나님이 신명기 6장 4~7절에 말씀하신 것이 쉐마의 내용이라면, 신명기 6장 8~9절 말씀은 하나님이 그 내용을 효과적으로 실천하는 교육의 형식을 제시하신 것이다.

교육의 내용

이스라엘아 들으라 우리 하나님 여호와는 오직 하나인 여호와 시니 너는 마음을 다하고 성품을 다하고 힘을 다하여 네 하나님 여호와를 사랑하라 오늘날 내가 네게 명하는 이 말씀을 너는 마음에 새기고 네 자녀에게 부지런히 가르치며 집에 앉았을 때에 든지 길에 행할 때에든지 누웠을 때에든지 일어날 때에든지 이 말씀을 강론할 것이며……. (신 6:4~7)

교육의 형식

너는 또 그것을 네 손목에 매어 기호를 삼으며 네 미간에 붙여 표를 삼고 또 네 집 문설주와 바깥 문에 기록할지니라. (신 6:8~9)

유대인이 교육의 내용과 교육의 형식, 두 가지를 함께 지켜 행한 것은 하나님이 그렇게 만드시고 그렇게 하라고 명령하셨기 때문이다. 이것이 유대인이 살아남은 비밀이다.

[다른 쉐마 말씀들도 교육의 내용과 형식으로 나뉘어져 있다. 그리고 유대인은 슬픔을 나타내거나 죄를 회개하는 것(교육의 내용)도 옷을 찢고 베옷을 입고 재를 바르는 교육익 형식을 취하며 한다(삼하 13:19; 왕상 21:27; 에 4:1; 마 11:21).]

둘째, 쉐마교육은 하나님께서 친히 하나님의 선민 유대인에게 가르쳐 주신 교육 방법이다. 인간을 창조하신 하나님이 인간의 교육심리를 가장 잘 아신다. 따라서 하나님이 가르쳐주신 교육 방법보다 더 좋은 교육 방법은 지상에 있을 수 없다.

현대에 아무리 교육학과 교육 방법론이 개발되었다고 해도 유대인 자녀교육을 따라올 수 없는 이유가 여기에 있다. 유대인은 하나님이 가르쳐 주신 교육 방법을 실천하여 IQ와 EQ 그리고 인성교육이라는 세 마리 토끼를 동시에 잡는다.

유대인은 현대교육학이 발달되기 3,400년 전, 모세의 때부터 이런 교육 방법을 실천해 왔다는 점에 주목해야 한다. 이것은 무엇을 뜻하나? 성경에 기초한 하나님의 교육신학이야말로 모든 교육의 원리와 본질이 되어야 한다는 것을 증명하는 것이다.

유대인의 생존 비밀은 그들의 독특한 교육에 있다.
이것은 성경에 기초한 하나님의 교육신학이야말로
모든 교육의 원리와 본질이 되어야 한다는 것을 증명하는 것이다.

2. 교육학 및 심리학적 유익

유대인의 쉐마교육의 특징은 인간의 5감과 온 몸의 각 기관을 총동원하여 하나님이 원하시는 교육의 목적을 이루신다는 데에 주목해야 한다. 그래서 유대인은 기도할 때뿐만 아니라 각 절기에서도 시각, 청각, 후각, 촉각, 미각은 물론 온 몸을 움직이게 하신다.

기도할 때도 보고 듣고 테필린을 이마에 매게 하고 기도복을 두르게 하고 몸을 상하 좌우로 흔들게 하여 하나님의 말씀 전수에 대한 소원을 365일 248개의 뼈마디들과 혈관의 피 속에까지 스며들게 하는 교육이다. 더 구체적으로 살펴보자.

첫째, 언약의 표식들(테필린, 메주사, 술 단 저고리 그리고 탈릿)을 어려서부터 계속 시각적으로 보여주면 하얀 백지와 같은 두뇌에 그 형상이 입력되어, 커서도 그 형상이 지워지지 않는다. 특히 자녀들이 13세 이전에 아버지가 이런 모습으로 기도하는 장면을 반복적으로 보면서 성장하면 그 두뇌에 입력된 시각적인 이미지는 평생 간다. (시각적인 효과)

경건한 자손을 만드는 3단계 과정

제3단계	습관은 경건한 자손을 만든다
제2단계	반복은 습관을 낳는다
제1단계	교육은 반복이다

둘째, 기도 시간에 쉐마를 외울 때 소리 내어 음송하기 때문에 그 소리도 평생 기억된다. (청각적인 효과)

셋째, 기도 시간에 쉐마를 외울 때 기도복으로 온 몸을 감싸고 음송하는 행위는 정신을 집중하는 데 매우 좋다. 그리고 외부로부터 온전히 차단되었음으로 안전감을 얻는다. 또한 하나님의 거룩한 율법으로 몸을 성결케 한다는 의식의 행위는 심리적 안정감과 기쁨을 준다. 그 행위 역시 평생 기억되며 습관화된다.
뿐만 아니라 기도복 속에서 기도로 하나님과의 만남을 통하여 깊은 대화를 나눌 수 있다. 그 속에서 쉐마를 음송하며 자신의 정체성과 삶의 목적을 하루에 두 번씩 확인한다. 이것은 곧 하나님이 명하신 구약의 지상명령, 쉐마를 실천하겠다는 의지를 새롭게 다지는 것이다. (촉각적인 효과)

넷째, 13세 이전의 기도 시간에 쉐마를 외울 때 율법을 상징하는 술을 만지며 음송하는 행위는 하나님의 율법(말씀) 하나 하나의 중요성을 깨닫게 하는 데 효과가 좋다. 그런 반복적인 행위 역시 평생 기억되게 하는 데 도움이 된다. (촉각적인 효과)

다섯째, 시간과 정성을 들여 평생 동안 쉐마 테필린을 반복적으로 매는 행위 또한 하나님을 경외하게 하고 사랑하게 하는 매우 훌륭한 교육 방법이다. (시각, 촉각, 상상력, 온몸 체험 효과)

여섯째, 집에 들어갈 때나 나갈 때 하나님의 말씀이 있는 메주

문설주에 단 메주사는 눈으로 보고 (시각) 손으로 만지는(촉각) 교육 효과가 있다.
유대인은 출입할 때마다 하나님의 말씀을 상징하는 메주사에 손을 댄 후 그 손을 입에 대어 키스한다.
여호와의 말씀이 송이꿀보다 더 달게 평생토록 빨아먹어야 한다는 뜻이다.

사를 눈으로 보고(시각) 손으로 만진 후 입에 대고 키스를 하는 행위(촉각)는 바로 교육의 내용을 교육의 형식으로 표현하는 가장 좋은 교육 방법 중 하나다. 입에다 키스를 하는 행위는 여호와의 말씀이 송이꿀보다 더 달다는 것을 상징한다.

유대인은 메주사를 집 안의 각 방문에도 달아 놓았기 때문에, 그런 행위를 하루에도 10번 이상 한다고 생각해보라. 어린 자녀들의 눈과 귀와 입을 말씀 전수에 고정시키지 않겠는가? **(시각, 촉각, 상상력, 미각적 효과)**

일곱째, 유대인은 기도할 때 몸을 좌우 혹은 상하로 흔들며 기도하는 순서가 있다. 그 이유는 다윗이 온몸의 기관을 사용하여 전심으로 여호와께 기도했기 때문이다. 이것은 몸의 한 기관만 사용하는 교육이 아니라, 온몸의 기관들을 하나님에게 향하도록 종합적인 체험 학습을 시키는 것이다.

따라서 이런 교육은 단지 교육의 내용만 집중하여 음송하는 것이 아니라 온몸으로 그 내용을 마음을 다하고 뜻을 다하고 정성을 다하여 음송하려고 하기 때문에 교육학적인 효과가 몇 배 높다고 보아야 한다. (온몸 체험 효과)

여덟째, 이와 더불어 유대인 남자들이 '찌찌트'라는 '술 단 저고리'(민 15:37~38)를 속옷처럼 입는 교육 방법은 매우 탁월하다. 이것도 하나님께서 명령하신 교육 방법이다. 그 유익을 자세히 살펴보자. (시각, 촉각, 온몸 체험 효과)

> 이 술은 너희로 보고 여호와의 모든 계명을 기억하여 준행하고 너희로 방종케 하는 자기의 마음과 눈의 욕심을 좇지 않게 하기 위함이라. (민 15:39)

이 말씀 속에는 세 가지 목적이 있다.

(1) 그 술을 볼 때마다 여호와의 모든 계명을 기억하게 해준다(민 15:39a).

(2) 그 술을 볼 때마다 여호와의 모든 계명을 준행하게 해준다(민 15:39b).

(3) 그 결과 방종케 하는 자기의 마음과 눈의 욕심을 좇지 않게 된다(민 15:39c).

인간은 언제 방종하게 되는가? 두 가지, '하나님의 뜻'대로가 아니라 '자기의 마음'대로 할 때, 그리고 허황된 '눈의 욕심'을 좇을 때이다. 이를 막는 방법이 무엇인가? '술 단 저고리'를 입게 하는 것이다. 즉 하나님께서는 자녀들이 '방종케 하는 자기의 마음과 눈의 욕심을 좇지 않게 하는 방법'으로 '술 단 저고리'를 입게 하셨다.

실제로 유대인은 3살 이후부터 613개의 율법을 상징하는 '술 단 저고리'를 몸에 저고리처럼 입음으로 그 촉감을 항상 느끼게 할 뿐만 아니라, 허리춤 밑의 613개의 율법들을 뜻하는 술들을 항상 눈으로 보며 자란다.

'술 단 저고리'를 입은 사람과 안 입은 사람은 어떻게 다를까? 입은 사람의 경우 안 입은 사람보다 다음과 같은 교육학적 유익이 있다.

(1) 여호와의 모든 계명을 기억하게 되며,
(2) 여호와의 모든 계명을 준행하게 되고,
(3) 그 결과 방종케 하는 자기의 마음과 눈의 욕심을 좇지 않게 될 것이 아닌가!

'술 단 저고리'를 입은 유대인의 유익은 여기에서 그치지 않는다. 위의 3가지 유익이 한 유대인이 자신의 '술 단 저고리'를 보고 느끼며 얻는 유익이라면, 자신의 '술 단 저고리'가 남에게 노출되었기 때문에 얻는 유익도 있을 수 있다. 즉 남이 자신을 주시하고 있다는 느낌에서 얻는 교육학적 유익도 많다.

'술 단 저고리'를 입은 유대인은 외관상으로도 찌찌트 술이 허리춤에 보인다. 따라서 누구든지 그의 늘어진 찌찌트 술을 보면 그가 유대인임을 쉽게 알 수 있다. 이것은 자기 스스로 경건한 자손임을 외부인에 알리는 일이다.

　이런 옷을 입으면 이방인의 눈을 의식해서라도 어떻게 술집이나 불건전한 곳에 갈 수 있겠는가? 어떻게 거짓말을 하며 악한 행동을 함부로 할 수 있겠는가? 만약 그렇게 했을 경우 유대인의 계율에 의하면 그는 하나님의 이름을 망녕되이 일컫는 죄(제3계명을 어긴 죄)를 짓게 되는 것이다.

　이보다 더 좋은 교육 방법이 어디에 있겠는가! 자녀들이 '술 단 저고리'를 입고 있으면 설사 나쁜 환경에 처한다 하더라도 그곳에 동화되지 않을 것이다. 그리고 나쁜 짓을 했다하더라도 누가 그의 잘못을 지적하면 곧 회개할 것이다. 이것이 하나님의 백성이 마땅히 행해야 할 구별된 행위가 아니겠는가! 전 세계적으로 모든 종족 가운데 유대인의 범죄율이 가장 낮은 이유가 여기에 있다.

　서양 속담에 "눈에서 멀면 마음에서도 멀어진다(Out of sight, out of mind)"는 말이 있다. 바로 이를 두고 한 말이다. 역시 하나님의 교육 방법은 인간의 모든 심리를 꿰뚫고 창안하신 방법이다.

　모세의 때부터 현재까지 3,400년간 여호와의 말씀이 유대인의 자손 대대로 전수된 비밀 속에는 바로 이런 교육 방법들이 있었다. 그리고 그들은 매일같이 이를 반복하여 계속 실천해 왔음을 알아야 한다.

'술 단 저고리'를 입은 사람은
(1) 여호와의 모든 계명을 기억하게 되며,
(2) 여호와의 모든 계명을 준행하게 되고,
(3) 그 결과 방종케 하는 자기의 마음과 눈의 욕심을 좇지 않게 된다.

---

3. 왜 예수님은 바리새인들의 테필린과 찌찌트를 비판하셨는가

저자는 유대인의 쉐마교육 방식이 교육신학적으로 하나님께서 유대인에게 명령하신 것을 유대인이 만들어 실천한 성공적인 교육방법이라고 설명했다. 또한 이것은 교육학적으로도 매우 탁월한 효과가 있다고 조목 조목 그 유익들을 설명했다.

그런데 신약성경에서 예수님은 유대인이었던 서기관들과 바리새인들의 테필린과 찌찌트를 정면으로 비판하신 기사가 나온다. 그들의 잘못된 전반적인 행위들을 지적하는 자리에서다(마 23:1~7).

> 저희 모든 행위를 사람에게 보이고자 하여 하나니 곧 그 차는 경문을 넓게 하며 옷술을 크게 하고……. (마 23:5)

"경문을 넓게 하며 옷술을 크게 하고"(마 23:5b)에서 '경문'은 기도할 때 이마와 팔에 매는 '테필린'을, '옷술'은 '술 단 저고리'의 '술', 즉 '찌찌트'를 가리킨다.

왜 예수님은 서기관들과 바리새인들의 테필린과 찌찌트를 비판하셨을까? 이것은 예수님이 그들의 교육 내용은 좋지만 교육의 형식들이 사람에게만 보이려고 하기 때문에 잘못되었다는 것이다.

저들이 경문을 넓게 하며 옷술을 크게 치장하는 목적이 하나님을 사랑하고 자녀들에게 말씀을 가르쳐 전수하라(신 6:4~7)는 하나님의 간절한 소원인 '교육의 내용'은 잃어버리고, 저희 모든 행위인 교육의 형식을 사람에게 보이려고 했기 때문이다.

예수님께서는 그들의 경건의 모양만 있고 하나님을 사랑하는 마음(내용)이 없는 외식적인 생활을 비판하신 것이다. 그 증거는 예수님이 그 자리에서 제자들에게 하신 말씀에서 찾을 수 있다.

> 그러므로 무엇이든지 저희의 말하는 바는 행하고 지키되 저희
> 의 하는 행위는 본받지 말라 저희는 말만 하고 행치 아니하도다.
> (마 23:3)

이 말씀은 저들이 입으로 가르치는 유대인의 쉐마교육의 내용과 형식은 하나님의 율법이기 때문에 행하고 지켜야 하지만 그 율법의 목적대로 살지 않는 그들의 행위는 본받지 말라는 것이다. 이것은 하나님이 만드신 쉐마교육의 방식이 잘못된 것이 아니고, 이를 자신들의 육신의 소욕대로 잘못 남용하는 그들의 행위를 비판하신 것이다. 즉 율법을 하나님이 주신 목적대로 잘 지키는 유대인이 문제가 아니라 율법을 자기의 소욕대로 남용한 외식적인 유대인이 문제라는 것이다.

요약하면, 서기관들과 바리새인들의 행위의 목적이 "하나님께 보이고자 함인가? 아니면 사람에게 보이고자 함인가?" 이것이 문제였다. 따라서 아무리 좋은 하나님의 교육 방법이라 하더라도 하나님이 만드신 목적인 교육의 내용을 잃어버리고 교육의 형식에만 치중한다면 하나님으로부터 '형식주의자', 혹은 '율법주의자'로 비난을 면키 어렵다는 것을 기억해야 한다.

[자세한 것은 저자의 저서 《부모여 자녀를 제자 삼아라》(쉐마, 2005), 제2장 I. '율법은 선하나 율법주의는 악하다' 참조]

쉐마교육의 방법은 하나님이 창안하신 방법이다.
유대인은 이 명령을 그대로 실천했더니
모세의 때부터 현재까지 3,400년간 여호와의 말씀이
자손 대대로 전수되었다.
이는 하나님의 교육 방법이 최상의 방법임을 입증한다.

4. 교육 형식(신 6:8~9)의 내면적 뜻도 새겨라

지금까지 유대인이 기도할 때 행하는 교육의 형식에 대하여 설명했다. 그 형식 속에 숨어 있는 내면적 교육의 내용은 없는가? 물론 있다. 이것도 깨달아 기도할 때마다 그 뜻을 마음에 새기는 것도 매우 중요하다. 그 뜻의 내용은 다음과 같다.

첫째, "손목에 매어 기호를 삼으라"(신 6:8)는 말씀은 하나님 말씀을 생활화하라는 뜻이다.

유대인의 개념으로 볼 때 '손목'은 '행동하거나 일하는 것'을 상징한다. 그들이 빵을 떼기 전 손을 씻는 의식을 행하는데 그 이유도 손, 즉 행위로 지은 죄를 씻기 위함이다.

따라서 '손목에 매라'는 데에는 두 가지 뜻이 있다. 하나는 '말씀을 행동으로 옮기라'는 뜻이다. 이것은 내면적 그리스도의 향기가 밖으로 나타나도록 하라는 의미다. 기독교는 외형적 유대인보다는 내면적 유대인을 추구한다(롬 2:28~29). 다른 하나는 '성도가 모든 일을 행할 때마다 하나님의 말씀을 그 일의 행동 지침으로 삼으라'는 뜻이다.

성경은 구약 39권 신약 27권, 도합 66권으로 구성되어 있다. 이 성경을 정경(正經)이라고 한다. 정경을 헬라어로 '캐논(canon)'이라고 한다. 캐논이란 단어의 뜻은 본래 '척도, 길이를 재는 자(尺)'란 뜻이다. 이 자는 목수가 집을 짓거나 가구를 만들 때 좌로나 우로나 치우치지 않게 하기 위한 연장이다. 목수는 이 자를 사용할 때만이 실수 없이 원하는 작품을 만들어 낼 수 있다.

이것은 바로 성도들이 모든 일을 할 때마다 자기 마음대로 하는 것이 아니고 '하나님 말씀의 자'로 일일이 재어서 행하라는 뜻이다. 이런 삶이 성도가 하나님의 말씀을 실생활에 적용하는 삶이다. 그리고 성도가 말씀대로 살 때에 죄 짓지 않고 하나님의 형상을 닮은 자녀답게 살 수 있다.

둘째, "네 미간에 붙여 표를 삼으라"(신 6:8)는 말씀은 신본주의 사상을 가지라는 뜻이다.

왜 '미간'인가? 이 '미간'은 '이마' 곧 '머리'를 상징한다. 머리는 인간이 생각하고 인간의 사상이 들어 있는 부분이다. 이러한 점에서 머리는 인체의 다른 상체나 하체의 부분과 다르다. 하나님 말씀을 성도의 머리에 붙이라는 말씀의 뜻은 성도의 생각을 철저하게 신본주의적 사상으로 무장하라는 말이다. 하나님의 말씀을 우리의 전체적인 삶의 철학으로 여기라는 말이다.

이것은 인본주의와 반대되는 신본주의적 사상이다. 인본주의란 하나님 없이도 인간 스스로 행복해질 수 있다는 가정 아래 인간 중심으로 인간의 천국을 추구하는 것을 말한다. 불신앙의 눈으로 보면 이것이 옳은 것 같지만 신앙의 눈으로 보면 크게 잘못되었다. 인간은 결코 하나님 없이 행복해질 수 없다. 성도들은 하나님 중심의 사상을 가지고 오직 하나님의 영광을 위해서만 살아야 한다.

셋째, "또 네 집 문설주와 바깥 문에 기록할지니라"(신 6:9)는 말씀은 가정에서 항상 하나님 말씀을 볼 수 있게 하라는 뜻이다.

성도의 가정은 하나님의 성전이다. 이 성전의 문설주와 바깥 문에 하나님의 말씀을 펼쳐 놓아서 들어갈 때든지 나갈 때든지 하나님의 말씀 속에서 살게 하라는 뜻이다.

우리가 성도들의 가정을 방문하게 될 때, 안 믿는 가정과 비교하여 어떤 차이를 발견할 수 있는가? 잘 믿는 가정에는 액자에 넣은 여호와의 말씀이 눈에 잘 보이는 이곳 저곳에 붙어 있다. 그 집안 사람들과 출입하는 이들이 항상 볼 수 있게 하기 위해서다.

저자는 아이들이 쓰는 화장실 맞은편에도 신명기 6장 4~9절 말씀을 써 놓았다(참고: 유대인은 하나님 말씀을 화장실에 두거나 쓰지 않음). 매일 아침 한 번이라도 우리 집 아이들이 그 말씀을 읽게 하기 위함이다. 성도의 주위에는 언제 어디서나 여호와 하나님의 말씀을 접할 수 있도록 세심한 주의를 기울여야 한다. 이를 요약하면, 모든 방법을 동원하여 자녀들이 세상으로 빠지지 않고 하나님을 섬기도록 하나님 말씀을 가르치라는 명령이다.

결론적으로 유대인의 자녀교육은 성경적인 자녀교육이다. 그러나 때때로 교육의 내용은 잃어버리고 교육의 형식만 강조하게 됨으로 형식주의화된 것도 있다. 예수님이 이 땅에 오셨을 당시에도 유대인 지도자들은 쉐마를 적은 기도의 띠, 경문을 하나님이 말씀하신 본래의 뜻에 의하여 살리고 노력하기보다는 사람들에게 과시하기 위하여 남용한 적이 있었다.

예수님은 그들의 가식적 종교 행위를 보시고 꾸짖으셨다(마 23:5). 그러나 이러한 폐단을 없애기 위하여 교육의 내용과 형식을 함께 가르칠 경우 매우 효과적인 교육임에 틀림없다. 따라서 기독교인은 유대인 자녀교육의 좋은 점을 배워야 한다.

기독교는 유대인의 역사와 사건을 구속사적(救贖史的)인 입장에서 영적으로 재조명한 이점이 있지만 율법에서 해방이라 하여 특별한 대안 없이 자녀들이 방종하는 일을 더 이상 보고 있을 수만은 없다. 믿음으로 구원받는 첫 단계만을 강조한 나머지 구원받은 성도(聖徒)의 성화(聖化) 과정에서의 방법이 제시되지 않는다면 기독교인의 성숙한 도덕과 윤리는 요원할 수밖에 없다.

쉐마교육 형식 속에는 숨어 있는 교육의 내용도 있다.
이것을 깨달아 기도할 때마다
그 뜻을 마음에 새기는 것도 매우 중요하다.
그 뜻의 내용은?

IV. 기독교인도 쉐마(신 6:4~9)를 실천해야 하는가

저자 주: 본 주제에 대한 답은 본서 제1권 제2부 제4장 III. 2. B. '바울은 왜 자녀 교육 실패자를 교회 지도자에서 제외했나'와 3. '구약의 가정 성전과 신약교회 지도자의 자격 조건이 동일한 이유'에서 일부 설명했다. 중복을 피하기 위해서 여기서는 다음의 두 항목만 보충한다.

1. 쉐마교육의 방법은 하나님이 명하신 교육의 형식이다

유대인의 쉐마, 즉 신명기 6장 4~9절 말씀의 내용과 실천은 기독교인에게도 그대로 적용되는가? 물론 적용되어야 한다. 왜냐하면 기독교인도 예수님을 통하여 언약의 백성이 되어 유대인이 믿는 동일한 하나님을 믿기 때문이다(자세한 이유는 본서 제2권 제4부 제1장 III. 1. C. '시내산 언약의 원리는 기독교인에게도 적용된다' 참조).

쉐마의 근본 정신, 즉 "이스라엘 백성이 자손 대대로 여호와의 말씀을 듣고 순종하여 지켜 행하라"는 데에는 유대인과 기독교인 사이에 차이가 있을 수 없다. 왜냐하면 그것은 하나님의 소원이기 때문이다. 뿐만 아니라 그 정신을 실천하는 방법 또한 변할 수 없는 것이다. 왜냐하면 그것도 하나님이 가르쳐주신 교육의 방법이기 때문이다.

이 말씀을 더 구체적으로 설명해 보자. 대부분 신명기 6장 4~6절은 세 부분, 첫째, 하나님은 한 분이심을 강조(신 6:4), 둘째, 성도가 하나님께 해야 하는 도리(신 6:5), **셋째**, 이스라엘 백성과 그들이 자녀에게 해야 할 도리 중 성도의 마음 자세 및 가르치는 때(신 6:6~7)는 유대인들의 해석과 동일하게 보는 데 부담이 없다.

이것은 신약의 예수님이 우리에게 가르치신 가장 큰 계명이기도 하기 때문이다. 마가복음 12장을 보면 서기관이 예수님에게 가장 큰 계명, 즉 "…… 모든 계명 중에 첫째가 무엇이니이까"(막 12:28)라고 물었다. 이 질문의 내용은 유대인이 지키는 613개의 계명 중에 가장 큰 계명이 무엇이냐고 묻는 것이다. **이때에 예수님은 첫째로 신명기 6장 4절과 5절의 쉐마 말씀을 주셨다.**

> 이스라엘아 들으라 주 곧 우리 하나님은 유일한 주시라 네 마음을 다하고 목숨을 다하고 뜻을 다하고 힘을 다하여 주 너의 하나님을 사랑하라. (막 12:29~30)

그리고 예수님은 두 번째 중요한 계명으로 레위기 19장 18절 말씀인 "네 이웃을 네 몸과 같이 사랑하라"(막 12:31)는 말씀을 주셨다. 예수님은 "이 두 계명이 온 율법과 선지자의 강령이니라"(마 22:40)라고 말씀하셨다.

문제는 신명기 6장 4~9절 말씀 중 넷째 부분인 쉐마교육의 방법(신 6:8~9, 11:13~21; 민 15:37~41)을 신약의 기독교인들이 유대인처럼 똑같이 지켜 행해야 하느냐 하는 점이다. 왜냐하면 그 방법이 너무나 독특하기 때문이다. 그러함에도 불구하고 기독교인들도 유대인의 교육 방법을 지켜 행할 필요가 있다.

그 이유는 간단하다.

유대인은 말씀을 마음에 새기고 그 말씀을 상고하는데 최선을 다한다.
(사진: 팔과 이마에 경문을 매고 613개의 율법을 상징하는 찌찌트의 술을 잡고 온 정성을 다하여 새벽에 기도하는 랍비 코헨 씨)

첫째, 쉐마교육의 방법은 하나님께서 가르쳐 주신 교육의 형식이기 때문이다.

둘째, 하나님의 명령이기 때문이다.

셋째, 또한 위에서 언급한 대로 현대 교육이 따를 수 없는 교육학적 및 심리학적으로 유익이 지대하기 때문이다.

유대인의 교육이 유익하다는 증거는 두 가지 면에서 찾을 수 있다.

첫째, 그들이 역사적으로 3,400년간 말씀을 자손 대대로 대물림하는 데 성공했다는 사실이다.

둘째, 유대인은 소수민족 중의 소수민족이지만 전 세계에서 유능한 인물을 가장 많이 배출했다는 사실이다. [노벨상 수상자 32%, 자세한 통계는 저자의 저서《현용수의 인성교육 노하우》(동아일보, 2008), 제1

권 제1부 제1장 I. '유대인의 우수성' 참조]

그런데 똑같은 성경을 가지고 있으면서도 왜 기독교인은 이를 실천하고 있지 않는가? 신약의 학자들은 이를 비유적으로만 취급하기 때문이다(박윤선, 1980, p. 390).

저자도 처음에는 그렇게 생각하였다. 그러나 유대인 자녀교육을 더 깊이 연구해본 결과 이것은 교육학적으로 잘못된 편견이라는 것을 깨닫게 되었다. 모세의 때부터 3,400년간 하나님의 말씀이 전수된 비밀 속에는 유대인이 하나님이 가르쳐 주신 교육의 방법들을 모두 지켜 행했기 때문이라는 사실을 깨달았다.

유대인 자녀들처럼 기독교인 자녀들에게도 어려서부터 이런 훈련을 시킨다면 얼마나 훌륭한 교육 방법이 되겠는가? 기독교인도 차후 쉐마교육의 내용이 보편화되면 이를 기독교인에게 맞도록 정리하여 실천해야 한다. 예수님도 유대인으로 이렇게 기도하시지 않았는가!

신약의 기독교은 쉐마교육 방법을
따를 생각은 하지 않고 비유적으로만 취급했다.
저자도 처음에는 그렇게 생각하였다.
그런데 현재는 다르다. 왜?

2. 실화: 자녀의 마음을 뒤바꾼 예수님의 지혜

저자가 미국에 있는 한인 신학교에서 강의를 할 때였다. 쉐마 강의를 마친 후 K 목사 사모가 손을 들어 자신의 이야기를 학생들 앞에서 간증하고 싶다고 말했다. 다음은 그녀의 간증을 요약한 것이다.

"저는 남편과 한 열댓 명 되는 개척교회를 해요. 고등학교 2학년과 중학교 3학년에 다니는 두 아들이 있어요. 큰아들은 주일날 피아노 반주도 해주고 저희 목회를 많이 도와줘요. 그런데 둘째 아들은 너무나 속을 썩였어요. 머리는 노랗고 빨갛게 물감을 들였고요. 옷은 다 떨어진 것을 걸치고 거의 나체로 다녀요. 사내아이가 코걸이 귀걸이도 하고요. 드럼을 치는데 못된 아이들과 어울려요. 그리고 늘 노래방에 가서 나쁜 아이들과 어울리고요. 그러니 그 애가 그런 모습으로 교회에 나오면 교인들 앞에 내가 얼마나 창피하겠습니까? 그 애는 목회를 돕는 것이 아니라 망치고 있었어요."

계속 말을 이었다.

"야단도 쳐보고 달래보기도 했지만 소용이 없었어요. 그러니 어떡합니까? 하나님 앞에 매달릴 수밖에 없지요. 그래서 하나님 앞에 금식기도를 작정하고 죽기 아니면 살기로 하나님께 울부짖었어요."

그녀는 정말 절망 가운데서 죽기를 각오하고 기도했다.

"하나님! 저를 죽이시든가 아니면 저의 아들을 고쳐주세요. 저

아이가 저러면 저는 정말 살 수가 없습니다. 목회도 못합니다."

그녀는 매일같이 같은 기도를 반복하며 울부짖었다. 그런데 작정 금식 기도의 마지막 날 밤에 예수님께서 친히 꿈에 나타나셔서 이렇게 말씀하시는 것이 아닌가.

"내가 너의 기도를 들었으니 걱정하지 마라. 그 이유가 무엇인지 아느냐? 내가 가르쳐 주마" 하시면서 그 이유를 낙타 등의 물샘봉의 예를 들면서 설명해 주셨다. (지면상 이 얘기는 생략함) 그리고는 예수님께서 "너는 네 아들에게 이렇게 하라"고 하며 방법을 지시해 주셨다.

그녀는 예수님이 시키신 대로 실천에 옮겼다. 둘째 아들을 불러 서로 마주 앉았다. 아들은 전에처럼 못마땅해 하면서 마지못해 앉았다. 그녀는 부드럽게 웃으면서 이렇게 말했다.

"너 머리 물감 새로 들이려면 돈 필요하지? 엄마가 돈 줄게 물감 들여라."

"너 귀걸이 코걸이 새로 유행하는 것 살려면 돈 필요하지? 엄마가 돈 줄게 새로 사라."

"너 노래방 가려면 돈 필요하지? 엄마가 돈 줄게 노래방에 가라."

"너 드럼 배우는 데 돈 필요하지? 엄마가 돈 줄게 드럼 배워라."

아들은 너무나 놀랐다. 지금까지는 언제나 하지 말라고 하면서 야단만 치지 않았는가? 혹시 엄마가 금식기도를 오래 하더니 미친 것은 아닌지 걱정하는 눈치였다. 이때 엄마가 한 가지 조건을 제시하였다.

"네가 하고 싶은 것 뭐든지 다 하지만 한 가지 조건이 있다."

아들이 의아해 물었다.

"뭔데요?"

"하루에 엄마가 지정한 성경 말씀 15장씩을 읽고 하고 싶은 것 다 해라."

아들은 엄마의 목을 껴안고 기뻐 뛰었다.

"엄마! 그거 15장이면 30분이면 다 읽는데 그 까짓 걸 못해? 우리 엄마 최고야!"

그런데 3주쯤 지나서였다. 아들이 집을 나가지 않고 집에서 성경책만 보기 시작했다. 엄마가 의아해서 물었다.

"너 왜 밖에 안 나가니?"

"엄마! 나 엄마가 지정한 성경 말씀을 읽다가 성령 받았어. 이제 세상 애들과 노는 것이 재미가 없어졌어. 그리고 성경 말씀 읽는 것이 너무 즐거워."

두 모자는 부둥켜안고 한참을 울었다. 그리고 아들은 완전히 변했다. 머리도 까맣게 변하고, 귀걸이 코걸이도 뗐었다. 복장도 정장으로 변하고 노래방도 안 나갔다.

그렇다. "모든 성경은 하나님의 감동으로 된 것으로 교훈과 책망과 바르게 함과 의로 교육하기에 유익하다"(딤후 3:16). 그리고 "하나님의 말씀은 살아있고 운동력이 있어 좌우에 날선 어떤 검보다도 예리하여 혼과 영과 및 관절과 골수를 찔러 쪼개기까지 하며 또 마음의 생각과 뜻을 감찰하신다"(히 4:12).

이 예화는 하나님의 말씀을 어려서부터 가르치고 음송하게 하는 것이 어떤 교육보다도 중요하다는 사실을 증명한다.

속썩이는 아들을 위해 금식 기도하던 마지막 날 밤에
예수님께서 친히 꿈에 나타나셔서
아들의 마음을 바꾸는 방법을 가르쳐 주셨다.
그 방법대로 했더니 아들이 완전히 바뀌었다.
능력 있는 하나님 말씀의 파워다.

랍비의 토막 상식

기도는 짧게, 배움에는 오랜 시간을 보내라

이 말은 유대인들이 학문, 즉 하나님의 말씀을 배우는 것을 하나님을 찬양하는 기도, 그 자체라고 생각한 데서 연유한 말이다. 그렇다면 '가장 위대한 것은 하나님'이라고 믿고 있는 그들이 어째서 기도 시간을 짧게 하라고 했을까?

그 이유는 간단하다. 인간이 기도하는 것은 인간이 하나님에게 하는 일방적인 말이지만, 하나님의 말씀을 배운다는 것은 하나님이 자신에게 진리의 말씀을 계속 말씀하고 계신다는 것을 믿기 때문이다.

때문에 하나님에게 하는 기도는 맑은 정신으로 짧게 하는 것이 옳으며, 배움은 오랜 시간에 걸쳐 하나님의 진리를 배워야 한다는 것이다. 이처럼 유대인들은 진리를 연구하는 것 자체를 하나님을 찬양하는 것으로 믿고 있다. 지식과 지혜를 존중하는 것, 이것이 곧 하나님을 찬양하는 일로 여겼다.

간혹 하나님을 찬양하지 않는 유대인이 있다 하더라도, 그들이 인생을 살면서 학문을 가장 소중하게 여기는 것은 바로 유대인들의 이와 같은 전통에 의한 것이다.

> **저자 주** "기도는 짧게, 배움에는 오랜 시간을 보내라"는 격언은 하나님의 말씀 연구가 기도보다 더 중요하다는 것이지, 유대인이 실제로 기도를 간단하게 하는 것은 아니다. 그들은 하루에 3번 시간을 정해 놓고 기도한다. 새벽 기도 시간은 40분 정도 걸린다.

_Tokayer, 탈무드 5: 탈무드의 잠업집, 동아일보, 2009, pp. 176~177.

SHEMA · SHEMA · SHEMA
제 3 장

쉐마와 오순절:
율법과 성령 받은 절기

I. 문제 제기
II. 구약의 오순절과 율법
III. 교회론적 입장에서 본 오순절
IV. 요약 및 결론

I. 문제 제기

오순절 하면 신약성경의 사도행전 2장에 나오는 성령 강림을 떠올리게 마련이다. 그러나 성경의 역사를 보면 오순절은 먼저 구약의 율법과 깊은 관련이 있다. 토라(모세오경)에 의하면 유대인은 오순절에 하나님의 십계명, 즉 토라를 받았기 때문이다.

따라서 율법에 관한 올바른 인식을 위해서는 하나님이 이스라엘 백성에게 율법을 주신 오순절 절기를 연구해 볼 필요가 있다. 오순절은 유월절 이후 50일째 맞는 절기로 유월절과 연결되어 있다. 그러므로 오순절을 설명하기 위해서는 먼저 유월절에 대하여 설명해야 한다.

오순절은 교회론적 입장에서도 신약교회뿐 아니라, 구약교회(성막)에도 관련이 있다. 어떠한 관련이 있는가? 또한 오순절의 성령 강림 후 신약교회의 예배는 구약의 예배와 어떻게 달라졌는가?

다음 질문의 답을 찾아 보자.

[질문 1] 유월설은 무엇이고 신약의 구원론과 어떠한 관계가 있는가?

[질문 2] 오순절은 무엇이고 유월절과 어떠한 관계가 있는가?

[질문 3] 왜 하나님은 이스라엘 백성에게 오순절에 율법을 주셨는가?

[질문 4] 오순절 절기는 신약의 성령과 어떠한 관계가 있는가?

[질문 5] 교회론적 입장에서 구약의 오순절과 신약의 오순절은 어떠한 공통점과 차이점이 있는가? 교회론과 예배론적으로 볼 때 그 공통점과 차이점에서 무엇을 발견할 수 있는가?

[질문 6] 예배론적 입장에서 오순절에 받은 구약의 율법과 신약의 성령과는 어떠한 관계가 있는가?

II. 구약의 오순절과 율법

1. 유월절(Passover, פֶּסַח)

하나님의 주권 아래 이스라엘 국가의 선민교육은 3대 절기가 대변해 준다. 유월절부터 시작하여 오순절과 초막절로 이어진다. 따라서 오순절을 설명하기 위해서는 먼저 유월절부터 설명해야 한다. 유월절은 무엇이고 신약의 구원론과 어떤 관계가 있는가에 대하여 알아보자.

하나님은 아브라함을 선민의 조상으로 선택하셨다(창 12:1~4). 그리고 하나님은 아브라함과 언약을 맺으셨다(창 15:1~28). 아브라함의 후손 이스라엘 백성이 애굽에서 무려 400년간 종살이를 한다는 것(창 15:13)과 그 후 가나안을 약속의 기업의 땅으로 주시겠다는 언약이다(창 15:16~18).

　이스라엘 백성이 언약대로 애굽의 왕 바로에게 혹독한 종살이를 할 때(출 1:11~14) 하나님은 그들의 간구를 들으시고 마침내 모세를 통하여 그들을 구속하신다(신 26:6~9). 하나님께서 이스라엘 백성을 구속하시기 위하여 강팍한 바로의 마음을 꺾고자 애굽에 열 가지 재앙을 내리셨는데(출 7:14~12:36), 그 중 마지막 재앙에서 비롯된 사건이 유월절이다(출 12장).

　애굽에 내린 재앙 중 마지막 재앙은 온 애굽 땅 가운데 사람과 짐승을 물론하고 처음 난 장자를 모두 죽이는 재앙이었다(출 12:12). 그러나 하나님은 이스라엘 백성에게는 살 수 있는 길을 예비해 두셨다. 하나님께서는 모세를 통해 이스라엘 백성이 양을 잡아 그 피를 그릇에 담고 우슬초로 적셔 각 집의 인방과 문설주에 바르면(출 12:22) 그 집은 그 피를 증거로 죽음의 재앙이 뛰어넘어(유월절, passover) 구원을 받게 된다는 복음이었다(출 12:13, 21~27). 이를 실천한 모든 이스라엘 백성은 죽음을 당하지 않고 살아남았다. 그러나 양의 피를 문설주에 바르지 않았던 바로의 아들을 포함한 모든 애굽의 장자들은 죽었다.

　이로써 강팍했던 바로는 급기야 하나님께 항복하고 이스라엘 백성이 지도자 모세를 따라 애굽을 떠날 수 있도록 허락하였다. 따라서 유월절은 400년간 애굽에서 종살이하던 이스라엘 백성이 하나님의 은혜로 바로에게서 해방되고 애굽을 탈출하여 자유를 얻은 기쁨의 축제일이다. 즉 "유월절은 하나님의 선민 이스라엘 민족이 국가로서의 독립과 탄생한 날을 기리는 축제의 절기이다"(Levi & Kaplan, 1978, p. 115).

구약의 유월절은 신약의 구원론과 어떤 관계가 있는가? 이스라엘 백성이 종살이했던 애굽은 영적으로 무엇을 뜻하며 유월절에 애굽에서 해방된 유대인은 신약시대의 성도와 영적으로 어떠한 관계가 있는가? 구약은 신약의 모형이며 그림자다(히 8:5).

영적으로 애굽의 나일강에 사는 악어(겔 29:3)는 큰 뱀 혹은 큰 용(타닌 혹은 리워야단)과 함께 이스라엘 백성을 핍박한 바로의 귀족, 장관 및 장수를 상징한다(출 15:4)(Keach, 1977, p. 616). 따라서 애굽의 바로는 택한 백성을 대적하는 사단을 의미한다(시 74:13~14; 사 27:1, 36:6~7, 51:9; 계 18:1~4). 그러므로 유대인이 애굽의 바로에게 종살이를 한 것은 신약 성도들이 예수님을 믿기 이전 사단에 의해 죄의 종살이를 한 것으로 해석할 수 있다(롬 8:1~2).

그리고 유대인의 유월절 양은 신약에서 세상 죄를 지고 가는 하나님의 어린양 예수님을 상징한다(요 1:29; 고전 5:7). 유대인이 양의 피를 문설주에 발라 죽음의 재앙에서 구원받은 것은 기독교인이 하나님의 어린양 예수님의 피로 죄 씻음을 받아 장차 올 죽음의 재앙에서 구원받는다는 것의 예표다.

따라서 유월절은 유대인에게는 애굽에서 해방된 기쁨의 축제일이지만 기독교인에게는 그리스도의 십자가 고난일이 된다. 이것이 저자가 정통파 유대인 유월절 절기에 참석했을 때마다 느낀 상반된 모습이었다.

이 말은 유대인이 유월절 어린양의 희생 없이 바로의 속박으로부터 구속이란 축제가 있을 수 없었던 것처럼, 영적 유대인(갈 3:6~9)인 신약의 성도도 유월절 어린양으로 오신 예수님의 십자가 희생 없이는 구원이 있을 수 없다는 뜻이다. 즉 예수 그리스도

유대인은 유월절 양의 피로 죽음의 재앙을 피했지만 기독교인은 유월절 어린양으로 오신 예수님의 피로 구원받아 죽음의 재앙을 피할 수 있다.
(사진: '쉐마지도자클리닉'에서 유대인 서기관 랍비와 저자가 창세기를 살피고 있다.)

유대인의 3대 절기는 유월절, 오순절, 초막절이다. 따라서 유대인은 유월절을 매우 귀중한 절기로 지킨다.
[사진: 정통파 유대인의 유월절 절기에 참석한 저자가 맛짜(누룩 없는 빵, 무교병)를 예식에 맞추어 자르고 있다.]

의 고난 때문에 신약의 성도는 죄에서 해방되어 구원받는 축제를 누릴 수 있다는 뜻이다.

유월절은
유대인에게는 애굽에서 해방된 축제일이지만
기독교인에게는 그리스도의 십자가 고난일이다.
유대인이 유월절 어린양의 희생 없이
바로의 속박으로부터 해방이 있을 수 없었던 것처럼,
영적 유대인인 신약의 성도도 유월절 어린양으로 오신
예수님의 십자가 희생 없이는 구원이 있을 수 없다.

랍비의 토막 상식

모세는 하나님이 아니다

모세는 모든 유대인을 대표하고 있다. 유월절(passover)이 되면 유대인은 이집트로부터 해방된 날을 축하한다. 이 날은 모세의 정신이 사람들 위에 머무르는 날이다. 모세는 이집트의 포로가 되어 노예 생활을 하고 있던 이스라엘 민족을 거느리고 새로운 팔레스타인(가나안) 땅으로 이끌어 낸 지도자다.

그러나 이 유월절에 모세의 이름은 한 번 밖에 불러지지 않는다. 왜냐하면 유대의 전통에는 모세도 한 명의 인간임으로 그를 포함하여 하나의 인간을 특별히 높은 지위에 두는 것을 꺼려하기 때문이다.

곧 하나의 인간을 신격화하는 것은 유대인의 전통에서 벗어나는 일인 것이다. 물론 뛰어난 지도자에게는 경의를 표한다. 그러나 그 사람을 절대자로 섬기는 일은 없다. 절대자는 그들의 유일신(여호와) 밖에 없는 것이다.

그래서 모든 시대에 걸쳐 랍비들은 모세를 위대하고 걸출한 인물이라고 보아 왔지만 인간을 초월한 신격이라고 인정하는 것을 거부한다. 그러나 그는 모든 이스라엘인을 대표하고 있다. "모세는 모든 이스라엘인들 스스로의 속에 머물게 하고 있다"고 한 탈무드의 말은 모세를 이스라엘의 하나님이 만들었다고 하는 뜻이다.

제아무리 위대한 지도자일지라도 혼자서는 존재하지 못

한다. 그를 둘러싸고 있는 사람들에 의해서 만들어지기 때문이다. 똑같은 말을 다른 민족의 경우에도 할 수 있을 것이다. 뛰어난 사람이라 불리는 역사적인 인물을 볼 것 같으면, 그 시대에 어떤 사람들이 어떻게 살아 왔는가를 알 수가 있다.

지도자는 사람들의 모습을 비춰 주는 거울과도 같은 것이다. 그래서 탈무드에서는 "모세는 그 시대의 유대인들 중에서 터진 불꽃과 같은 존재였다"고 쓰여 있다.

우수한 지도자는 우수한 민족과 하나의 세트가 되어 있다. 지도자는 사람들을 이용해 자신을 표현하고 사람들도 지도자를 통해서 스스로를 표현하는 관계에 있다. 그러므로 아래에 있는 사람들은 자신들의 지도자에 대해 불평을 말하기 전에 스스로의 모습을 거울에 비춰 보아야 할 것이다.

지도자는 사람들의 일부이다. 그러므로 초인적이고 하나님과 같은 지도자가 존재한다는 것은 있을 수가 없다. 역사상으로 근대사를 보더라도 히틀러를 비롯하여 스탈린, 모택동 등이 권력을 장악하고 있는 동안은 대부분의 민중들로부터 잘못이 없는 위대한 지도자라고 생각되었던 독재자들이었다.

그러나 그들이 권력을 잃고 이 세상을 떠난 뒤에는, 그와 같은 평가는 나라나 사람들이 한 때 병적인 열병에 들떠 있었다고 설명할 수밖에 없는 판이한 평가가 나는 것이다. 그러나 유대인은 모세의 시대로부터 어떠한 인간이든지 불완전하다는 사실을 알고 있었던 것이다.

모세는 유대인의 역사에 있어서 가장 위대한 지도자다. 그러나 성경을 읽어보면 모세는 이스라엘 백성을 이집트로부터 구출해 내서 팔레스타인 땅에 도착하기까지 항상 바위 위에 앉아 있었다. 사람들에게 들려 가마를 타는 일이 없었다. 유대인의 전통에서는 지도자도 보통 사람들과 평등한 것이다.

그 후 유대인은 모세의 상을 만드는 일이나, 그 모습을 그림으로 그려 남기거나 공경하는 일도 하지 않는다. 왜냐하면 유대교에서는 우상 숭배는 엄격히 금지되고 있기 때문이다. 성경에는 아브라함이 최초의 유대인으로 되어 있는 것은, 우상을 파괴하고 유일신을 믿게 된 최초의 인간이기 때문이라는 사실을 기억해야 할 것이다.

절대적인 권위는 하나님 밖에 없으며, 하나님과 같은 인간은 있을 수 없다. 그러므로 유대인만큼 하나님 앞에서 평등을 믿어 온 민족은 없었다. 그래서 허영을 혐오했고, 권위에 아첨하는 자는 경멸했다.

오늘날에도 이스라엘에서는 대통령·수상을 비롯한 각료는 유대인 사이에서는 넥타이를 매지 않는다. 그들은 외국인과 만날 때에만 넥타이를 매고 정장을 한다.

_Tokayer, 탈무드 3: 탈무드의 처세술, 동아일보, 2009, pp. 31~35.

2. 구약의 오순절(Shavouth, שָׁבוּעוֹת)

A. 율법 받은 날

오순절은 무엇이고 유월절과 어떠한 관계가 있는가? 오순절을 히브리어로 '솨부트(Shavouth)'라고 부르는데 이는 '주(週)들(weeks)'이란 뜻이고, 영어의 '펜트코스트(pentecost)'는 헬라어의 '50일째 날(fiftieth day)'이란 뜻이다. 그 이유는 유월절 다음날부터 날짜를 7이레 동안 49일을 세어 50일째 되는 날이기 때문이다.

오순절은 두 가지 절기를 겸하여 지킨다. 첫째는 추수감사절이요, 둘째는 십계명(율법)을 받은 절기다.

첫째, 오순절을 추수감사절로 지키는 이유는 성경에 근거한다. 하나님께서 이스라엘 백성에게 늦은 봄 처음으로 보리를 수확할 때 제일 먼저 거둔 곡식단 하나(오멜, An Omer)를 여호와 앞에 드리는 절기가 있다. 이를 초실절(A First Harvest Offering)이라고 한다(레 23:10~11). 그리고 초실절 이후(이 날은 바로 유월절 다음날 밤부터다) 49일 동안 오순절까지 매일 날짜를 세는데 이를 유대인은 '오멜 세기(The Counting of the Omer)'라고 부른다. '오멜'은 보리의 양을 측정하는 단위다. 그리고 50일째 되는 날을 첫 곡식의 축제일(the Feast of the First Fruits)로 지킨다(레 23:15~16; 수 28:26). 따라서 이를 맥추절, 칠칠절 혹은 오순절이라고 부른다(레 23:15~22; 민 28:26~31; 신 16:9~12).

둘째, 오순절은 십계명(율법, 토라)을 받은 절기로 지킨다. 유대

새로 구입한 두루마리 성경(토라)을 회당에 안치할 때는 유대인의 결혼 예식으로 그 절차가 진행된다. 이것은 하나님의 말씀이 이스라엘 백성과 결혼한다는 뜻이다. 따라서 하나님은 신랑, 이스라엘 백성은 하나님의 신부 격이 된다.
(사진: 훗파라는 장막 속에서 토라를 회당으로 이동하고 있다. 그 주위로 회당의 수많은 인파가 노래를 부르고 춤을 추며 따르고 있다. 굳은 비가 오는데도 회중이 많다.)

인의 전통에 의하면, 이스라엘 백성이 유월절 다음날 애굽을 떠나 홍해를 건너 7이레(7×7=49일)가 지난 후 시내산에 도착하여 오순절에 하나님의 십계명(출 20:2~14)과 토라를 받았기 때문이다(출 19~20장)(Kling, 1987, p. 70). 하나님이 이스라엘 백성에게 율법을 주신 오순절은 하나님이 이스라엘 백성을 언약의 백성으로 삼으시는 시내산 언약을 맺으신 날이기도 하다(출 19:1~24:18). 하나님이 먼저 유대인에게 시내산에서 언약을 선포하시고(출 19:3~15), 십계명과 율법을 주시고(출 20~23장), 모세를 중보자로 내세워 이스라엘 백성과 언약을 체결하셨다(출 24:1~8).

하나님은 이스라엘 백성에게 왜 유월절 이후 언약의 조건으로 오순절에 율법을 주셨는가? 그것은 유대인이 유월절에 바로의 육적인 매임에서 해방되어 탈출했다고 해도 하나님의 선민다운 규율(the disciplines)과 임무(duties)를 부여하지 않는다면 진정한 자유를 누릴 수 없기 때문이다. 만약 규율에 의한 훈련, 임무(duties) 및 의무(obligation)가 없다면 오직 무질서(anarchy)만 있을 뿐이다(Donin, 1980, p. 278).

따라서 하나님 안의 진정한 자유는 선악이 구별된 질서 속에서 맛볼 수 있다. 선악이 구별된 질서는 오순절에 하나님이 주신 율법을 지켜 행할 때에만 가능하다.

유대인이 오순절에 받은 하나님의 율법은 하나님이 언약의 조건으로 제안한 삶의 규범이다. 이는 하나님과 이스라엘 백성 사이에 시내산에서 동의되고(출 19:8, 24:3, 7), 인쳐진(sealed, 출 24:8) 내용이다. 또한 오순절은 이스라엘 민족이 율법을 받은 것 이상으로 하나님의 신성을 경험한 날이다. 그리고 유대인 모두 그곳에서 여호와 하나님의 음성을 직접 들은 체험을 서로 나누는 절기다(Strassfeld, 1985, p. 69).

유대인이 하나님께 율법 받은 날을 얼마나 귀중하게 생각하는지는 그들이 오순절을 하나님과 유대인이 결혼한 날로 비유하는 데서도 알 수 있다.

유대인에게 오순절에 대한 가장 아름다운 이미지들 중 하나는 오순절을 하나님(신랑)과 이스라엘 백성(신부)과의 결혼 관계로 설정한 것이다. 이 이미지를 발전시키기 위하여 유월절은 이스라엘에 대한 하나님의 구혼 기간이고 오순절은 실제적인 결혼의 축제일이다. 그리고 초막절은 한 가정의 믿음이 유대주의에 맞추어 세우는(set up) 절기다(Strassfeld, 1985, p. 85).

이스라엘 민족은 하나님의 토라(율법)와 결혼한 민족이다. 이러한 비유는 오늘날 유대인이 새로 구입한 두루마리 토라를 회당에 헌납하는 예식에서도 볼 수 있다. 유대인의 결혼 예식이 장막을 뜻하는 훗파 속에서 치러지는 것처럼 새 토라를 회당에 헌납할 때에도 토라를 훗파 속에 간직하고 회당 안으로 행진하며 치러진다(앞 페이지 사진 참조).

이것은 하나님의 말씀(율법)이 이스라엘 민족과 결혼하는 것을 의미한다. 하나님은 신랑, 이스라엘 백성은 신부로서 부부 관계로 많이 비유되었다(아 4:8; 사 63:5; 렘 2:32). 신약적인 개념에서도 말씀으로 오신 예수님은 성도들의 신랑이 되신다. 예수님은 신랑, 성도는 신부가 되는 셈이다(요 3:29; 엡 5:32; 계 21:2).

따라서 절기를 지키는 유대인들은 결혼을 앞둔 약혼자끼리 사랑의 강도를 높이듯이 유월절과 오순절 사이의 기간을 영적인 강도(intensity)를 높이는 시기로 여기며 신앙 증진에 매진한다(Kling, 1987, p. 70).

오순절은 이스라엘 백성이 하나님의 십계명과 토라를 받은 날이다.
유대인이 하나님의 율법과 결혼한 민족인 것처럼,
신약의 기독교인도 말씀으로 성육신하신 예수님과 결혼한 신부다.

하나님이 유대인에게 율법을 주신 이유는
그들이 애굽에서 해방되었어도 선민다운 규율과 임무를 부여받지 못했다면
진정한 자유를 누릴 수 없기 때문이다.

B. 유대인이 오순절을 지키는 방법과 룻기서

유대인은 자녀들에게 오순절 절기를 통하여 무엇을 어떻게 교육시키는가? 그들은 자녀들이 율법 받은 날을 감격적으로 맞게 하기 위하여 간절히 기다리는 마음으로 자녀들에게 숫자를 적은 종이 카드 49개를 만들게 한다. 마치 신부가 신랑을 그리워하며 결혼식 날을 간절히 기다리듯 오순절을 기다리게 한다.

유월절 다음날부터 율법 받은 날을 간절히 고대하면서 하루하루 지낼 때마다 카드 한 장씩을 센다. 그리고 다음과 같은 기도문을 외운다. 하나님의 말씀, 즉 율법을 사모하며 사랑하게 하기 위함이다.

> 우리 주 하나님 축복 받으실 분이시여, 우주의 왕이시여, 우리를 율법으로 정결케 하시고 우리로 오멜을 세도록 명령하신 분이시여. (Donin, 1980, p. 278)

오순절에 회당에서는 온 회중이 모여 잔치 기분으로 밤새도록 율법에 대한 강론을 들으며 룻기를 읽는다. 그렇다면 **룻은 이방인인데 유대인이 왜 오순절에 룻기를 읽는가?** 대략 네 가지 이유가 있다(Scherman & Zlotowitz, 1994, p. 1269).

첫째, 룻의 이야기는 추수와 관련이 있다. 룻기는 보리 추수에서 시작하여(룻 1:22, the barley harvest) 밀 추수기에 끝나는데(룻 2:23, the wheat harvest), 그 기간이 바로 오순절 기간이기 때문이다.

오순절에 하나님으로부터 받은 토라(하나님의 율법, 말씀)는 유대주의의 핵심이다. 토라는 유대인 회당의 토라 보관소에 보관하는데 성막의 개념으로는 이곳은 법궤가 있었던 지성소 자리다. 이곳은 24시간 365일 항상 불이 켜져 있다. 말씀은 바로 빛이기 때문이다. 예수님도 말씀의 빛으로 오셨다.
(사진: 새벽기도 예식을 위하여 두루마리 성경을 토라 보관소에서 꺼내는 유대인들)

둘째, 유대인은 오순절에 하나님의 토라를 받음으로 하나님과의 언약에 들어가며 유대 국가(The Jewish nation)의 체제가 신정정치(Theocracy)로 시작된다. 그런데 룻기의 내용은 룻이 어떻게 하나님과의 언약(the Covenant with God)에 들어가느냐를 잘 보여주기 때문이다.

셋째, 룻기(the Book of Ruth)는 다윗 왕의 뿌리의 역사이기 때문이다. 룻이 보아스와 결혼하여 오벳을 낳고 오벳은 이새를 낳고 이새는 다윗을 낳았다. 그리고 유대인의 전통에 의하면, 다윗 왕의 제삿날과 생일이 오순절 날과 동일하다.

넷째, 룻은 비록 이방인이지만 그는 의인(義人)의 모델이기 때문이다. 유대인들은 자신의 백성에게 이방인이었던 룻의 신앙을 본받으라고 말한다. 왜냐하면 룻이 이방인이었는데도 불구하고 하나님을 그토록 사랑하였기 때문이다. 하물며 하나님의 선민인 유대인이 하나님을 사랑하지 않으면 어찌 되겠는가란 뜻이다.

결론적으로 유월절이 유대민족의 생일이었다면 오순절은 그 민족을 하나님의 방법대로 통치하는 경전, 즉 선민교육의 내용인 여호와의 율법(토라)을 받은 날이다. 따라서 현재도 정통파 보수 유대인일수록 오순절을 추수감사절의 의미보다는 율법을 받은 절기에 더 깊은 의미를 부여하여 지킨다.

성경 역사적인 입장에서도 유대인이 오순절에 시내산에서 613개의 율법을 받은 사건은 획기적인 사건이다. 구약의 토라(모세오경)는 바로 신·구약 성경의 기초가 되는 말씀이기 때문이다.

유대인은 자녀들이 율법 받은 날을 감격적으로 맞게 하기 위하여
간절히 기다리는 마음으로 자녀들에게
숫자를 적은 종이 카드 49개를 만들게 한다.
마치 신부가 신랑을 그리워하며 결혼식 날을 간절히 기다리듯
오순절을 기다리게 한다.
유대인의 독특한 교육의 방법이다.

랍비의 성경 강해

회 당

온 이스라엘이 네 하나님 여호와 앞 그 택하신 곳에 모일 때에 이 율법을 낭독하여, 온 이스라엘로 듣게 할지니, 곧 백성의 남녀와 유치와 네 성안에 우거하는 타국인을 모으고 그들로 듣고 배우고 네 하나님 여호와를 경외하며, 이 율법의 모든 말씀을 지켜 행하게 하고……. (신명기 31장 11~12절)

이것은 토라가 유대인 전부에게 속하는 것임을 나타내고 있다. 누구나가 예외 없이 이것을 배우지 않으면 안 된다. 7년마다 반드시 집회에서 누구에게나 들리는 큰 소리로 읽지 않으면 안 된다.

오늘날에는 회당이 있어서 매주 하나의 장과 절이 읽히고 토라 안에 어떤 비밀이 없음을 나타내고, 누구나가 그것을 이해한다. 회당에 있어서의 모든 의식의 중심이 되는 것은 토라를 읽는 일, 연구하는 일, 해석하는 일이다.

_Tokayer, 탈무드 2: 탈무드와 모세오경, 동아일보, 2007, pp. 288~289.

III. 교회론적 입장에서 본 오순절

1. 오순절: 구약교회와 신약교회의 탄생

이제 오순절을 구약과 신약시대의 교회론적인 입장에서 고찰해 보자.

교회란 무엇인가? '교회(ekklesia)'는 '하나님의 부름을 받은(called out) 무리들의 예배를 위한 모임'(Lindgren, 1983, p. 40)이라고 정의할 수 있다. 즉 "교회는 성도들이 하나님께 예배드리기 위한 모임이다."

그렇다면 예배란 무엇인가? '예배(worship)'란 "하나님의 계시에 대한 인간의 응답(response)"(박은규, 1991, p. 15)이라고 정의할 수 있다.

교회론적 입장에서 구약의 오순절과 신약의 오순절에는 어떠한 공통점과 차이점이 있는가? 교회론과 예배론적으로 볼 때 그 공통점과 차이점에서 무엇을 발견할 수 있는가? 이를 두 가지 측면에서 살펴보자.

첫째, 구약과 신약의 오순절 사건의 공통점은 오순절이 회중교회의 시작이라는 점이고,

둘째, 구약과 신약의 오순절 사건의 차이점은 구약에는 율법을 받았고 신약에는 성령을 받았다는 사실이다.

따라서 신·구약에 있었던 오순절은 신약시대의 완성된 예배의 두 가지 요소인 구약의 말씀(율법)과 성령을 받은 절기라는 점이다.

구약과 신약의 유월절과 오순절 비교

구분	유월절	오순절	신약교회 예배의 두 요소
구약	유월절 양의 희생 (유대인이 해방된 날)	유대인: 율법 받은 날 (구약의 회중교회 시작)	하나님의 율법(말씀) 진정(요 4:24)
신약	예수님의 희생 (기독교인이 예수님의 희생으로 죄에서 해방된 날)	기독교인: 성령 받은 날 (신약의 회중교회 시작)	성령이 역사하는 교회 신령(요 4:24)

첫째, 구약과 신약의 오순절 사건의 공통점은 구약과 신약의 오순절이 회중교회의 시작이라는 점에 대하여 고찰해 보자.

예배의 네 가지 요소들을 간단히 든다면 다음과 같다.

1) 하나님의 부름받은 무리들이 있어야 하고,
2) 하나님의 임재 곧 성령님의 임재가 있어야 하고,
3) 하나님의 계시, 즉 말씀이 있어야 하고,
4) 성도들의 응답이 있어야 한다. (자세한 교회론은 본 주제에서 다루지 않는다)

이 예배의 네 가지 요소가 예식적으로 시작된 절기가 구약에서나 신약에서나 모두 오순절이라는 점이다.

교회론적 입장에서 구약의 교회는 선민의 조상 아브라함에서부터 시작되었다는 학자(Lindgren, 1983)도 있지만 시내산에서 율법을 받은 후에 시작되었다는 학자(Horton, 1957; 박은규, 1991; Webber, 1994)도 있다. 물론 아브라함은 하나님의 선민의 조상이다. 그리고 아브라함과 이삭과 야곱을 따라 12지파가 형성되었다. 그들도 하나님의 백성, 유대인으로 나름대로 하나님께 예배를 드렸다(창 12:8). 그러나 유대인의 회중교회의 시작은 오순절에 율법을 받은 후에 시작되었다고 보아야 한다.

그 이유는 하나님의 백성 이스라엘이 시내산에서 613개의 율법을 받은 후에 그 율법에 맞추어 구체적으로 성막을 짓고 제사장을 세워 하나님께 희생제물을 드렸기 때문이다. 즉 이스라엘 백성이 하나님께 거룩한 예배를 드렸기 때문이다.

성막(the Tabernacle)과 성전(Holy Temple)은 예배의 상징성을 의미한다. 성막에서의 예배는 이스라엘 가운데 하나님의 임재하심이 강조되었다(출 25:8). 더욱이 성막에서의 제사는 하나님이 직접 주신 율법에 의하여 거룩한 공간에서 거룩한 제사장에 의하여 거룩한 의식들(rituals)로 드려졌다. 그리고 이스라엘 백성과 하나님이 맺은 언약(출 24장)을 계속적으로 상기시켜 주었다(Webber, 1994, pp. 26~27). 따라서 이때부터 전형적인 구약의 예배(Liturgy; 典禮) 모형인 성전 제사가 시작되었다.

오순절 절기는 구약의 율법을 받은 절기 이상으로 신약의 성령 강림 절기라는 점에서 매우 중요하다. 신약의 성령 강림은 신약교회의 태동과 직결되어 있기 때문이다. 물론 신약교회의 시작을 예수님이 이 땅에 오셔서 제자를 삼으신 후로 주장하는 학설과 예수님이 부활하신 후로 주장하는 학설 그리고 오순절 성령 강림 후로 주장하는 학설이 있다. 저자는 구약의 오순절과 관련하여 신약교회의 시작을 오순절 성령 강림 후로 주장한다.

오순절 성령 강림과 함께 시작된 신약교회의 태동은 이렇다. 예수님은 유월절 어린양으로 이 땅에 오셔서, 구약의 유월절에

유대인의 회중교회는 오순절 토라를 받은 이후에 시작되었다. 즉 토라에 의한 성막, 제사, 회중 예배 등이 시작되었다.
(사진: 유대인 중·고생들이 아침기도 시간에 토라를 펼쳐 들고 회중을 향해 한 바퀴 돌고 있다.)

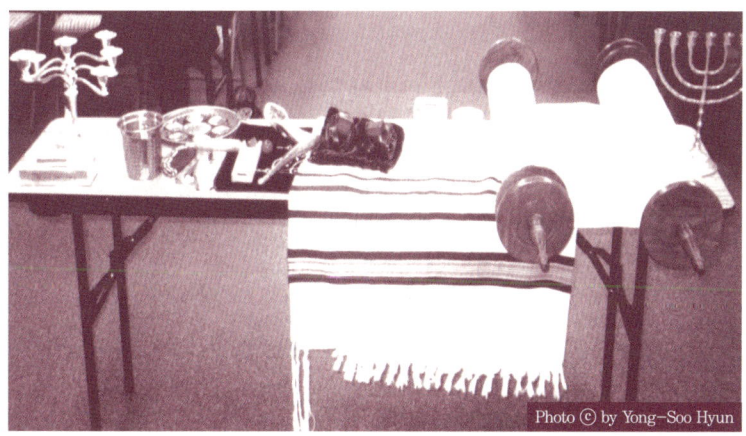

유대인은 오순절에 받은 율법에 의하여 자신들의 신본주의 교육의 내용과 방법을 정리하고 개발하였다.
(사진: '쉐마지도자클리닉'에서 사용하는 유대교 자료들: 두루마리 성경, 기도복, 쉐마, 촛대 등)

희생된 어린양처럼 십자가에서 돌아가셨다(요 18:28). 그 후 50일째 오순절 절기 때에 예수님께서 약속하신 보혜사 성령이 예루살렘 마가의 다락방에 모여 기도하던 예수님의 제자들에게 강림하셨다(요 14:26, 15:26; 행 2:1~4).

구약의 유대인들이 시내산에서 모여 오순절 율법을 간절히 기다렸듯이 예수님의 제자들 120여 명도 마가의 다락방에 모여 마음을 같이하여 전혀 기도에 힘썼다(행 1:14~15). 그리고 오순절이 이미 이르매 성령을 받았다(행 2:1~4).

성령을 받은 무리들이 처음으로 예루살렘에 신약교회를 세웠다. 그 후 신약교회는 예루살렘과 유다와 사마리아와 땅 끝을 향하여, 시간과 공간을 초월하여 퍼지기 시작하였다. 따라서 신약교회의 탄생은 예루살렘의 오순절 성령 강림에서부터 시작되었다고 보는 것이 합리적이다.

요약하면, 유대인의 회중교회(성막)가 오순절에 시작되었는데, 신약시대의 교회도 오순절에 탄생되었다는 사실이다. 오순절은 성경 역사적 입장에서뿐 아니라, 교회론적 입장에서도 신약의 성령 강림과 아울러 구약의 율법 받은 날로서 매우 중요한 절기임에 틀림없다. 그리고 구약은 신약의 모형(히 8:5)으로 구약의 뿌리를 모르면 신약을 해석할 수 없다는 사실도 기억해야 한다.

구약의 유대인이 오순절에 율법을 받았다면,
신약의 성도들은 오순절에 성령을 받았다.
유대인의 회중교회(성막)가 오순절에 시작되었다면,
신약시대의 회중교회도 오순절에 탄생되었다.

2. 신약교회의 예배: 말씀(율법)과 성령의 두 바퀴

두 번째 측면인 구약과 신약의 오순절 사건의 차이점에 대하여 고찰해 보자.

여기에서 주목할 점은 동일한 오순절 절기이지만 구약과 신약의 오순절의 차이점은 구약의 오순절에는 유대민족이 모세의 율법(the Mosaic Law; 히 10:28)을 받았고, 신약의 오순절에는 예수님의 제자들이 성령, 즉 성령의 법(the Spiritual Law; 롬 8:2)을 받았다는 사실이다. 그리고 오순절에 구약의 율법을 받은 장소가 시내산이었다면, 신약의 성령을 받은 장소는 예루살렘의 마가의 다락방이라는 사실이다.

예배론적으로 오순절에 받은 구약의 율법과 신약의 성령과는 어떤 관계가 있는가? 이는 교회론의 예배학적 입장에서 오순절에 받은 구약의 율법(모세의 법)과 신약의 성령(성령의 법)과는 어떤 관계가 있는가를 밝히는 데 중요한 사건이다. 왜냐하면 오순절이 신약시대의 완성된 예배의 두 가지 요소인 구약의 말씀(율법)과 성령을 받은 절기라는 점이다. 즉 진정한 교회의 예배는 구약 오순절의 율법(말씀)과 신약 오순절의 성령이 짝을 이루어야 완성된다는 것을 뜻한다.

이 사실은 요한복음 4장 5~26절에 나타난 예수님과 사마리아 여인과의 대화에서도 증명이 된다. 사마리아 여인이 "우리 조상들은 이 산(그리심 산)에서 예배하였는데 당신들의 말은 예배할 곳이 예루살렘에 있다 하더이다"(요 4:20)라고 말했을 때, 예수님은

"여자여 내 말을 믿으라 이 산에서도 말고 예루살렘에서도 말고 너희가 아버지께 예배할 때가 이르리라……. 아버지께 참으로 예배하는 자들은 신령과 진정으로 예배할 때가 오나니 곧 이때라 아버지께서는 이렇게 자기에게 예배하는 자들을 찾으시느니라 하나님은 영이시니 예배하는 자가 신령과 진정으로 예배할지니라"(요 4:21~24)라고 말씀하셨다.

23절과 24절에 두 번이나 나타난 "신령(Spirit)과 진정(Truth)으로 예배할지니라"란 무엇을 뜻하는가? 두 가지로 해석할 수 있다.

첫째, 구약시대에는 예루살렘 성전이라는 지정된 장소에서 율법에 의한 짐승으로 제사장이 예배를 드렸다. 그러나 신약시대에는 유대교의 모형적 예배가 아니라 그리스도의 직접적인 예배이며, 솔로몬 성전같이 눈에 보이는 성전이 아니라 성령을 심중에 모신 마음의 성전(고전 3:16)에서의 예배가 참예배다(이상근, 1992, p. 100). 구약에서의 성전이 신약에서는 그리스도 안에서 성취되었고(막 14:58; 요 2:19~21), 그의 몸인 교회가 성전 곧 하나님의 거처가 되었기 때문이다(고전 3:16~17; 엡 2:21~22).

따라서 신약교회의 '예배'에 대한 정의는 "그리스도 안(in)에서 자신을 나타내신 하나님의 계시와 응답이다"(Hoon, 1971, p. 77)라고 정의할 수 있다.

유대교의 하나님에 대한 모형적 예배가 유대인에게 필요했다면, 신약시대의 '신령과 진정의 예배'는 시간과 공간을 초월한 온 세계 기독교인 누구나 하나님께 드릴 수 있는 예배라는 점이다. 따라서 신약시대에는 예수님이 오신 후 새 언약에 따라 구약시대의

신약시대의 교회는 장소와 시간을 초월하여 성도들이 신령과 진정으로 예배를 드릴 수 있다.
(사진: '쉐마지도자클리닉'에서 민족의 2세교육을 살리기 위한 열띤 토의 광경. 왼쪽부터 김진섭 박사, 박재영 목사, 이근수 목사, 윤희주 목사, 홍정찬 목사, 김동식 목사, 김경윤 목사, 정지웅 박사)

지정된 예루살렘 성전에서 제물로 드리던 제사가 필요없게 되었다(히 9:12~15).

둘째, '진정(Truth)'은 구약적 계시가 신약시대에 성취된 상태, 즉 예수 그리스도를 말한다(박윤선, 1980, p. 160).

그렇다면, 예수님은 누구신가? 그 분은 태초에 말씀과 함께 계셨던 분이다(요 1:1~3). 그리고 그 분은 말씀이 성육신하신 분이다(요 1:14). 즉 예수님은 진리 되신 말씀으로 오신 분이다. 따라서 '진정'은 말씀(율법)이고 '신령'은 성령을 뜻한다.

이런 면에서 예수님이 말씀하신 "진리를 알지니 진리가 너희를 자유케 하리라"(요 8:32)는 말씀의 뜻은 무엇인가? 진리는 말씀으로 오신 예수님을 뜻한다(박윤선, 1980, p. 278). 따라서 "진리를 알아야 진리가 인간을 자유케 한다"라는 말씀은 인간이 예수님을 알아야 자유함을 얻는다는 뜻이다. 예수님을 안다는 말은 하나님의 말씀을 안다는 뜻이다. "영생은 곧 유일하신 참 하나님과 그의 보내신 자 예수 그리스도를 아는 것"(요 17:3)이기 때문이다. 즉 신·구약 하나님의 말씀(성경) 속에서 예수님이 인간을 저주로부터 구속하시고 해방시키기 위하여 돌아가셨다(롬 10:17; 히 11:6; 약 1:5~8)는 사실을 믿는 것이다.

인간은 이때에 참된 자유를 얻을 수 있다. 여기에서 언급된 '말씀(율법)'은 물론 구약의 율법책뿐 아니라, 예수님이 이 땅에 오신 후 완성된 전체 신·구약 하나님의 말씀을 뜻한다고 볼 수 있다.

이것은 신약시대 성령의 사역에서도 극명하게 드러난다. 오순절 성령의 주된 사역도 진리 되신 말씀으로 오신 예수 그리스도의 말씀을 생각나게 하고 가르치고 증거하는 데 있다는 사실에 주목해야 한다(요 14:26, 15:26).

[물론 구약시대에도 '하나님의 영(the Spirit of God)'이 계셨다. 그러나 본란에서는 주제의 일관성을 유지하기 위하여 이를 자세히 언급하지 않는다.]

이에 대한 증거는 실제로 신약 성도들이 구약에 의거한 유대교의 뿌리가 전혀 없는데도 불구하고 성령을 받으면 예수님을 구주로 영접하게 되고, 그 후 신약의 말씀은 물론 유대인의 율법책인 구약의 말씀까지도 깨달아 알 뿐 아니라, 신·구약 성경 말씀을 영의 양식으로 삼는 데서도 알 수 있다. 또한 신약의 성도도 선악의 구별을 율법(성경 말씀)에 기준하여 판단하고 이에 따라 구별된 행동을 하게 된다.

따라서 신약시대 예배의 두 가지 요소인 말씀과 성령을 강조한다는 말은 곧 예수님을 강조한다고 볼 수 있다. 신약시대에는 예수님의 권위가 절대적이다. 예수님 이외의 "다른 이로서는 구원을 얻을 수 없나니 천하 인간에 구원을 얻을 만한 다른 이름을 우리에게 주신 일이 없기 때문이다"(행 4:12). 따라서 신약시대에는 유대인이나 이방인이나 예수님만을 믿고 의지해야 한다.

요약하면, 신약교회의 예배에는 구약의 율법(말씀)과 신약의 성령이라는 두 바퀴가 함께 균형을 이루어야 건전한 교회가 된다. 말씀은 아무리 강조하여도 지나치지 않지만 너무 말씀만을 강조할 경우 차가운 이성적인 율법주의자가 되기 쉽고, 성령만을 너무 강조하면 신비주의자가 되기 쉽다. 따라서 교회에서는 말씀 운동과 성령 운동을 함께 강조해 나가야 한다.

오순절은 신약시대 예배의 두 가지 요소인
신령과 진정을 뜻하는
구약의 말씀(율법)과 성령을 받은 절기다.
즉 진정한 신약교회의 예배는 구약 오순절의 율법(말씀)과
신약 오순절의 성령이 짝을 이루어야 한다.

IV. 요약 및 결론

유월절과 오순절의 의미를 정리하자면, 유월절이 유대민족(Jewish People)의 애굽으로부터의 독립일, 혹은 생일이었다면, 오순절은 유대인 종교(Jewish Religion)의 생일에 대한 축제다. 이를 다른 비유로 설명한다면, 유월절이 이스라엘과 하나님과의 약혼식이었다면 오순절은 이스라엘이 하나님(하나님의 말씀인 토라)과 결혼한 날(Levi & Kaplan, 1978, p. 115)이라고 볼 수 있다. 따라서 유대인은 오순절에 하나님의 말씀과 결혼한 민족이다.

신약시대의 영적 유대인인 기독교인도 유월절 어린양 예수님의 희생으로 죄에서 구원받은 이후 오순절 성령의 능력으로 하나님의 말씀과 결혼한 신부라고 할 수 있다. 왜냐하면 하나님의 말씀이 예수님이시고 예수님은 곧 성도의 신랑이 되시기 때문이다(고후 11:2). 따라서 성도는 그리스도의 신부로 하나님의 말씀의 권위를 인정하고 사모하고 말씀(율법)에 따라 구별되게 살아야 할 의무가 있다.

구약과 신약의 오순절은 교회론적으로도 매우 중요하다. 구약과 신약의 오순절 사건에는 공통점도 있지만 차이점도 있다. 공통점은 구약과 신약의 오순절이 회중교회의 시작이라는 점이고, 차이점은 구약에는 율법을 받았고 신약에는 성령을 받았다는 사실이다.

따서 신약시대의 완성된 예배는 시간과 공간을 초월하여 이루어지는데, 두 가지 요소인 하나님의 말씀(율법)과 성령이 조화를 이루어야 한다.

오순절은
예배론적으로 신약시대의 완성된 예배의 두 가지 요소인
구약의 말씀(율법)과 성령을 받은 절기다.
따라서 신약교회에서는 말씀 운동과 성령 운동을 균형있게 강조해야 한다.

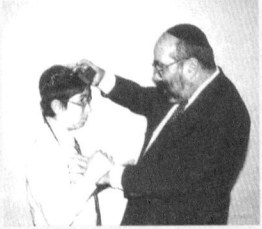

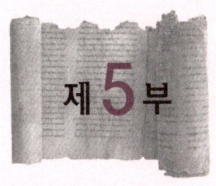

제5부

쉐마와 유대인 '자녀'의 개념 (자녀신학)

제1장 쉐마와 '말씀 맡은 자'
제2장 쉐마와 유대인의 성년식
제3장 기독교와 쉐마교육선교 전략

> 자식은 여호와의 주신 기업이요, 태의 열매는 그의 상급이로다. 젊은 자의 자식은 장사의 수중의 화살 같으니, 이것이 그 전통에 가득한 자는 복되도다. 저희가 성문에서 그 원수와 말할 때에 수치를 당치 아니하리로다. (시 127:3~5)

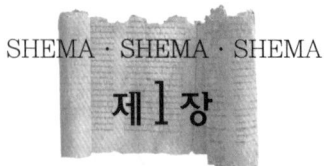

SHEMA · SHEMA · SHEMA
제1장

쉐마와 '말씀 맡은 자'
(자녀의 정체성)

I. 왜 자녀는 하나님이 주신 기업인가(시 127:3~5)
II. 자녀 생산은 '말씀 맡은 자'의 번성이다
III. 왜 하나님은 동성애자들을 그토록 저주하셨는가

I. 왜 자녀는 하나님이 주신 기업인가(시 127:3~5)

가정은 두 사람 이상으로 구성된 사회의 기본 단위다. 가정이 튼튼해야 건전한 교회와 건전한 사회가 된다. 누가 가정을 창조하였는가? 하나님께서 6일 동안 천지를 창조하신 후에 사회의 기본으로 제일 먼저 가정을 창조하셨다(창 2:20~25). 그 방법으로 아담과 하와를 창조하시고 그들로 하여금 아들을 낳게 하셨다. 그리고 한 가정에 아버지와 어머니 그리고 자녀가 있게 하셨다. 기하학적으로 삼각형은 가장 견고하며 안정감이 있다. 가정은 이렇게 삼각 구도로 되어 있을 때 안정감이 있으며 강건하고 희망이 있다.

남자와 여자가 결혼하여 가정을 꾸리면 부부 사이에 자녀가 태어난다. 왜 하나님은 부부에게 자녀를 주시는가? 부모에게 자녀란 무엇인가? 이방인이 생각하는 자녀에 대한 개념과 유대인이 생각하는 자녀에 대한 개념은 서로 어떻게 다른가? 유대인이 정리한 자녀의 개념은 성경에 바탕을 둔 개념이며, 가치관이다. 따라서 유대인의 자녀에 관한 개념은 마땅히 이방인의 그것과는 다른 것이다.

유대인은 자녀에 대한 개념을 '유산'으로 표현한다. **유산이란 무엇인가?** 일반적으로 이방인 사회에서 유산의 개념은 죽은 부모에게서 물려받는 물질적 재산을 뜻한다. 그러나 유대인에게는 자녀가 가장 가치 있는 유산이며, 복의 상징이다. 이 말은 이방인은 땅의 재산에 관심을 갖지만 유대인은 하나님의 선민으로 하나님이 주신 인간의 생명을 그만큼 귀중하게 여긴다는 뜻이다. 그 이유는 인간은 천하보다 귀한 하나님의 형상을 닮았기 때문이다. 그리고 그들을 통하여 하나님의 구속의 역사가 진행될 수 있기 때문이다.

시편 기자는 자녀에 대하여 "자식은 여호와의 주신 기업(선물, a gift of the Lord)이요, 태의 열매는 그의 상급(a reward)이로다"(시 127:3)라고 정의하였다. 이 말씀에 의하여 알 수 있는 유대인의 자녀에 대한 개념은, '자녀는 하나님이 그 부모에게 상급으로 값없이 주신 선물'이다. 이는 하나님의 전권적인 은혜다(창 33:5).

구체적으로 '자식은 여호와의 주신 기업(선물, a gift of the Lord)'(시 127:3a)이란 어떠한 의미를 갖고 있는가?

첫째, 자녀의 근본 소유권은 하나님께 있다(창 17:7). 하나님의 선물(gift)이라고도 번역된 이 기업이란 말은 히브리어의 '나할라(nachalah)'인데, 이에는 '재산(property)', '소유(possession)', '유산(inheritance)'이란 뜻이 있다. 동사로는 '하나님이 어떤 사람에게 재산을 할당해 주다(portion or share)'란 뜻이 있다(Brown, Driver & Briggs, 1979, p. 635). 따라서 이를 다른 말로 해석하면, **'자식은 하나님이 하나님의 재산을 부모에게 할당한 몫'**이란 뜻이다.

그러므로 부모는 하나님이 맡긴 자녀를 하나님의 뜻을 따라 하나님의 형상을 닮도록 키워야 할 의무가 있다. 유대인들이 생각하는 이상적인 결혼의 자격을 갖추게 하는 것도 토라(모세오경, 하나님 말씀, 율법) 속에서 학식을 갖추도록 자녀들을 교육하는 것이다(Cohen, 1995, p. 164).

둘째, 자녀는 여호와의 주신 기업으로 하나님의 유산 상속자다. 시편 127편 3절에 나타난 '선물(기업, gift)'이란 단어를 히브리적 사고로는 '주님으로부터 받은 유산(a heritage from the Lord)'이라고 생각한다.

자녀는 주님으로부터 어떠한 유산을 상속받는가? 유대인의 자녀는 하나님의 선민으로 두 가지의 유산을 상속받는다.

1) 부모로부터 영적 유산인 하나님의 율법(말씀)을 유산으로 받고, 2) 이로 말미암아 하나님으로부터 하나님의 영원한 약속의 기업인 가나안을 유산으로 이어받는다(Leupold, 1974, p. 893). 하나님이 유대인에게 이렇게 말씀하셨다.

> 내가 아브라함과 이삭과 야곱에게 주기로 맹세한 땅으로 너희를 인도하고 그 땅을 너희에게 주어 기업을 삼게 하리라(I will give it you for an heritage). (출 6:8)

물론 여기에서 언급된 가나안은 하나님이 선택하신 이스라엘 백성에게 값없이 주신 기업이며 약속의 땅이다. '가나안'의 영적 의미는 무엇인가? 신약에서 천국을 상징하는 '천국의 그림자'(히 9:24, 10:1)다. 그러한 의미에서 유대인이 말하는 자녀의 가치(value)가 얼마나 값진 하나님의 은혜인지를 알 수 있다.

신약시대 기독교인의 자녀의 가치도 유대인 자녀의 가치와 동일한가? 물론이다. 왜냐하면 신약시대의 기독교인도 영적 유대인이기 때문이다(갈 3:6~9). 따라서 기독교인도 영원하신 하나님이 주신 약속의 땅 가나안, 즉 천국에 들어갈 소망을 갖고 자녀를 양육해야 한다.

> 우리의 돌아보는 것은 보이는 것이 아니요, 보이지 않는 것이니, 보이는 것은 잠깐이요 보이지 않는 것은 영원함이니라. (고후 4:18)

그곳에 가면 구약의 선민인 아브라함, 이삭, 야곱, 요셉, 다윗 및 예레미야도 만나게 된다.

'자식은 여호와의 주신 기업'이란
'자식은 하나님이 하나님의 재산을 부모에게 할당한 몫'이란 뜻이다.
따라서 부모는 하나님이 맡긴 자녀를 하나님의 뜻에 따라
하나님의 형상을 닮도록 키워야 할 의무가 있다.
자녀는 여호와의 주신 기업으로 하나님의 유산 상속자다.

랍비의 지혜

하나님이 맡기신 보석

어떤 랍비가 안식일에 예배당에서 설교를 하고 있을 때, 갑자기 그의 두 아이가 집에서 죽고 말았다. 아내는 아이들의 시체를 이층으로 옮긴 뒤 흰 천으로 덮어 주었다.

마침내 랍비가 집에 돌아오자, 아내는 "당신에게 묻고 싶은 것이 있어요. 어떤 사람이 저에게 귀중한 보석을 잘 보관해 달라고 맡기고 갔는데, 어느 날 갑자기 그 주인이 나타나 맡긴 보석을 돌려 달라고 했어요. 그럴 때 어떻게 하면 좋을까요?"라고 물었다. 그러자 랍비는 어렵지 않다는 듯이 이렇게 말했다.

"말할 것도 없이 맡은 보석은 주인에게 돌려주어야 되겠지."

그때 아내가 울먹이며 말했다.

"실은 조금 전에 하나님이 우리에게 맡기셨던 귀중한 보석 두 개를 찾아가지고 하늘로 돌아갔어요."

랍비는 아내의 말을 알아듣고 아무 말도 하지 않았다.

_Tokayer, 탈무드 1: 탈무드의 지혜, 동아일보, 2007, p. 78.

II. 자녀 생산은 '말씀 맡은 자'의 번성이다

1. 왜 유대인은 '말씀 맡은 자'인가

유대인이 갖고 있는 자녀의 개념을 좀 더 구체적으로 설명해 보자. 유대인은 근본적으로 이방인과 무엇이 다른가? 구약적 개념으로 유대민족은 하나님이 택하신 백성이고, 이방 민족은 하나님이 택하지 않은 백성이다. 유대인의 나라 이스라엘은 여호와로 자기 하나님을 삼은 나라이기 때문에 복이 있다.

> 여호와로 자기 하나님을 삼은 나라, 곧 하나님의 기업으로 빼신 바 된 백성은 복이 있도다. (시 33:12)

택한 백성과 택하지 않은 백성의 차이는 무엇인가? 여러 가지가 있겠지만, 우선 하나님은 타락한 인간을 구원하시기 위하여 유대인을 택하시고, 그들에게 시내산에서 토라(율법, 말씀)를 주셨다는 점이다. 그렇다면, 왜 하나님께서는 유대민족을 택하시고 그들에게 토라(말씀)를 주셨는가?

하나님께서는 사랑하시는 자에게 선물, 곧 기업으로 자녀(혈통적 유대인)를 주신다. 이 자녀들은 장차 어디에 가게 되는가? 가나안에 들어가게 된다. 가나안은 어떤 곳인가? 가나안은 하나님이 아브라함에게 그의 자손들, 즉 택한 백성에게 영원한 기업으로 주겠다고 약속하신 안식의 땅이다(창 17:8; 대상 16:18; 행 13:19; 히 4:3).

> 내가 너와 네 후손에게 너의 우거하는 이 땅 곧 가나안 일경으
> 로 주어 영원한 기업이 되게 하고 나는 그들의 하나님이 되리라.
> (창 17:8)

하나님이 유대인을 만민 중에서 구별하여 택하신 이유도 그 가나안을 그들에게 기업(an inheritance)으로 주시어 유업으로 삼게 하시기 위함이다. 그 땅은 젖과 꿀이 흐르는 땅이다(레 20:24).

> 내가 전에 너희에게 이르기를 너희가 그들의 땅(가나안)을 기업
> 으로 얻을 것이라 내가 그 땅 곧 젖과 꿀이 흐르는 땅으로 너희
> 에게 주어 유업을 삼게 하리라 하였노라 나는 너희를 만민 중에
> 서 구별한 너희 하나님 여호와라. (레 20:24)

신약적으로 가나안은 천국, 즉 영원한 본향의 표상이다(히 11:13~16). 신약에서는 예수님을 믿는 기독교인들만이 갈 수 있는 영원한 안식의 땅이다(히 4:3).

> 이미 믿는 우리들은 저 안식에 들어가는도다 그 말씀하신 바와
> 같으니 내가 노하여 맹세한 바와 같이 저희가 내 안식에 들어오
> 지 못하리라 하셨다 하였으나 세상을 창조할 때부터 그 일이 이
> 루었느니라. (히 4:3)

그렇다면, 유대인이라고 모두 가나안에 들어갈 수 있는가? 아니다. 혈통적인 유대인은 들어갈 수가 없다. 누가 들어갈 수 있는

가? 믿음이 있는 자만이 가나안을 정복했다.

실제로 하나님은 이스라엘 백성들에게 시내산에서 토라(말씀)를 주신 후 40년간 가나안을 정복할 만한 믿음을 키우셨다. 그후 그들은 제사장들에게 언약궤를 메게 하고 그들을 앞세워 믿음으로 요단강을 건넜다(수 3:14~17). 제사장들에게 언약궤를 메게 하고 그들을 앞세워 믿음으로 여리고 성을 무너뜨렸다(수 6:1~27; 히 11:30).

가나안은 세상의 칼이나 돈으로 정복하는 것이 아니고 믿음으로 정복한다. 그렇다면, 누가 믿음이 있는 자인가? '말씀 맡은 자'(롬 3:2)다. 왜냐하면 믿음은 말씀을 들음에서 나고 자라기 때문이다(롬 10:17).

이스라엘 백성들이 가나안을 정복할 때 왜 제사장들에게 언약궤를 메게 하고 그들을 앞세웠는가? 그것은 언약궤 자체가 여호와의 임재를 상징하는 처소이며(민 10:35~36), 말씀(율법)을 상징하기 때문이다. 그 안에 십계명의 두 돌판이 들어 있다.

하나님이 모세를 통하여 시내산에서 토라(성경 말씀)를 주신 이유가 바로 유대인의 믿음이 자라게 하기 위함이다. 말씀이 없이는 믿음이 자랄 수 없다. ('말씀 맡은 자'에 대해서는 차후 제2장 '쉐마와 유대인의 성년식'에서 더 자세히 설명함)

유대인이 근본적으로 이방인과 다른 점은 유대인은 하나님의 말씀을 받아 말씀을 맡은 백성이고, 이방인은 말씀을 받지 못하여 말씀을 맡지 못한 백성들이다. 이것이 거룩한 하나님의 백성과 세속적 이방 백성의 가장 큰 차이다.

따라서 유대인의 자녀가 소유할 수 있는 유산을 더 구체적으로 구분하면 두 가지로 나누어 설명할 수 있다. 하나는 유대인 부모를 통해 출생한 혈통적인 유대인 자녀 자체요, 다른 하나는 하나님 말씀(혹은 신앙)의 유산을 상속받은 자녀다. 전자가 육적 유산을 가졌다면, 후자는 영적 유산을 가진 자들이다.

그러므로 온전한 영적 유대인은 두 가지 유산을 다 소유한 자다. 즉 부모가 혈통적 유대인 자녀에게 영적 유산인 하나님의 말씀을 가르쳐 '말씀 맡은 자'가 된 것을 말한다. 혈통적인 유대인이 표면적 유대인이라면, '말씀 맡은 자'는 이면적 유대인이다.

> 대저 표면적 유대인이 유대인이 아니요 표면적 육신의 할례가 할례가 아니라 오직 이면적 유대인이 유대인이며 할례는 마음에 할지니 신령에 있고 의문에 있지 아니한 것이라 그 칭찬이 사람에게서가 아니요 다만 하나님에게서니라. (롬 2:28~29)

두 가지 유산은 누가 누구에게 주는 것인가? 두 가지 유산의 출처는 어디인가? 두 가지 유산 중 '혈통적 유대인'은 하나님이 부모에게 주시고, '하나님 말씀의 유산'은 시내산에서 모세가 하나님께로부터 받은 것(율법, 말씀)을 부모를 통하여 자손에게 대대로 전수한 것이다. 즉 하나님은 부모에게 '혈통적 유대인'만 주시는 데서 끝나지만, 그 '혈통적 유대인'에게 '하나님 말씀의 유산'을 전수하는 것은 '부모의 몫'이라는 뜻이다.

여기에서 우리가 주목해야 할 점은 하나님은 부모를 통하여 하나님의 일을 성취하신다는 것이다. 자녀에게 토라를 전수하게 하는 책임은 부모에게 맡겨 주셨다. 부모는 하나님의 소원을 이루

유대인 자녀와 두 가지 유산

가나안(천국의 표상)
하나님께서 하나님의 백성에게 주신
영원한 약속의 기업의 땅

↑

혈통적 유대인 + **율법** = **온전한 영적 유대인**
유산·기업   말씀   말씀 맡은 자(롬 3:2)

는 동역자다. 따라서 만약 자녀가 토라를 전수받지 못했다면 그것은 전적으로 부모의 책임이다. 하나님의 동역자로 책임을 다하지 못했기 때문이다.

따라서 유대인 부모는 하나님의 은혜로 혈통적 유대인 자녀를 낳게 되면 자녀에게 밥 먹이고 옷 입히고 세상의 좋은 학교에 보내는 것보다도 조상에게서 전수받은 말씀을 자녀에게 전수하는 것을 가장 큰 의무로 여긴다. 자녀를 온전한 영적 유대인으로 양육하여 신앙의 열조들이 거주하는 영원한 안식의 땅 가나안에 들어가게 하기 위함이다.

결론적으로 무엇이 유대인 자녀교육의 목적인가? 부모가 하나님께로부터 받은 혈통적 자녀에게 말씀(613개의 율법)을 가르쳐 전

구약시대는 유대인이 하나님의 말씀을 맡았지만 신약시대에는 기독교인이 말씀을 맡았다.
(사진: '쉐마지도자클리닉'에서 유대인 서기관 랍비와 저자가 두루마리 성경을 살피고 있다.)

수하여 그들을 하나님의 형상을 닮은 '영적 유대인'으로 양육하는 것이다. 그렇게 되면 하나님의 말씀은 자손 대대로 전수되어 하나님의 구속의 역사도 끊이지 않고 대를 이어 이루어질 수 있기 때문이다.

신약시대에는 누가 '말씀 맡은 자'인가? 예수님을 믿어 구원받은 이후 하나님의 말씀을 받은 하나님의 백성, 즉 기독교인들이다. 왜냐하면 신약시대는 유대인이나 헬라인이나 모두 예수님을 통해서만 하나님의 백성이 될 수 있기 때문이다.

다른 이로서는 구원을 얻을 수 없나니 천하 인간에 구원을 얻을
만한 다른 이름을 우리에게 주신 일이 없음이니라. (행 4:12)

따라서 구약에는 유대인, 신약시대에는 기독교인이 하나님의
'말씀 맡은 자'다. 왜냐하면, 기독교적 입장에서 하나님의 백성이
구약에는 유대인이고 신약에는 기독교인이기 때문이다.

두 가지 유산 중 '혈통적 유대인'은 하나님이 부모에게 주시고,
'하나님 말씀의 유산'은 부모를 통하여 자손에게 대대로 전수한 것이다.
즉 하나님은 부모에게 '혈통적 유대인'만 주시는 데서 끝나지만,
그 '혈통적 유대인'에게 '말씀의 유산'을 전수하는 것은 '부모의 몫'이다.

2. 왜 '말씀 맡은 자'의 번성은 천국의 확장인가

현대에는 부부들이 자녀를 많이 낳지 않는다. 특히 고학력의 지식인 층에서는 자녀 낳는 것을 부담스러워하는 세태다. 이기주의와 개인주의가 발달했기 때문이다. 그러나 정통파 유대인들은 자녀를 많이 낳는다. 얼마나 많이 낳는가? **왜 자녀를 많이 낳는가?** 그 이유를 알아보자.

하나님께서는 태초에 사람을 창조하시고 "복을 주시며 생육하고 번성하여 땅에 충만하라"(창 1:28)고 말씀하셨다. 하나님은 인간이 타락한 이후에도 하나님의 사람, 노아(창 9:1)와 하나님이 택하신 선민의 조상 아브라함과 이삭과 야곱에게도 똑같은 말씀으로 명령하셨다. 하나님께서 사람에게 복을 주신 이유가 "생육하고 번성하여 땅에 충만"(창 1:28)하게 하기 위함이다.

"생육하고 번성하여 땅에 충만하라"(창 1:28)는 뜻이 무엇인가? 간단히 답한다면 하나님의 백성들은 자녀를 많이 낳으라는 뜻이다.

따라서 유대인의 부모는 자녀를 많이 갖기를 소원하였다. 하나님은 왜 유대인의 부모가 이처럼 자녀를 많이 갖기를 소원하게 하셨는가? 여기에는 하나님의 크신 뜻이 담겨 있다.

이방 전도를 강조하지 않았던 구약시대에는 하나님의 말씀을 더 많이 전파하기 위해서는 생육 번성이 필수 조건이었다. 왜냐하면, 구약시대에는 율법이 선민인 유대 족속만을 통하여 전수되었기 때문이다. 당시에는 특수한 예를 제외하고는 이방 전도나 세계선교가 거의 없었다.

따라서 **천국을 확장하는 길은 유대인이 자녀를 많이 생산하는 길**밖에 없었다. 그리고 이것이 최대의 복이다. 구약의 민수기(민 1:1~46, 26:1~51)에도 유대인이 하나님의 복을 얼마나 많이 받았느냐를 재는 잣대가 땅의 금·은 보화를 얼마나 많이 가졌느냐가 아니라 유대인의 열두 지파마다 얼마나 많은 인구가 번성했느냐였다.

유대인 랍비 토카이어는 현재 21세기를 사는 정통파 유대인 남녀의 결혼 풍속을 이렇게 설명했다.

> 유대인 남녀는 20대 중반이 되면 결혼해야 한다고 배운다. 이것은 성경에 "낳고, 충만하게 하라"는 명령에 따르는 것이다. 결혼은 하나의 의무다. (Tokayer, 탈무드 1: 탈무드의 지혜, 2007. p. 303)

그들은 과거나 현재나 성경에 기준하여 살기 때문에 거의 세대 차이가 없다. 따라서 현대 정통파 유대인도 성경의 율법대로 산아 제한을 하지 않는다. 자녀를 많이 낳기 위해서다. 그들은 여인의 태는 하나님께서 열고 닫는다고 믿는다(창 20:18, 29:31, 30:22; 삼 1:6; 사 66:9). 그들은 자녀를 얼마나 많이 낳는가? 그들 가정을 방문해 보면, 자녀가 10명에서 15명인 가정이 허다하다. 이것이 유대인이 지구상에서 그렇게 혹독한 고난과 핍박을 받으면서도 멸절되지 않는 또 하나의 이유이기도 하다.

혈통적 유대인이 많으면 왜 하나님의 말씀이 많이 전파되는가?
혈통적 유대인은 '하나님 말씀'이란 유산을 담는 그릇에 비유할

정통파 유대인은 피임을 안 하기 때문에 자녀가 많다. 그들은 혈통적인 유대인에게 말씀을 가르쳐 온전한 영적 유대인으로 양육하기 위하여 최선을 다한다. 그들은 신본주의 사상, 생활 방식, 복장까지 세대차이가 없다. 유대인에게 많은 자녀의 생산은 말씀 전파의 방법이다.
[사진: 랍비 에들러스테인 씨 가족과 함께한 저자(두 남매와 부인이 빠졌다.)]

수 있다. 그릇 없이 말씀을 담을 수 없다. 그리고 그 그릇에 말씀을 담지 않고는 세세토록 하나님의 말씀이 전수될 수 없다. 그릇은 많을수록 좋다. 왜냐하면 하나님 말씀을 그 그릇들에 더 많이 담아 말씀을 더 많이 전수하여 천국을 확장할 수 있기 때문이다. 따라서 자녀 번성의 중지(中止)는 곧 말씀 전파의 중지다.

다시 말하면 구약시대에는 유대인의 수가 늘어나면 말씀 맡은 자가 늘어나 천국이 그만큼 확장되는 것이고, 줄어들면 그만큼 말씀 맡은 자가 줄어들어 천국이 축소된다고 볼 수 있다. 만약 구약시대에 유대인이 이방인에게 둘러싸여 모두 멸절당했다면 말씀 맡은 자가 모두 멸절당하는 결과를 초래한다. 그렇게 되었다면 어떻게 하나님의 구속의 역사가 계속 진행될 수 있었겠는가? 중단될 수밖에 없었다. 만약 그랬다면, 신약의 기독교인들이 어떻게 하나님의 말씀인 구약성경을 유대인에게서 전수받을 수 있었겠는가?

따라서 자녀의 번성과 부모의 쉐마교육(말씀 교육)은 유대인을 향한 하나님의 지상명령이다. 그러므로 유대인인 선민의 씨의 번창은 바로 말씀의 번창이라는 맥락에서 해석되어야 한다. "뜻이 하늘에서 이룬 것같이 땅에서도 이루어지게 하는"(마 6:10), 즉 천국의 확장 개념이다. 따라서 자녀를 많이 생산한다는 것이 얼마나 큰 복인가?

유대인은 "자녀가 하나밖에 없는 사람은 한 눈으로 세계를 보는 것이나 마찬가지이다"(Tokayer, 탈무드 4: 탈무드의 생명, 2009, p. 230)라고 말한다. "손자는 노인의 면류관이요 아비는 자식의 영화다"(잠 17:6).

혈통적 유대인은 '하나님 말씀'이란
유산을 담는 그릇에 비유할 수 있다.
그릇은 많을수록 좋다.
왜냐하면 하나님 말씀을 담는 그릇이 많을수록
더 많은 말씀을 전수하여 천국을 확장하기 때문이다.
자녀 번성의 중지(中止)는, 곧 말씀 전파의 중지다.

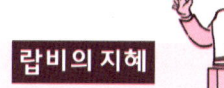
랍비의 지혜

바보 어버이

어떤 사람이 아들에게 유서를 남겼다.

"나의 전 재산을 아들에게 물려줄 것이지만, 아들이 정말 바보가 되기 전에는 유산을 물려줄 수 없다." 이 소식을 들은 랍비가 그 사람에게 이유를 물었다.

"정말 이해할 수 없는 유언을 남겼군요. 당신의 아들이 정말 바보가 되지 않는 한 재산을 물려줄 수 없다니, 도대체 무슨 까닭입니까?"

그러자, 그 사람은 아무 말 없이 갈대를 입에다 물고 괴상한 울음소리를 내며 마루 위를 엉금엉금 기어 다니는 것이었다. 그의 행동은 자기 아들이 아이를 낳아 그 자식을 귀여워하면 자기의 전 재산을 상속시켜 준다는 것을 암시하는 것이었다.

"자식이 태어나면 인간은 바보가 된다"는 속담은 여기에서 비롯된 것이다.

유대인에게는 자식은 매우 소중한 존재로서, 부모들은 자식을 위하여 모든 것을 희생한다. 하나님이 유대민족에게 십계명을 내리실 때, 유대민족은 반드시 그것을 지킬 것이라는 맹세를 그들로부터 받으려고 했다.

그래서 유대인들은 그들의 위대한 조상인 아브라함과 이삭과 야곱의 이름을 걸고 반드시 십계명을 지키겠노라고 맹세했지만, 하나님은 허락하지 않으셨다. 그래서 유대인들은 앞으로 손에 넣게 될 모든 부귀를 걸고 맹세했지만 하나님은 역시 허락하지 않으셨다.

결국 끝에 가서, 유대인들은 자식들에게 반드시 십계명을 전하겠노라고 자식들을 앞세워 맹세하자 비로소 하나님은 '좋다'고 허락하여 주었다.

_Tokayer, 탈무드 1; 탈무드의 지혜, 동아일보, 2007, pp. 191~192.

3. 왜 천국을 확장하기 위하여 자녀를 많이 낳아야 하는가

유대인 자녀의 번성은 곧 말씀 맡은 자의 번성이기 때문에 천국이 확장되어 하나님을 기쁘게 해드린다. 그러므로 구약의 여인들, 예를 들어 사라, 레아, 라헬, 한나 등이 가장 열망했던 소원은 자녀를 낳아 어머니가 되려는 것이었다(Ebner, 1956, p. 29).

그러함에도 불구하고 여인이 어머니가 되고픈 소망의 성취는 본인의 노력으로 되는 것이 아니고, 하나님의 권한에 속하여 있다(창 20:18, 29:31, 30:22; 삼 1:6; 사 66:9). 야곱의 두 아내 레아와 라헬의 예를 보자.

야곱이 별로 사랑하지 않았던 레아는 여러 아들들을 낳았지만 사랑했던 라헬은 오랫동안 아이가 없었다. 라헬은 언니를 투기하여 야곱에게 "나로 자식을 낳게 하라. 그렇지 아니하면 내가 죽겠노라"(창 30:1)라고 투정했다. 그때 야곱은 라헬에게 노를 발하여 말하기를, "그대로 성태치 못하게 하시는 이는 하나님이시니 내가 하나님을 대신하겠느냐"(창 30:2)라고 하면서 면박을 주었다. 이것은 자녀 생산은 인간의 뜻대로 되는 일이 아니라 하나님의 뜻대로 이루어진다는 것을 말한다.

유대인의 탈무드에는 **결혼의 목적**을 그 가족의 번성과 부양에 두었다. 하나님은 가족의 번성을 위하여 남성과 여성의 역할을 따로 두셨다. 남성은 가계(Family Name)를 잇게 하고, 여성은 남편의 가계를 전승하는 데 돕는 배필이다. 따라서 **아내가 남편을 돕는 배필로서 해야 할 가장 첫째 되는 의무**는 자녀를 생산하는 일이다. 두 번째 일은 남편과 자녀들이 말씀을 맡을 수 있도록 돕는 일이다.

그러므로 유대인 여성은 결혼한 후 10년간 기다려도 임신을 하지 못할 경우 결혼의 목적이 상실되었기 때문에 이혼 사유가 되었다. 그리고 그 여성이 다른 남자와 재혼을 한 후에도 10년 안에 임신을 못할 경우 남편 측에서 이혼을 제기할 수 있다(Cohen, 1995, p. 168). 많은 자녀의 생산은 곧 천국의 확장이기 때문이다. 이러한 풍습은 옛날 한국의 칠거지악 풍습과 비슷하다. 과거 한국에도 여인이 시집와서 자녀를 낳지 못하면 이혼의 사유가 되었다.

탈무드에는 자녀의 귀중함을 알리기 위하여 언어 상으로도 재미있는 표현을 했다. '어린아이들'을 히브리어로 '바님(banim)'이라고 하는데, '바님'을 '건설자들'이란 히브리어 '보님(bonim)'이라고 표현했다. 즉 히브리어 단어의 유사음을 사용하여 '어린아이들'을 '건설자들'로 표현한 것이다. 그 이유는 어린아이들은 바로 가정의 미래를 건설할 뿐만 아니라 유대 국가의 미래도 건설하는 건설자이기 때문이다.

따라서 어린아이가 없는 사람은 죽은 것과 같다(Gen. R. LXXI. 6; 저자 주: R은 랍비 문서에 있는 창세기 구절을 말한다). 왜냐하면 자녀가 없으면 자기의 이름이 당대에서 끊어지기 때문이다(Cohen, 1995, p. 170). 그들은 자녀가 없으면 자신이 할 일을 안 한 것으로 간주한다.

신약시대의 기독교인도 자녀를 많이 낳는 것이 좋은가? 아니면, 적게 낳는 것이 좋은가? 물론 많이 낳아야 한다. 그 이유는 신약시대의 기독교인도 영적 유대인이기 때문이다. 신약의 하나님의 백성도 예수님을 구주로 영접하면 성경 66권의 하나님의 말씀이 영의 양식이 된다. 즉 하나님의 '말씀 맡은 자'가 된다. 따라서 신약의 성도들도 이웃 전도 이전에 생육 번성에 힘써 땅에 충만함으로 '말씀 맡은 자'를 많이 양육하여 천국 확장 사역에 기여해야 한다.

만약 자녀를 네 명 둔 기독교인 가정에서 네 명을 키워 결혼시켜 그들이 네 명씩 낳는다고 하면, 전체는 16명이 될 것이고, 또 이들이 장가 시집을 가서 네 명씩 낳는다면 모두 64명이 되고, 이들이 결혼하면 배우자까지 합쳐 모두 170명 정도가 될 것이다. 이는 웬만한 개척교회 교인수를 넘는다. 이를 교회성장학에서는 '생리학적 교회성장(Biological Church Growth)'(McGavran, 1980)이라고 말한다. 따라서 기독교인들도 자녀를 많이 생산해야 한다.

상식적으로 생각해도 악한 사람들이 번창하는 것보다 하나님의 거룩한 성도가 번창하는 것이 얼마나 하나님께는 영광이요, 땅에서는 평화와 기쁨이 되겠는가! 우리가 반드시 기억할 것은 기독교인 남자와 여자가 결혼을 하여 가정을 꾸리고 잠자리를 함께 해야 하는 가장 큰 목적이 바로 경건한 자손이 많게 하기 위함(말 2:15)이라는 사실이다. 따라서 전도하기가 힘들면 자녀를 많이 낳아서라도 하나님의 교회를 채워야 하지 않겠는가!

문제는 자녀를 많이 낳는 것도 중요하지만 그보다 더 중요한 것은 자녀를 모두 '말씀 맡은 자'로 잘 양육하여야 하나님의 백성이 될 뿐만 아니라 효자가 될 수 있다는 점이다.

신약시대에도 아내가 자녀를 생산하지 못하면 저주받은 것인가? 아니다. 구약시대에는 결혼한 여성이 임신을 하면 복이요, 못하면 저주받은 여성으로 간주했지만(창 30:22, 49:2; 삼하 6:2; 렘 31:1),

신약시대에는 그렇지 않다. 그 이유는 구약시대에는 오직 자녀 생산만으로 천국을 확장했지만, 신약시대에는 천국을 확장하는 방법이 자녀를 낳지 않아도 이웃 불신자들에게 복음을 전하여 하나님의 백성으로 삼는 길이 있기 때문이다. 바울은 이를 영적으로 자녀를 낳는 것으로 표현했다.

> 나의 자녀들아 너희 속에 그리스도의 형상이 이루기까지 다시 너희를 위하여 해산하는 수고를 하노니. (갈 4:19)

따라서 신약시대에는 임신을 못하는 여인이라 하더라도 하나님의 복과 상급을 많이 받을 수 있는 두 가지 방법이 있다. 첫째는 전도하여 영적 자녀를 많이 생산하는 것이다. 둘째는 더 적극적인 방법으로 이웃에게 전도도 하면서 부모 없는 고아들을 입양하여 그들에게 복음을 전하고 하나님의 말씀으로 양육하는 것이다. 인생에 이보다 더 큰 보람이 있을까?

유대인의 탈무드에는 결혼의 목적을 남성은 가계를 잇게 하고,
여성은 남편의 가계를 전승하는 데 돕는 배필로 정했다.
따라서 아내가 남편을 돕는 배필로서
첫째 의무는 자녀를 생산하는 일이다.
두 번째 의무는 남편과 자녀들이
말씀을 맡을 수 있도록 돕는 일이다.

Ⅲ. 왜 하나님은 동성애자들을 그토록 저주하셨는가

동성애(homosexuality)는 동성을 성애의 대상으로 하는 행동이나 그러한 경향을 말한다. 즉 남자가 남자를 성애의 대상으로 그리고 여자가 여자를 성애의 대상으로 그리워하거나 성생활을 하는 것을 말한다. 구약성경에는 하나님이 동성애를 하는 자들을 둘 다 가증한 일을 행함인즉 반드시 죽이라고 말씀하셨다(레 18:22, 20:13).

> 누구든지 여인과 교합하듯 남자와 교합하면 둘 다 가증한 일을 행함인즉 반드시 죽일지니 그 피가 자기에게로 돌아가리라. (레 20:13)

왜 하나님은 동성애자들을 그토록 저주하시는가? 그 이유는 여러 가지가 있겠지만 그 중에서도 가장 중요한 이유는 구약의 지상명령적인 차원에서 찾아야 할 것이다. 우선 쉽게 생각할 수 있는 것은 동성애자들은 자녀를 생산할 수 없다. 자녀의 생산은 말씀 맡은 자의 번성이고, 이는 하나님이 원하시는 천국의 확장인데, 자녀를 생산하지 못한다면 천국이 확장되지 못한다. 그러면 하나님의 인류 구속의 역사가 진전될 수 없다.

이것은 하나님이 사람을 창조하시고 "생육하고 번성하여 땅에 충만하라"(창 1:28)는 명령을 정면으로 거부하는 것이다. 이것은 무엇을 뜻하는가? 동성애자들은 바로 하나님의 구속의 역사에 대한 방해꾼이기 때문에 반드시 죽여야 한다는 것이다. 이것은 가정에서 자녀를 통해 말씀을 전수하시려는 하나님의 소원이 그만큼 크다는 증거다.

이런 동성애자들에 대한 구약의 개념은 신약에서도 이어진다. 바울은 동성애를 멸망 받을 극히 악한 죄악(롬 1:26~32; 딤전 1:9~10)이라고 경고했다.

> 이를 인하여 하나님께서 저희를 부끄러운 욕심에 내어 버려두셨으니 곧 저희 여인들도 순리대로 쓸 것을 바꾸어 역리로 쓰며 이와 같이 남자들도 순리대로 여인 쓰기를 버리고 서로 향하여 음욕이 불일듯 하매 남자가 남자로 더불어 부끄러운 일을 행하여 저희의 그릇됨에 상당한 보응을 그 자신에 받았느니라. (롬 1:26~27)

바울은 동성애자들을 하나님의 나라를 유업으로 받지 못하는 죄악의 그룹에 포함시켰다(고전 6:9~10).

여기에서 우리는 하나님께서 왜 아브라함 시대에 죄악이 관영한 수많은 도시들 가운데 하필 소돔과 고모라를 그토록 죄악의 극치로 정죄하시고 멸망의 표적을 삼으셨는지를 이해 할 수 있다. 그곳에 물론 다른 죄악들도 많이 있었겠지만 특히 동성애자들이 많이 있었기 때문이다(창 19:5). 하나님은 그토록 동성애자들을 싫어하신다.

동성애자들은 무엇이 잘못되었는가? 일단 그들의 행위는 하나님이 인간을 남자와 여자를 구별되게 창조하신 창조의 원리(창 1:26~28)에 어긋난다. 따라서 동성애자들은 정상인이 아니다. 동성애자들은 의학적으로 '동성애'란 질병을 가진 자들이며, 성경적으로는 죄인이며, 그리고 윤리학적으로는 사회 공동체의 질서를 어지럽히는 자들이다.

동성애자들을 옹호하는 이들은 그 이유를 이렇게 내세운다. 동성애자들은 자신의 선택과 관계없이 태어날 때부터 '동성애'란 유전인자를 갖고 있기 때문에 체질상 어쩔 수 없다고 말한다. 상당히 타당한 이유처럼 들린다. 그러나 그런 인자들은 남성이건 여성이건 누구에게나 조금씩은 다 갖고 있다는 점을 알아야 한다. 다만 얼마나 많고 적으냐가 문제다.

예를 들어 의학적으로 당뇨나 암도 부모의 유전인자의 영향이 많다. 당뇨나 암 환자가 부모의 유전인자를 가졌다고 하여 당뇨나 암이 질병이 아니라고 할 수 없듯이 동성애자들도 동성애의 유전인자를 가졌다고 하여 질병이란 범주를 벗어날 수 없다(김홍식, 동성애에 대하여, LA중앙일보, 2008년 11월 13일).

그리고 인간은 누구나 죄의 속성을 다 갖고 있다. 남의 것을 도둑질하고 싶은 충동을 갖거나 예쁜 여성을 보면 음욕을 품을 수도 있다. 즉 인간은 누구나 그런 유전인자를 다소간에 갖고 있다는 말이다. 그렇다고 그것을 행동으로 옮겨 남의 것을 도둑질하거나 여성을 성폭행 한다면 그 자체가 죄악이 되는 것처럼, 동성애자들도 성경적으로 죄악의 범주를 벗어날 수는 없는 것이다.

따라서 동성애자들은 자신이 '동성애'란 질병을 갖고 있다는 사실을 인지하고, 치료를 받아 더 이상 죄인의 길에 서 있지 않도록 노력해야 할 것이다. 그리고 정상인들도 동성애자들을 불쌍히 여기는 마음으로 질병에서 치료받고 더 이상 죄인이 되지 않도록 도와주어야 할 것이다.

정통파 유대인들 가운데 동성애자들이 가장 적은 이유는 그들이 다른 인종들과 종자가 달라서 그런 것이 아니고 어려서부터 남성과 여성의 역할에 대한 종교교육을 잘 받았기 때문이다. 이 말은 동성애도 질병으로 생각하고 계속하여 가정과 사회에서 바른 교육을 시키면 정상인으로 되돌아 올 수 있다는 것을 뜻한다.

하나님이 동성애자들을 그토록 저주하시는 이유는
구약의 지상명령적인 차원에서 찾아야 한다.
동성애자들은 자녀를 생산할 수 없기 때문에
말씀 맡은 자를 생산할 수 없게 되어 천국이 확장될 수 없다.
그러면 하나님의 인류 구속의 역사가 진전될 수도 없다.

랍비의 토막 상식

동성애에 대하여

의학적으로 볼 때 동성애자들의 많은 경우들이 자신의 선택이 아닌 그런 유전인자를 가지고 태어난다는 주장은 부인할 수 없는 사실이다. 하지만 "그렇기 때문에 그것을 정상"으로 보아야 한다는 주장은 옳지 않다.

만약 그런 논리라면 의학적으로 당뇨병, 고혈압, 우울증 자살, 알코올 중독, 폭력성 등도 많은 경우가 유전인자에 의해 그렇게 태어나는 것으로 알려지고 있고, 또 많은 지체 장애자들이 날 때부터 그런 상태로 태어나는데 이런 것들 역시 '그렇기 때문에 정상'으로 보아야 하고, 그래서 치료를 해서는 안 된다는 논리가 성립될 것이다.

만약 그들도 자유로이 살 수 있는 환경이 되도록 해야 된다는 이유로 '결혼'까지도 허용해야 된다고 하는 것은 당뇨병환자들에게도 자유를 주기 위해 '식이요법'같은 것으로 얽매지 말고 자유로이 먹을 수 있는 환경을 조성해 주어야 된다는 논리와 크게 다르지 않을 것이다. 그렇게 하여 혈당이 너무 높아질 경우 피해보게 되는 것은 당연히 그 당시자다.

이런 이들을 '환자'로 취급해 주어 도움을 받도록 배려해 주는 것이 마땅하지만 수 년 전 미국 정신과 학회에서는 동성애를 '질병'에서 '정상'으로 둔갑시켜줌으로써 결과적으로 그들이 의학적 도움을 받을 수 있는 길을 차단시켜버렸다.

이번의 논란들의 목적은 그것이 '질병(죄)'임을 인식시켜 도움을 받을 수 있도록 해주기 위한 것이어야지 '정죄'에 목적이 있어서는 안 된다고 생각한다. 당뇨병 환자가 '증오'의 대상이 되어서는 안 되듯이 동성애 '환자' 역시 동정과 돌봄을 받아야할 대상이어야지 손가락질 받는 대상이 되어서는 안 된다는 말이다.

그런데 기독교인이라고 하면서도 이런 명령을 어기는 것은 아무렇지 않게 생각하면서도 성경에 있지도 않는 담배피우는 사람을 보면 '죄인'으로 정죄하는 '위선'과 같이 이번의 논란도 또 하나의 그런 위선이 아니기를 바란다.

_김홍식/내과의사, LA중앙일보, 2008. 11. 12.

제2장

SHEMA · SHEMA · SHEMA

쉐마와 유대인의 성년식

I. 성년식(בר מצוה, Bar Mitzvah)의 뜻은 '율법 맡은 자'
II. 성년식의 과정
III. 성년식 후의 특권과 의무
IV. 신약시대의 성년식의 의미:
   율법 맡은 아들 = 말씀 맡은 자
V. 왜 유대인 성년식을 치르는 연령이 13세인가

I. 성년식(בר מצוה, Bar Mitzvah)의 뜻은 '율법 맡은 자'

유대인의 자녀교육을 연구하다 보면 몇 가지 특성을 발견할 수 있다. 교육의 내용이 너무나 많고 논리적이며 조직적이다. 그리고 그것을 어떻게 자녀에게 가르치느냐 하는 학습 방법 또한 독특한 면이 많다. 자녀들에게 '교육의 내용'을 효과적으로 전하기 위하여 '교육의 형식'을 다양하게 많이 만들어 지키게 하는 것이다. 즉 절기나 의식을 많이 만들어 자녀에게 교육의 내용을 체험적으로 기억하고 실천하도록 가르친다.

유대인은 이런 교육 방법을 누구에게 배웠는가? 하나님께로부터 직접 배웠다. 하나님은 유대인에게 어느 절기를 누가, 왜, 언제, 어디에서, 무엇을, 어떻게 지켜야 하는지를 구체적으로 가르치셨다. 예를 들면, 출애굽기 12장에 나오는 유월절의 목적과 이 절기를 지키는 세세한 방법 그리고 율법의 중요성을 가르치시기 위하여 가나안 정복 후 세겜에 있는 그리심 산과 에벨 산에 여섯 지파씩 올라가 제사장과 함께 율법을 일일이 낭독하며 확인하는 체험 학습(수 8:30~35) 등이다.

따라서 유대인의 교육 방법들은 세상의 어느 학자의 이론이 아니라 하나님의 교육 방법이다. 여기에 교육의 특성과 파워가 있다. 그런데도 신약교회는 이를 유대인의 것이라 하여 무시한 게 가장 큰 오류다.

유대인의 성년식도 좋은 교육 방법 중 하나다. 유대인의 성년식은 문자적으로 어떤 뜻을 갖고 있는가? 유대인은 왜 성년식을 하는가? 그 목적과 방식은 무엇인가? 성년식에 어떠한 교육학적 가치가 있는가? 신약시대에 기독교인은 성년식을 어떻게 해석해야 하는가? 유대인 소년은 왜 하필 연령이 13세에 성년식을 치르는가? 13세란 연령이 왜 교육학적으로 중요한 의미를 갖는가? 하나씩 설명해 보자.

성년식은 유대인의 말씀 전수라는 측면에서 관찰할 수 있는 좋은 교육 모델이 되는 의식이다. 성년식을 히브리말로 '바 미찌바'(בר מצוה, Bar Mitzvah)라고 한다. 글자의 뜻으로는 '미찌바'는 '율법'이란 뜻이고, '바'는 '어떤 신분의 연령이나 회원 혹은 상류 신분의 소유(age, membership in a definite class or the possession of some quality)'를 뜻한다. 따라서 '바 미찌바(Bar Mitzvah)'는 다음 세 가지의 뜻으로 해석할 수 있다.

첫째, 신분적으로 '의무의 남자(a man of duty)', 혹은 '율법을 행할 의무를 가진 남자'를 뜻한다(Birnbaum, 1991, p. 94; Cohen, 1988, p. 4). 좀 더 자세히 말하면, '나머지 생을 사는 동안 율법을 행할 의무를 가진 남자'라고 말할 수 있다.

둘째, '바 미찌바(Bar Mitzvah)'란 문자적으로 성년식을 치르는 소년이 '율법의 신분을 소유한 남자'가 됨을 의미한다.

셋째, 일부 유대인과 기독교 학자들은 '바 미찌바'란 뜻이 '율법의 아들(son of Mitzvah, Law)'이라고 말한다. 그러나 정통파 유대인은 이는 정확한 문자적 뜻이 아니라고 거부한다(Cohen, 1988, p. 4).

정통파 유대인은 위의 세 가지 중 첫 번째, '율법의 의무를 가진 남자'를 많이 택한다.

저자는 두 번째 의미인 '율법의 신분을 소유한 남자'를 택한다. 그 이유는 '율법의 신분을 소유한 남자'가 되지 않고는 '율법의 의무를 가진 남자'가 되기 힘들 뿐만 아니라 율법을 실천할 수도 없기 때문이다. 즉 율법을 13세 이전에 배워 율법이 심령 골수에 배어 있어야 율법의 중요성도 깨달아 율법을 실천할 의무도 느끼고 율법을 구체적으로 실천할 수도 있는 것이다. 만약 13세 이전에 전혀 율법을 배우지도 실천하지도 않았다면 어떻게 율법을 행해야 할 의무를 그렇게 강하게 느끼고 실천할 수 있겠는가?

따라서 '바 미찌바'란 13세 이전에 이미 부모로부터 율법(하나님의 말씀)을 전수받아 이제 그 율법을 실천할 성숙한 어른이 되는 '율법의 신분을 소유한 남자'가 되었다는 것을 확인하는 예식이라 볼 수 있다(Kolatch, 1981, p. 25). 여기에서 '남자(Bar)'란 '아들'을 뜻하는 'Ben(아들)'으로 해석할 수 있다. 따라서 '바 미찌바'란 '율법의 신분을 소유한 아들'이다.

그렇다면, '율법의 신분을 소유한 아들'이란 무엇을 뜻하는가? 이는 '율법을 소유한 아들'이란 뜻이다. 율법은 누가 소유할 수 있는가? 하나님께서 특별히 선택하셔서 율법을 맡기셔야 율법을 소유할 수 있다. 따라서 '율법을 소유한 아들'은 '율법을 맡은 아들',

유대인은 13세가 되면 성년식을 한다.
(사진: 성년식을 마치고 랍비와 소년이 부모와 함께 토라를 읽고 있다.)

즉 '율법 맡은 자'라고 표현할 수 있다.

이를 요약하면, "'바 미찌바'란 13세 이전에 이미 부모로부터 율법(하나님의 말씀)을 전수받아 이제 그 율법을 실천할 성숙한 어른이 되는 '율법을 소유한 아들', 즉 '율법 맡은 자'가 되었다는 것을 확인하는 예식이다"라고 정의할 수 있다.

'율법'이란 무엇인가? "전능하신 하나님이 이스라엘 백성에게 주신 명령(a command)이다. 하나님은 창조주로서 피조물들이 반드시 따라야 하는 명령들을 정할 모든 권한을 가지셨다. 그리고 우리는 그에 속한 자들(His subjects)로서 우주의 왕이신 그의 명령들을 받들어 수행할 의무가 있다"(Cohen, 1988, p. 4). 그 명령을 수행할 의무의 나이가 남자는 13세부터고, 여자는 12세부터다. 따라서 남자의 성년식은 '바 미찌바'(Bar Mitzvah)라고 하고, 여성의 성년식은 '벳 미찌바(Bat Mitzvah)'라고 한다.

'율법의 의무를 가진 사람이 되는 것(becoming a bar/bat mitzvah)'은 잔치 이상의 의미가 있는데, 한 개인이 성인 공동체에 들어와 하나님의 율법을 수행할 책임이 있음을 맨 첫째로 꼽는 성결되고 신성한 사건이다(p. 4).

원래 정통파 유대인의 성년식은 부모가 자녀에게 말씀을 전수하는 차원에서 남자 위주로 치러진다. 여성은 다만 형식보다는 축하 위주로 치른다. 그 이유는 무엇인가? 전통적으로 여성은 종교적 의무로 가정 중심의 생활을 강조해 왔기 때문에 남자가 수행하는 많은 율법의 의무에서 제외되었다. 예를 들어 경문을 붙이는 것과 기도복을 두르는 것 및 정기적으로 회당에 참석하는 것 등이 제외됐다. 그리고 유대인이 회당에서 기도회를 할 때 동네가 회당에서 멀 경우 10명의 성도가 참석하면 율법적으로 자기네끼리 함께 기도드리는 것이 허락되나, 이때도 10명의 성도수를 셀 때는 여성의 수가 제외되고 성년식을 치른 남자들만 포함된다.

유대인의 성년식은 역사적으로 언제부터 실시해 오고 있는가? 구약시대나 예수님 당시에도 있었는가? 아니다. 남성의 성년식은 여성의 성년식보다 훨씬 오래 전에 시작되어 14세기에는 이미 정착되었다. 반면 여성의 성년식은 훨씬 후인 20세기 초인 1922년에 처음으로 시도되었다.

그 이유는 역사적으로 유대인의 보수 종파는 여성 교육에 대해서 무관심해 왔기 때문이다. 이에 반해 진보측 유대인 종파에서는 여성 교육에도 관심을 갖기 시작했다. 따라서 진보측 유대인 종파인 재건파에서 먼저 여성의 성년식을 1922년에 시도하였던 것을 20세기 말에 보수파도 따라하고 있다(Kolatch, 1981, p. 24). 본 란에서는 성경적 말씀 전수의 입장에서 남자의 성년식만 다룬다.

'바 미찌바'란
13세 이전에 이미 부모로부터
율법(하나님의 말씀)을 전수받아
이제 그 율법을 실천할 성숙한 어른이 되는
'율법을 소유한 아들',
즉 '율법 맡은 자'가 되었다는 것을 확인하는 예식이다.

II. 성년식의 과정

유대인은 가정에서 아들에게 13세 이전에 성경을 수없이 반복적으로 가르쳐 아들을 '율법 맡은 자'로 만든다. '율법 맡은 자'란 뜻은 석수가 끌로 돌에 글을 새기듯이 '율법을 가르쳐 마음에 새기는 것'을 말한다. 뿐만 아니라 그 율법을 지켜 행할 수 있도록 반복 교육을 시키는 것을 의미한다.

가정에서 누가 아들에게 하나님의 말씀을 가르치는가? 물론 어머니도 참여하지만 원칙적으로 아버지가 가르친다. [자세한 내용은 저자의 저서 《유대인 아버지의 4차원 영재교육》(동아일보, 2006) 참조)]

왜냐하면 가정에서 성년식을 치른 아버지가 '율법 맡은 자'이기 때문이다. 자녀가 신본주의 사상을 갖게 하기 위해서는 신본주의 사상이 있는 사람이 가르쳐야 한다. 그렇게 해야 아들은 아버지의 신본주의 사상을 전수받을 수 있다.

따라서 유대인의 아버지는 아들을 하나님 말씀의 제자로 삼는다. 왜냐하면 영원한 가나안, 열조들이 사는 곳에 함께 가기 위함이다.

유대인의 성년식은 그의 일생 중 가장 의미 있고 성대한 행사다. 그러므로 본인이나 가족은 물론 온 친지들이 정성을 다하여 준비한다. 성년식은 유대교의 각 종파마다 약간씩 다르다. 그럴지라도 근본적으로 여호와의 말씀이 대를 이어 전수되는 것을 상징하는 의식이라는 점에서는 동일하다.

독자들의 이해를 돕기 위해 저자가 경험한 유대인 학생 데이빗의 성년식 일부를 소개하고자 한다. 이 의식은 개혁파 유대교에 속한 회당에서 개혁파 랍비에 의하여 집례되었다(기독교인에게는 개혁파의 예식이 더 이해하기 쉽다). 성년식은 각 종파나 지역에 따라 약간씩 다르나 그 개념은 동일하다. 그들은 보통 안식일인 토요일에 이 행사를 치른다. 회당은 전 세계에서 참석한 많은 친지들로 온통 잔치 분위기다.

처음에는 랍비가 성년식의 집례를 시작하지만, 곧 13세 생일을 맞는 성년식의 주인공에게 넘겨 대부분 그 혼자 성경을 읽으며 진행해 나가도록 프로그램을 준비한다. 비록 13세이지만 성인으로서의 책임감과 특권을 부여하여 '율법 맡은 자'로서 마땅히 부모 없이도 하나님께 해야 할 일을 충실히 할 수 있도록 훈련시키기 위함이다.

왜 성년식을 치르는 소년에게 공중 앞에서 토라(모세오경)와 하프토라(선지서)를 읽게 하는가? 그 목적은 소년이 모세오경과 선지서에 쓰여진 것을 순종할 의무를 갖기에 충분히 성장한 성인(a full-fledged adult)임을 느끼게 하기 위해서다(Birnbaum, 1991, p. 94).

여기에서 우리는 성년식을 치르는 유대인 소년이 왜 성경의 두 부분인 토라와 선지서를 함께 읽게 하는지, 그리고 왜 유대인은 매주 읽어야 할 성경의 분량에 꼭 토라와 선지서를 함께 읽도록 하는지 그 이유를 살펴볼 필요가 있다('하프토라'에 관한 자세한 내용은 이어지는 '저자 주' 참조).

구약의 개념에서 토라는 하나님의 율법의 말씀이다. 그 율법을 알고 그 율법대로 행하여 지키면 하나님께 복을 받을 것이고, 지키지 않으면 저주를 받는다. 지키지 않을 경우 하나님으로부터 어떠한 저주를 받는가? 저주는 이스라엘의 죄에 대한 하나님의 심판이다. 바로 그 심판의 과정과 결과가 선지서에 나타나 있다.

선지서에는 읽는 이가 정신을 바짝 차릴 만큼 혹독한 하나님의 역사적인 심판들이 세밀하게 기록되어 있다. 따라서 율법을 지켜 하나님의 심판을 피하게 하기 위하여 선지서를 읽게 한다. 우둔한 자는 죄를 지은 후 얻어맞고 자신의 과오를 고치지만, 지혜로운 자는 과거의 고난의 역사를 통하여 스스로 잘못된 길로 가지 않는다. 이것도 유대인의 지혜 교육 방법 중 하나다.

이 의식을 위하여 데이빗은 3년간이나 준비하였다. 서기관이 붓으로 쓴 두루마리 성경을 펴서 하나님의 말씀을 히브리어로 읽으며 청중과 함께 화답한다. "하나님은 하나이시며, 우주의 창조주이시며, 우리에게 토라를 주시고, 우리를 애굽의 종에서 구원하신 전능자"이심을 찬양한다.

의식이 거의 끝날 즈음, 랍비는 데이빗과 그의 부모와 양가 조부모, 즉 3대를 강대상 위로 불러 세운다. 랍비는 지성소(Holy of Holies, Ark)에 있는 토라를 꺼내어 데이빗의 친조부모에게 준다. 친조부모는 또 외조부모에게 외조부모는 데이빗의 부모에게 그리고 부모는 아들에게 준다. 이것은 대를 잇는(chain) 하나님 말씀 전수를 상징한다.

유대인이 매주 읽는 성경의 두 부분

토라(율법서) + 선지서(하프토라)

　옆에서 이 광경을 지켜보던 할아버지가 손수건을 꺼내어 눈물을 닦는다. 자신이 열조(烈祖)에게서 전해 받은 말씀을 아들에게 전하여 주었는데, 이제 그 아들이 이 말씀을 또 손자에게 전하는 모습을 보고 감격해 하는 것이다.

　그가 감격해 하는 이유는 무엇인가? 유대인이 자기 인생에서 가장 중요하게 여기는 철학은 율법(말씀)을 자손 대대로 전수하여 영적 유대인이 되게 하여 영원한 약속의 땅, 열조들이 사는 가나안에 함께 가는 것이기 때문이다. 만약 아브라함으로부터 시작된 하나님의 말씀이 중간에 끊어져 말씀 전수가 중단된다면 그것은 자신의 가문이 저주 중의 저주를 받는 것이다. 후대는 여호와의 총회에서 제외된다. 따라서 그들은 사녀에게 무슨 수를 써서라도 하나님께서 맡겨 주신 말씀을 자녀들에게 전수하여야 할 의무가 있다.

　'전하여 주었다'는 말은 무엇을 뜻하는가? 선조에게서 받은 말씀 그대로를 인간의 지식이나 철학의 가미 없이 아들이 손자에게 그대로 가르쳐 그 내용을 전했다는 말이다. '말씀 맡은 자'를 만들기 위해서다.

유대인의 성년식은 본인과 가족은 물론 참석자들도 시내산에서 그들의 조상이 받은 말씀을 상기하며 현재까지 그 말씀의 대가 끊어지지 않고 전수됨을 감사하며 축하하는 축제의 날이다. 그들은 이 축제를 준비하기 위하여 물질도 아낌없이 사용한다.

랍비는 두 개의 토라, 두루마리 성경을 꺼내어 하나는 랍비와 데이빗이 껴안고 회당의 왼쪽으로 돌고, 다른 하나는 데이빗의 부모가 껴안고 오른쪽으로 돌아 가운데로 들어오게 한다. 토라가 회당을 운행할 때에는 토라 통에 달린 방울이 '딸랑딸랑' 소리를 낸다. 그때에 온 회중이 자리에서 일어난다. 여호와의 말씀이 운행하시는데 어찌 성도가 감히 앉아 있겠는가?

이 장면은 제사장이요, 학자인 에스라가 바벨론 포로에서 돌아와 예루살렘에서 율법의 말씀을 펼 때 온 이스라엘 백성이 일어나 말씀을 받으며 우는 장면(느 8:5~9)을 연상시킨다. 여호와의 말씀을 받는 것은 하나님의 복을 받는 것이다.

두루마리 성경(토라)이 회당을 운행할 때에는 참석자들 중 성경에 가까이 있는 사람은 토라에 키스를 하고 멀리 있는 사람은 토라를 손으로 만진 후 그 손에 키스한다. 이는 유대인들이 어릴 때부터 말씀을 꿀처럼 빨아 먹도록 교육받았기 때문이다.

유대인은 자녀들이 하나님의 율법책에 키스하는 교육을 어떻게 시키는가? 유대 어린이는 처음 유치원에 입학할 때 아버지가 동행한다. 그리고 학교에서 첫 수업 시간에 제일 먼저 히브리 알파벳을 쓰고는 그 위에 꿀을 바르고 자녀에게 그 꿀을 빨아 먹게 한

성년식 때 랍비가 보는 앞에서 3대가 하나님 말씀 전수식을 갖고 있다. 제1대 할아버지가 2대 아들에게 그리고 2대 아들이 3대 손자에게 토라를 전수하고 있다. 여호와의 말씀 전수는 유대인의 사명이다.

다. 그때에 아버지는 자녀에게 이렇게 이른다.

"아들아! 하나님의 말씀인 성경 말씀을 매일 송이꿀보다 더 달게 빨아 먹을 때 너에게 복이며 생명이지만, 그렇지 않으면 저주와 사망이 올 것이다."

이런 교육의 목적은 꿀보다 더 달곰한 여호와 하나님의 말씀을 일평생 영의 양식으로 먹게 하기 위함이다(시 119:103). 그들은 이런 교육을 자녀에게 어려서부터 세뇌시킨다.

거의 끝날 무렵, 아버지는 아들에게 이렇게 축복해 준다.

축복 받으실 한 분(당신은 우리의 하나님, 만유의 왕이시여),

나를 이 아들의 심판의 채무에서 자유롭게 하신 분이시여.
(Scherman & Zlotowitz, *The Complete Art Scroll Siddur*, 1992, p. 445)

성년식이 끝날 무렵 랍비는 회중 앞에서 "이제 데이빗은 아브라함 때부터 120세대 동안 대를 이어 온 여호와의 말씀을 전수받았음을 선포하노라"하며 자랑스럽게 공포한다. 그리고 그들은 회중과 함께 찬양한다. 그들은 한 세대라도 여호와의 말씀을 받기만 하고 자신의 자녀에게 전하지 못했을 경우, 그 이후의 세대는 여호와의 총회에서 저주를 받아 끊어진다고 믿는다. 그러므로 부모는 살아 생전 무슨 수를 써서라도 선조에게서 받은 말씀을 자녀에게 전하고자 최선을 다한다. 후대가 여호와의 총회에서 끊어져 저주받지 않게 하기 위해서다. 즉 자신의 가문이 주 안에서 장수(長壽)하기 위함이다.

(저자 주: 정통파 유대인의 성년식에는 가까운 친지들 중에서 신앙이 좋은 이들을 증인으로 선발하여 그들 앞에서 '율법 맡은 자'의 특권과 의무를 잘 이행할 것을 서약하는 순서도 있다.)

**성년식이 끝날 무렵 랍비는 회중 앞에서
"이제 데이빗은 아브라함 때부터
120세대 동안 대를 이어 온
여호와의 말씀을 전수받았음을 선포하노라" 하며
자랑스럽게 공포한다.**

'하프토라'란?

'하프토라'(Haftorah, 혹은 '하프 타라')는 결론(conclusion)을 맺는다는 뜻이다(Birnbaum, Encyclopedia of Jewish Concepts, 1991, p. 168). 토라의 반(1/2)이라는 뜻이 아니다. 유대인은 일주일 중 월요일과 금요일 새벽에 약 10절 정도의 토라(모세오경을 쓴 두루마리 성경)를 회당에서 읽고, 안식일에는 회당에서 매주 그 주에 읽을 토라 분량인 5장(약 120구절) 정도를 온 회중 앞에서 읽는다. 토라를 읽은 후 그 내용과 관계된 선지서를 읽고 마친다. 이 때 읽는 선지서 내용을 '하프토라'라고 한다.

이것을 이해하려면 유대인들이 매주 읽어야 할 성경 주독표(Weekly Scriptures Reading, 매주 읽어야 할 성경 분량)를 이해해야 한다. 성경 주독표는 유대인이 매주 읽어야 할 성경 분량을 정해 놓은 표다.

유대인은 토라(모세오경)를 54부분으로 구분하는데 창세기를 12부분, 출애굽기 11부분, 레위기와 민수기를 각각 10부분, 그리고 신명기를 11부분으로 구분한다. 매주 한 부분씩 읽어(두 주는 두 부분을 읽는다) 1년 안에 전체 토라 일독을 마친다. 토라 일독을 마치는 날을 심핫 토라(Shimhat Torah)라고 하여 회당에서 큰 잔치를 벌인다. 초막절 마지막 날에 겹쳐서 지킨다. 마치 한국의 옛 서당에서 책 한 권을 떼면 떡잔치를 벌인 것과 유사하다.

이 관습은 마카비 반란 전쟁 시 그리스인들이 유대인에게 토라 읽는 것을 금지 했을 때 토라를 대신해 선지서를 읽었던 것에서 유래되었다. 어떤 이는 모세 오경의 중요성을 알기 위해 선지서를 읽었다고도 한다(p. 169).

랍비의 성경 강해

지도자의 비극

모세의 장인 이드로가 모세의 아들들과 그 아내로 더불어 광야에 들어와 모세에게 이르니, 곧 모세가 하나님의 산에 진 친 곳이라. 그가 모세에게 전언하되 "그대의 장인 나 이드로가 그대의 아내와 그와 함께한 그 두 아들로 더불어 그대에게 왔노라." 모세가 나가서 그 장인을 맞아 절하고 그에게 입 맞추고 그들이 서로 문안하고 함께 장막에 들어가서……. (출애굽기 제18장 제5~7절)

랍비들은 여기서 인간에게 있어서 과거 천 년 동안이나 기본적인 문제가 되어 있던 것을 지적하고 있다. 인간의 지도자로는 위대한 교사, 종교적인 교육자도 있고, 정부 관계자 그리고 종합적인 사업의 봉사자도 있다. 그들은 세상 사람들에게 봉사하느라고 자신들의 자녀를 무시하는 경우가 많았다.

모세는 이집트를 탈출할 때 자기의 아들과 아내를 장인 장모에게 맡겨 놓고 떨어져 있있던 것이다. 그의 장인이 그의 아내와 자식들을 데리고 돌아왔을 때, 하나님은 모세에게 장인을 맞아 인사드리라고 말했다. 모세는 장인에게 무릎 꿇고 그 발에 입 맞추었다. 그리고는 중요한 일에 대한 이야기를 했다. 그러나 이 이야기 중에서 단 한 마디, 자기 아내와 자식들과의 재회에 대해서는 언급하지 않았다. 즉 개인적인 정을 무시했다.

이것은 위대한 지도자의 아주 비극적인 상황이다. 다른 일보다 더 중대한 일을 그르치는 구체적인 예다. 모세의 아들들은 도대체 어떻게 되었을까? 모세의 아들은 유대인 가운데서 어떤 역할을 했는지 전혀 알려져 있지 않다.

오늘날에도 랍비의 자녀들에 대해서는 똑같은 말을 할 수 있다. 그들의 아버지는 다른 사람에 관계된 시간에 쫓기는 나머지 자기 자녀들에 대해서는 조금도 시간을 할애해 주지 않는다고 랍비의 자녀들은 입을 모아 증언하고 있다.

실질적으로 나 자신에게도 이것은 매일 일어나고 있다. 자녀들에 대해서는 유원지에 데리고 가겠다든가, 무엇을 구경하러 가겠다고 약속은 해 놓지만 랍비로서의 할 일이 바쁘기 때문에 그것은 좀처럼 실행되지 않는다. 이것은 자녀들에 대하여 약속을 이행하지 않은 것이 된다. 이것은 매우 좋지 않은 일이다.

> **편역자 주** 왜 모세는 자녀교육에 실패했는가? 먼저 생각할 수 있는 이유는 그가 애굽에서 40년간 교육을 받았기 때문에 아브라함의 지상명령을 몰랐기 때문이다. 나중에 시내산에서 하나님으로부터 율법을 받고 나서 그것을 알았다. 그리고 두 번째 이유는 그가 설사 후에 알았다고 해도 애굽에서 어릴 때부터 받은 교육의 습관 때문에 남에게 "자녀를 말씀의 제자 삼게 하라"고 간절히 가르치긴 했지만, 유대인처럼 쉐마가 몸에 습관이 되어 배어있지 않았기 때문이다.

_Tokayer, 탈무드 2: 탈무드와 모세오경, 동아일보, 2007, pp. 195~197.

III. 성년식 후의 특권과 의무

유대인의 성년식은 종교적으로 가장 중요한 인생의 분기점이다. 유대인의 아들들은 13세 이전과 이후가 어떻게 다른가? 13세 이전까지 12년 동안은 하나님의 말씀을 배워 '율법 맡은 자(말씀 맡은 자)'가 되도록 노력하는 기간이다. 그러나 성년식을 치른 후에는 '율법 맡은 자'가 되어 유대인의 성인 공동체에 속하게 되며, 성인에게 요구되는 하나님이 원하시는 율례와 법도를 수행해야 한다.

즉 "이 의식(성년식)은 유대인 소년이 성인이 되면, 본인 스스로 유대주의의 율법을 지키도록 의무를 부여하기 위하여 거행하는 행사다"(Bridger, 1976). 따라서 그는 성년식 이후부터 성인이 되는 특권을 누리게 되며, 동시에 유대인의 계율을 지켜 행할 의무가 주어진다.

성년식을 치른 남자들은 유대인의 공동체에서 성인의 수에 포함될 수 있는 자격이 있다. 예를 들어 보자. 유대인은 자신들이 함께 모여 기도하는 회당이 따로 있다. 그런데 거리가 멀거나 기후가 좋지 않을 때 등에 대비, 자신이 살고 있는 구역에서 기도할 수 있는 조건을 정해 놓았는데, 그것이 꼭 10인 이상이어야 한다. 왜냐하면, 유대교의 회당에서는 기도를 드릴 때 열 명 이상의 사람이 있어야 기도가 성립되기 때문이다.

이때 누가 이 10인에 포함될 수 있는가? 그 조건 역시 성년식을 치른 남자만이 해당된다. 성년식을 치르지 않은 사람이나 여성은 이 조건에서 제외된다.

왜 하필 10인인가? 유대인의 법에는 아홉 명 이하의 수는 개인이고, 열 명이 되어야 비로소 집단이 되기 때문이다. 정치적 결단이나 종교적인 결정도 역시 열 사람 이상이어야 한다. 결혼식에서도 공적인 결혼식은 열 사람 이상이 되지 않으면 거행하지 못한다(Tokayer, 1989a. p. 56).

하루에 세 번씩 의무적으로 기도를 해야 한다. 새벽기도를 드릴 때는 꼭 쉐마 말씀을 적어 넣은 경문(tefillin)을 이마에 달고 손목에 매고 기도해야 한다. 그리고 몸에 거룩한 기도복도 둘러야 한다. 이것은 하나님의 말씀 맡은 자가 가질 수 있는 특권이자 의무다.

그러나 성년식을 치르지 않은 아들은 새벽에 기도를 한다 해도 기도복을 몸에 두르거나 경문을 이마에 달지 않고, 손목에 매지 않고 기도한다. 왜냐하면 말씀 맡은 자가 아닌 사람은 기도복을 몸에 두를 수도 없거니와 경문을 이마에 달고 손목에 매는 것이 금지되었기 때문이다. 여기에는 여성도 포함되어 있다.

성년식을 치른 남자들은 여행을 다닐 때에도 기도복과 경문을 넣은 가방을 들고 다닌다. 미국에서 새벽 비행기를 타면 까만 옷을 입은 정통파 유대인이 기도복을 몸에 두르고, 경문을 이마에 달고 손목에 매고 자신의 자리나 빈 공간에서 기도하는 모습을 종종 볼 수 있다.

성년식을 마치면 특권과 의무가 주어진다. 매일 세 번 기도하는 것도 특권이자 의무다.
(사진: 성년식을 치른 유대인 소년이 새벽기도를 준비하기 위해 미간과 팔에 경문을 매고 있다.)

유대인은 자신들의 특권과 의무를 지키는데 주변 환경에 구애받지 않는다.
(사진: 미국에서 새벽 비행기를 타고 가던 유대인들이 새벽기도 시간이 되자 모여 기도하고 있다.)

성년식을 치른 아들은 아버지와의 관계에서도 법적으로 다르다. 어떻게 다른가?

위에서 성년식이 거의 끝날 무렵, 아버지는 아들에게 이렇게 축복해 준다고 말했다. "축복 받으실 한 분(당신은 우리의 하나님, 만유의 왕이시여), 나를 이 아들의 심판의 채무에서 자유롭게 하신 분이시여[Blessed is the One(are You, HASHEM, our God, King of the universe) Who are freed me from the punishment due this boy]"(Scherman & Zlotowitz, *The Complete Art Scroll Siddur*, 1992, p. 445).

여기에서 "나를 이 아들의 심판의 채무에서 자유롭게 하신 분이시여"란 무엇을 뜻하는가? 두 가지로 설명할 수 있다.

첫째, 성년식 전에는 이 아들의 행위의 책임이 보호자인 아버지에게 있으므로 혹 아이가 잘못하면 아버지가 책임을 져야 했다. 그러나 성년식 이후에는 부모가 자녀의 잘못한 행위에 책임질 의무가 없다.

둘째, 성년식 전에는 이 아이가 부모의 죄과에 대하여 고통을 당했지만 이제는 이로부터 자유롭다. 따라서 아버지의 죄(his own sins)가 더 이상 자녀를 괴롭힐 수 없다(Scherman & Zlotowitz, *The Complete Art Scroll Siddur*, 1992, p. 444). 이 말의 뜻은 성년식 이후로는 아들이 육적으로나 영적으로 부모와 완전히 독립되었다는 것을 뜻한다. 더 이상 서로를 책임질 필요가 없다는 뜻이다.

특히 아버지의 죄(his own sins)가 성년식 이전의 자녀에게는 전

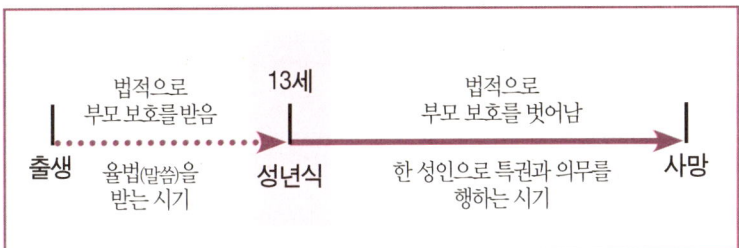

가되지만 성년식 이후에는 더 이상 전가되지 않는다는 대목은 성년식을 한 이후의 아들은 이제부터 아버지와 상관없이 독립적으로 온전한 새 인생을 시작하라는 뜻을 지닌다. 그러므로 성년식은 대단히 중요한 인생의 기점이 된다.

유대인은 성년식을 치르는 13세 이전까지
12년 동안은 하나님의 말씀을 배워
'율법 맡은 사'(말씀 맡은 자)가 되는 기간이다.
성년식 후에는 '율법 맡은 자'가 되어
하나님이 원하시는 율례와 법도를 수행해야 한다.

IV. 신약시대 성년식의 의미:
율법 맡은 아들 = 말씀 맡은 자

유대인의 성년식인 '바 미찌바(Bar Mitzvah)'를 '율법 맡은 자'라고 정의했다. 신약성경에도 '율법 맡은 자'란 단어가 있는가? 있다면 어디에서 누가 어떻게 왜 이런 표현을 했을까?

정통파 유대인이었던 바울은 유대인을 "하나님의 말씀 맡은 자"(롬 3:2)라고 표현했다. 여기에서 "하나님의 말씀 맡은 자"는 '율법 맡은 자'와 동일한 뜻을 갖고 있는가? 물론이다. 그 이유를 살펴보자.

구약에서는 대부분 하나님의 말씀을 '율법'이라고 사용했다. 예수님도 구약성경을 율법책이라고 표현하셨다. 따라서 구약의 율법책은 '하나님 말씀의 책', 즉 '성경'을 말한다(신 29:21, 31:26; 수 1:8; 느 8:1~3, 8; 눅 24:44; 갈 3:10). 따라서 차후 본서에서 사용하는 대부분의 '율법'이란 단어는 '말씀'으로 이해되어야 한다.

이제 바울이 로마서 3장 2절에서 왜, 어떤 의미로 '말씀 맡은 자'란 단어를 사용했는지 알아보자. 그는 로마서 1장에서 모든 이방인을 죄 아래 가둔다. 그리고 2장에서는 모든 유대인도 죄 아래 가둔다. 그리고 로마서 3장 1절에서 이렇게 질문한다.

> 그런즉 유대인의 나음이 무엇이며, 할례의 유익이 무엇이뇨? (롬 3:1)

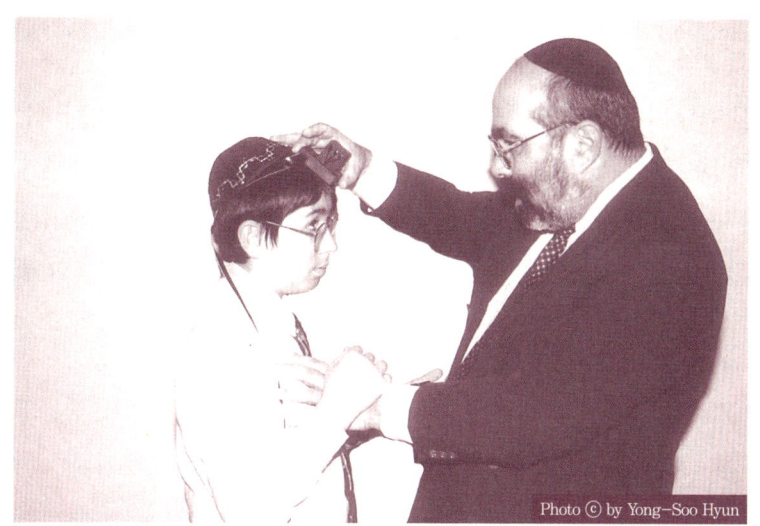

유대인의 '성년식(바 미쯔바)'은 '율법 맡은 자'란 뜻이다. 이는 신약의 '말씀 맡은자'(롬 3:2)와 같은 뜻이다.
(사진: 아버지가 아들에게 성년식을 치르기 전에 쉐마 경문을 미간과 팔에 매고 기도하는 법을 가르치고 있다.)

그 답은 2절에 이어진다.

> 범사에 많으니, 첫째는 저희가 하나님의 말씀을 맡았음이니라.
> (롬 3:2)

사도 바울은 유대인이 이방인보다 나은 첫 번째 유익을 '하나님의 말씀을 맡은 자'(롬 3:2)였기 때문이라고 표현했다. 이것이 이방인과 유대인의 가장 큰 차이다. 유대인이 하나님의 말씀을 맡았다는 사실 자체만으로도 그들의 품위를 확보하기에는 충분하다. 즉 그들에게 천국의 보화를 맡겼다는 것이다. 다른 말로 말하면, 유대인에게 하나님의 말씀을 제쳐 놓으면 이방인과 나은 것이 아무것도 없다는 것을 뜻한다(Calvin, 로마서 빌립보서 주석, 1980, p. 96).

하나님은 유대인에게 왜 율법을 맡기셨는가? 그리고 맡기시는 과정은 어떠한가? 여기에서 어떠한 교훈을 얻을 수 있는가?

첫째, 하나님은 유대인을 먼저 택하시어 언약을 주시고(창 12:2~3; 출 24:1~8) 하나님께 제사장 나라가 되게 하셨고 거룩한 백성으로 삼으셨다(출 19:6; 사 61:6). 따라서 유대인은 하나님의 소유된 백성이다(출 19:5).

둘째, 하나님은 그들에게 시내산에서 율법을 주시어 그 율법을 배움으로 영적 성숙, 즉 믿음이 자라게 하셨다.

셋째, 하나님은 그 율법대로 행하도록 명하셨다.

넷째, 하나님으로부터 율법을 받은 유대인은 그 율법을 맡아 그것을 지키고 다시 자녀들에게 전수하여 하나님의 율법이 주님 다시 오실 때까지 끊어지지 않도록 하셨다.

여기에서 하나님께서 왜 유대인을 하나님의 선민으로 택하셨는지 그 이유를 알 수 있다. 그것은 시내산에서 그들에게 하나님의 율법을 주시고 그것을 자손 대대로 자녀들에게 전수하여 신약시대의 기독교인들에게도 하나님의 율법(말씀)이 전수되게 하기 위함이다. 온 세계 인류를 여호와의 말씀으로 구원하시기 위함이다. 기독교는 말씀의 종교이기 때문이다.

즉 하나님은 유대인들에게 율법(말씀)을 맡기셨고, 그들이 맡은 율법을 자손 대대로 전수하는 데 성공하여 신약시대 기독교인들도 그 율법을 가질 수 있게 되었다. 얼마나 감사한 일인가?

신약시대의 기독교인도 '하나님의 말씀을 맡은 자'인가? 물론이다.

너희가 거듭난 것이 썩어질 씨로 된 것이 아니요 썩지 아니할 씨로 된 것이니 하나님의 살아 있고 항상 있는 말씀으로 되었느니라 그러므로 모든 육체는 풀과 같고 그 모든 영광이 풀의 꽃과 같으니 풀은 마르고 꽃은 떨어지되 오직 주의 말씀은 세세토록 있도다 하였으니 너희에게 전한 복음이 곧 이 말씀이니라. (벧전 1:23~25)

신약시대의 기독교인이 '하나님의 말씀을 맡은 자'가 되는 과정은 무엇인가?

제1단계: 하나님이 택하신 자들이 예수님을 믿고 구원을 받아 하나님의 백성이 되어야 한다(행 13:48; 엡 1:11). 기독교인은 하나님의 택하신 족속이요, 왕 같은 제사장들이요 거룩한 나라요, 그의 소유된 백성이다(벧전 2:9).

이방인들이 듣고 기뻐하여 하나님의 말씀을 찬송하며 영생을 주시기로 작정된 자는 다 믿더라. (행 13:48)

구약시대에는 이스라엘 백성이 하나님의 선민으로 하나님의 백성이지만 신약시대에는 예수님을 믿는 기독교인이 하나님의 백성이 되기 때문이다.

제2단계: 구약의 유대인은 태어난 지 8일 만에 선민의 언약(표)으로 할례를 받지만(창 17:10~27; 행 7:8), 기독교인은 구원의 표로 세례를 받는다(골 2:11; 벧전 3:21).

구약과 신약 시대의 구원과 성년식의 비교

구약시대

제1단계 → 제2단계 → 제3단계(성년식) → 제4단계

구원(유대인) ⇒ 할례 ⇒ 율법 맡은 자 ⇒ 율법을 행하는 자
(성도: 하나님이 택한 백성)　　　　　(말씀 맡은 자)　(말씀을 행하는 자)
　　　　　　　　　　　　　　　　　(내적 성숙)　　　(외적 성숙)

신약시대

제1단계 → 제2단계 → 제3단계(성년식) → 제4단계

구원(기독교인) ⇒ 세례 ⇒ 말씀 맡은 자 ⇒ 말씀을 행하는 자
(성도: 하나님이 택한 백성)　　　　　(율법 맡은 자)　(율법을 행하는 자)
　　　　　　　　　　　　　　　　　(내적 성숙)　　　(외적 성숙)

물은 예수 그리스도의 부활하심으로 말미암아 이제 너희를 구원하는 표니 곧 세례라 육체의 더러운 것을 제하여 버림이 아니요 오직 선한 양심이 하나님을 향하여 찾아가는 것이라. (벧전 3:21)

제3단계: 유대인이 시내산에서 율법을 받았듯이 예수님을 믿어 갓 태어난 성도는 자신의 영혼이 살기 위하여 그리고 믿음이 자라기 위하여 매일 영의 양식으로 하나님의 말씀을 받아 먹어야 한다. 즉 성화의 과정으로 하나님의 말씀인 신·구약 성경 말씀을 매일 먹고 가르침을 받아 '말씀 맡은 자'가 되어야 한다.

기독교인이 하나님의 말씀을 맡지 않으면 그는 이미 기독교인이 아니다. 따라서 말씀 맡은 자가 된다는 것은 내적 성숙이 된다

는 뜻이다.

제4단계: 말씀 맡은 자가 세상에서 말씀을 맡은 사람답게 살기 위하여 성경에 쓰여진 대로 율법을 지켜 행해야 한다. 이것이 바로 외적 성숙이다.

결론적으로, 하나님은 유대인에게 율법(말씀)을 맡기셨다. 그리고 유대인은 자녀들에게 그 율법(말씀)을 전수하는 데 성공했다. 따라서 기독교인들의 말씀 전수(전도)의 우선 대상도 수평적인 이방인, 즉 이웃이나 세계선교 이전에 수직적인 나의 가정에 있는 귀한 자녀들이라는 점을 명심해야 한다. 남은 전도하면서 우리 집 아이를 세속 문화에 빼앗긴다면 어떻게 주님의 책망을 면할 수 있겠는가? 영원한 천국에 가서 이산 가족이 없도록 노력해야겠다. 그리고 자녀교육에 실패하면 먼 훗날 이웃 전도도 세계선교도 있을 수 없음을 명심해야 한다.

적용: 유대인의 성년식 개념을 신약시대 자녀교육에 어떻게 적용할 수 있겠는가? 신약시대 교회에서도 기독교인 가정에서 자란 자녀들에게 성년식 프로그램을 만들어 13세 이전에 말씀의 제자로 양육하여 13세에 성년식을 거행하는 것이 2세교육에 매우 유익하다. 이 교육에는 내적 성숙과 외적 성숙을 위한 교육과 아울러 성년이 되는 과정에서 인간관계, 예절교육, 이성관계 및 결혼에 대한 성경적 가치들을 교육할 필요가 있다.

랍비의 토막 상식

부모와 선생은 하나님과도 같다

캘리포니아 주의 세크라멘트에 가면 그 주의 의회장 건물에 다음과 같은 말이 새겨져 있다.

"우리 고장의 높은 산들에 지지 않는 높이 솟아오르는 인간을 만들자."

이와 똑같은 발상이 유대인의 마음속에는 깃들어 있다.

히브리어로 산을 '하림'이라고 하고, 부모는 '호림'이라고 하며, 교사는 '오림'이라고 한다. 그래서 유대인은 부모하고 교사는 산과 같은 것이어서 보통의 사람들보다도 높이 우뚝 솟아 있다고 생각한다.

산이 하늘보다도 높이 솟기를 원해서 산 정상이 공중에 솟구쳐 있는 것처럼, 그들도 되도록 높은 곳으로 아이들을 위해 오르고자 한다. 자식들이나 학생들이 이 산과 나란히 산만큼의 높이에 달하지 않으면 안 된다고 교육을 받는다.

유대인은 특히 교육열이 강한 민족이기 때문에 세 살 때부터 공부를 시작한다. 그들은 매주 엿새 동안을 하루에 여섯 시간 내지 열 시간씩 공부에 정력을 쏟지 않으면 안 된다. 선생의 집이나 학교에서 토라나 탈무드를 외우며 '바 미쯔바(성인식)'에 대비하는 것이다.

_Tokayer, 탈무드 3: 탈무드의 처세술, 동아일보, 2009, pp. 85~86.

V. 왜 유대인 성년식을 치르는 연령이 13세인가

1. 13세 이전의 교육이 중요한 11가지 이유

　세계 여러 민족들이 성년식이라는 전통을 갖고 있다. 자녀들이 성장하면 여러 사람들 앞에서 성년이 되었다는 것을 인증하는 예식이다. 대부분의 성년식의 목적도 한 인간이 출생하여 성장한 후 부모의 보호 아래 있는 어린아이의 것을 버리고 성인이 되면서 성인의 특권과 의무를 부여받는다.

　성년이 되는 시기는 각 민족마다 약간씩 다르다. 한국의 조선시대 성년식은 보통 남자 나이 14세 이후 17세 전에 치러졌다. 그 이유는 자녀의 인성교육에 필요한 기초학문 전수 기간을 유대인처럼 13세(만 12세)까지로 정하고 그 전에 한국인의 율례와 법도를 전수하였다. 그래도 14세(만 13세) 생일에 성년식을 치르지 않고 17세에 치르는 이유는 13세까지 가르쳐도 깨우치지 못하는 아들을 위하여 배울 수 있는 유예 기간을 4년간 더 주어 17세에 성년식을 올렸다. 성년식을 올린 후 그 증거로 보발을 머리에 올렸다.

　유대인은 어떠한가? 유대인에게는 두 가지, 세속적 생일이 있고 히브리적 생일이 있다. 세속적 생일은 일반 태양력에 기준한 생일이고, 히브리적 생일(Hebrew birthday)은 유대인의 율법에 의거한 생일을 말한다(Cohen, 1988, p. 23).

　유대인은 히브리 생일로 13세가 되면 성년식을 치르게 된다. 그렇다면 한 가지 의문이 생긴다. 유대인은 왜 하필 13세에 성년식을 치르는가? 왜 17세나 20세가 아니고 13세인가? 13세란 연령에 어떤 특별한 의미가 있는지 그 이유를 알아보자.

먼저, 유대인 랍비의 의견을 들어보자. 그들은 나이가 어리면 성인 공동체에서 율법을 수행하기가 힘들기 때문이라고 말한다. 법을 지키고 율법을 어기지 않을 성숙한 나이가 남자는 13세, 여자는 12세로 보았다. 즉 이 나이는 율법을 지킬 만한 정신적·육적으로 성숙한 나이로 보았다. 뿐만 아니라 이 시기는 사춘기다. 남자나 여자나 아이를 가질 수 있는 연령이다. 그리고 남에 대해서 생각하고 인생이 얼마나 허무한지를 깨닫고 하나님의 전지전능을 아는 시기다(Cohen, 1988, pp. 5~9). 즉 유대인 랍비들은 성년식을 13세에 치르는 이유를 율법을 지킬 수 있는 성숙한 연령이냐 미성숙한 연령이냐를 기준으로 삼았다.

저자는 물론 이도 수용하지만 교육학적 측면에서 왜 13세라는 연령이 중요한지 몇 가지 이유들을 설명해 보면서 현대의 잘못된 가정교육의 현실을 바로잡고자 한다. 이를 설명하기 위해서는 유대인의 성년식의 목적이 13세 이전에 부모가 자녀에게 조상 대대로 내려오는 하나님의 율법(말씀)을 반드시 전수해야 한다는 데 있다는 점을 분명히 해야 할 필요가 있다. 즉 자녀에게 율법(말씀)을 13세 이전에 모두 전수해야 한다는 점이다.

그렇다면 다음의 질문들이 가능하다. 부모가 자녀를 '율법 맡은 자(말씀 맡은 자)'로 키우기 위하여 왜 13세 이전의 기간이 그렇게 중요한가? 왜 자녀들의 연령이 13세 이후가 되면 '율법 맡은 자(말씀 맡은 자)'로 키우기 힘든가?

매사에는 때가 있는 법이다(전 3:1~8). 한 인간이 출생해서 13세 이전, 즉 출생 후 12년이란 기간이 왜 교육하기에 가장 중요한 때인가? 그 기간이 갖는 11가지 특성들을 살펴보고, 여기에서 말씀 전수를 위한 교육학적 중요성을 살펴보자.

첫째, 발달심리학적 측면에서 13세 이전의 자녀교육이 중요하다.
발달심리학자 에릭슨(Erikson)에 의하면, 인간이 태어나서 죽을 때까지의 발달 과정은 8단계, 즉 ① 유아기 ② 초기 아동기 ③ 학령 전기 ④ 학령기 ⑤ 청소년기 ⑥ 초기 성인기 ⑦ 중·장년기 ⑧ 노년기다(1968, 1982). 그런데 전체 인간 발달의 8단계 중 50%인 4단계, 즉 첫 단계인 유아기에서 네 번째 단계인 초등학교 시기까지가 모두 13세 이전에 포함돼 있다. 그만큼 13세 이전의 교육이 중요하다는 것을 뜻한다.

둘째, 자녀가 부모와 항상 함께 있기를 원하는 시기다.
자녀를 키우다 보면 자녀들이 늘 줄기차게 부모를 의지하고 따라다니는 시기가 있고 부모를 떠나고 싶어하는 시기가 있다. 13세 이전에는 자녀들이 부모와 늘 함께 있기를 원한다. 즉 자녀가 출생하여 어릴수록 늘 '엄마', '아빠'를 부르며 한시도 떨어지지 않고 붙어 다니려고 한다. 부모는 이때가 자녀에게 성경을 가르치는 최적의 시기라는 점을 인식해야 한다.

자녀가 좀 자라 13세가 넘으면 엄마나 아빠가 어디를 함께 가자고 하여도 따라다니고 싶어하지 않는다. 즉 중학교에 들어가면서부터 부모와 함께 다니기를 싫어한다. 자기 스스로 독립하기를 원한다. 이때는 부모가 하나님의 말씀을 자녀에게 전수하고 싶어도 자녀들이 말을 잘 듣지 않아 실패하기 쉽다. 따라서 부모들은 자녀교육을 위한 13세 이전의 시기를 결코 잃지 않도록 해야 한다.

셋째, 자녀의 연령이 어릴 때가 부모에게 순종을 잘 하는 시기다.
자녀가 자라면서 부모나 어른들의 말에 순종을 잘할 시기가 있고 반항할 시기가 있다. 그런데 자녀는 나이가 어릴수록 순종을 잘한다. 그러나 13세가 지나면 사춘기가 되면서 불순종하기 쉽다. 탈무드는 그 이유를 이렇게 설명했다.

> 죄악은 태어날 때부터 이미 인간의 마음에 싹터, 인간이 성장함에 따라 점차 강해진다. 마음 속에 들어 있는 악의 충동은 13세에 접어들면 점점 선의 충동을 누르고 강해져 간다. (Tokayer, 탈무드 1: 탈무드의 지혜, 2007, p. 266)

따라서 자녀의 인성교육과 말씀교육은 순종하는 시기에 많이 시켜야 훨씬 더 효과적이다. 그리고 그 당시 시킨 교육의 내용과 행위가 평생 지속될 수 있다.

넷째, 지식의 욕구가 가장 왕성한 시기다. (부모에게 끊임없이 질문하는 시기)
자녀를 키우다 보면 배움의 욕구가 큰 시기가 있고 그렇지 않은 시기가 있다. 자녀의 나이가 3세부터 배움의 욕구가 많아지며

이 욕구는 13세 이전까지 이어진다. 이 시기에는 자녀들이 끊임없이 부모에게 질문하기를 좋아한다.

이때 부모는 기회를 놓치지 않고 자녀의 선악간의 분별력을 키우기 위하여 하나님의 진리의 율법(말씀)으로 답해 주어야 한다. 그리고 부지런히 자녀에게 성경적 가치관을 가르쳐야 한다. "집에 앉았을 때에든지 길에 행할 때에든지 누웠을 때에든지 일어날 때에든지 하나님의 말씀을 강론해야 한다"(신 6:7).

즉 13세 이전에 완전히 '말씀 맡은 자(율법의 남자)'로 만들어 놓아야 방황하기 쉬운 사춘기도 무사히 넘길 수 있고, 일평생 그 말씀이 떠나지 않아 하나님을 잘 섬길 수 있다.

다섯째, 부모를 의지하고 부모의 말씀을 거의 100% 믿는 시기다.

자녀는 나이가 어릴수록 부모의 권위를 존중하고 부모의 힘을 의지한다. 그리고 부모가 가르치는 교훈들을 의심 없이 거의 100% 믿는 시기다. 그러나 13세가 넘으면 부모보다는 주위의 친구나 학교 교사의 말을 더 믿거나 의지하기 쉽다. 따라서 부모는 자녀가 주위의 부정적인 환경에 영향을 받기 이전에 심혈을 기울여 하나님의 말씀을 제대로 가르치고 실천하게 해야 한다.

여섯째, 호기심이 많고 배움과 지식의 흡수력이 강한 시기다.

어린이의 특징 중 하나는 매사를 신기하게 본다는 것이다. 따라서 질문이 끊이지 않는다. 그리고 새로운 지식이나 정보를 받아들이는 속도나 그 양이 어른들과는 비교가 안 된다. 마치 스펀지와 같은 흡수력이 있다.

어른들은 새로운 컴퓨터 기능의 작동법이나 타이프 치는 기능을 아무리 연습해도 익히는 데 한계가 있지만 어린이들은 쉽게 익힐 수 있다. 탈무드는 이렇게 말한다.

"아이들을 가르치는 행위는 아무것도 적혀 있지 않은 백지 위에 무엇인가 그리거나 쓰는 일과 같다. 노인을 가르치는 것은 글자가 가득 적힌 종이에서 빈 곳을 찾아내 무엇인가 써 넣는 행위와 같다."

조기교육의 중요성이 여기에 있다.

일곱째, 어릴수록 잘못된 생각과 행동을 교정하기 쉽다.

마치 나무가 어릴 때에는 휘기도 쉽고 교정도 쉬운 것처럼, 자녀도 어릴 때에는 잘못된 생각과 행동을 바로잡기 쉽다. 이 시기에는 자녀가 잘못했을 때 사랑의 매를 들어도 효과가 좋아 옳은 길로 잘 인도할 수 있다. [사랑의 매는 자녀의 연령이 2~3세가 가장 좋은 효과를 거둘 수 있는 시기다. 자세한 내용은 저자의 저서 《유대인 아버지의 4차원 영재교육》(동아일보, 2006) 참조]

그러나 13세가 넘으면 부모에게 반항하기 쉬울 뿐만 아니라 사랑의 매의 효과도 별로 없다. 잘못하면 역효과가 나기 쉽다. 따라서 부모는 설사 자녀가 잘못된 길로 간다 하여도 13세 이전에 옳은 생각을 갖고 바른 행동을 하도록 양육해야 한다.

여덟째, 한 인간의 인생에 13세 이전 교육은 평생토록 영향을 미친다.

자녀에게 13세 이전에 입력된 영상이나 교육의 내용은 평생 동

유대인은 13세 이전에 말씀을 가르치고, 모든 절기에 습관이 되도록 훈련시킨다.
(사진: 유대인 가정에서 하누카 절기에 아버지가 촛대에 촛불을 켜고 아들들과 하누가 노래를 부르는 모습.)

안 잊어버리기 힘들다. 따라서 13세 이전에 말씀 맡은 자가 되면 일평생 하나님의 말씀을 따라 성숙한 성년으로 살아갈 수 있다. 즉, 13세 이전의 시기는 한 성년에게 필요한 신본주의 사상과 철학에 기초를 놓는 시기다.

아홉째, 인간은 13세 이전에 성품이나 인격적 틀이 거의 형성된다.
인간은 13세 이전, 즉 태어나서 초등학교를 마칠 때까지가 성품이나 인격적 틀이 거의 형성되는 시기다. 이 시기에 올바른 성품 교육을 함은 물론 무엇이 선이고 악인지 그 성경적 기준을 끊임없이 반복적으로 가르쳐야 한다. 특히 가치관이나 예절 같은 마땅히 행해야 하는 인성교육은 13세 이전에 철저히 가르쳐야 한다. 그 이후가 되면 늦다. [자세한 내용은 저자의 저서 《현용수의 인성교육 노하우》(동아일보, 2008), 제1권 제2부 제2장 III. 1. '13세 이전 자녀의 백지 같은 두뇌에 그리는 그림의 영향' 참조].

분명한 것은 자녀의 연령이 13세 이전에 형성된 인성교육의 바탕 위에 학교교육(IQ교육)을 시켜야 반석 위에 세워진 교육이 될 수 있다는 점이다. IQ교육은 13세 이후에도 가능하지만 인성교육은 13세가 넘으면 매우 힘들어진다. 한국인의 가장 큰 문제점은 가정에서 마땅히 가르쳐야 할 인성교육의 기초 없이 무조건 학교교육만 시키는 데 있다.

열번째, 복음적 토양이 옥토의 시기다.

어린이의 특징 중 하나는 단순함과 순진함이다. 세상의 때가 묻지 않았다. 따라서 자녀가 13세가 되기 전에 복음을 접하게 되면, 예수님을 믿어 구원의 확신을 갖기 쉬울 뿐 아니라, 하나님께 헌신할 수 있는 확률도 대단히 높다. 왜냐하면 13세 이전 자녀들의 마음밭은 성인에 비하여 복음과 성경의 가치들을 잘 받아들일 수 있는 옥토의 시기이기 때문이다.

미국 캘리포니아 밴추라에 있는 바나 리서치 그룹이 전국 4,200명의 십대들과 성인들을 상대로 조사한 바에 의하면, 5~13세 사이에 예수님을 영접할 확률은 32%, 14~18세 사이의 영접률은 4%로 나타났다. 반면 19세 이상의 나이가 되면 영접률이 6%인 것으로 나타났다[크리스천 투데이, 복음을 14세 전(5~13세)에 심어야, 1999년 12월 4일]. 또한 크리스차니티 투데이 인터내셔널(CTI)의 조사에 의하

전세계 유대인은 예루살렘 통곡의 벽에서 성년식을 치르는 것이 소원이다.
(사진: 통곡의 벽에서 토라를 펴고 성년식을 치르는 유대인 소년과 가족들)

예루살렘 통곡의 벽에서 성년식을 마친 후 아버지가 아들과 함께 무등을 타고 춤을 추며 기뻐하고 있다.

면, 미국 목회자들의 67%도 13세 이전에 예수님을 영접한 것으로 나타났다. 이것은 전체 개신교인들의 평균 17세 이전의 중생 기간에 비해 약간 앞서는 비율이다(크리스천 투데이, 미국 목회자들 67%는 13세 이전에 예수 영접, 2000년 11월 4일).

열한 번째, 5감의 문화가 거의 형성되는 시기다.

13세 이전은 5감의 문화, 즉 입맛, 냄새, 소리, 음악, 보이는 환경 및 촉각을 통한 느낌 등이 거의 형성되는 시기다.

언어도 마찬가지다. 어린이가 모국어를 습득하는 과정도 노력에 의해서가 아니라 무의식적으로 습득된다. 이러한 무의식적 언어 습득은 무한한 것이 아니고 13세를 전후하여 감소하기 시작한다. 학자들은 이 연령을 '언어의 정년'이라고 말한다[dongponews.com, 2001, 제2호(1, 2월호), p. 36]. 즉 13세 이전에 습득한 언어는 일평생 동안 잘 잊어버리지 않는다. 따라서 각 사람의 고향도 13세 이전, 즉 초등학교 시절에 겪었던 곳으로 정해진다. 13세 이후 다른 지역에서 아무리 오래 살았어도 그곳은 타향일 수밖에 없다.

**에릭슨은
인간이 태어나서 죽을 때까지를 8단계로 나눴다.
이 중 50%인 4단계가 모두 13세 이전에 형성된다.
그만큼 출생 후 12년이란 기간이 중요하다.**

2. 13세 이전에 자녀를 교육시키는 사람들의 예

　이상과 같은 이유들은 한 인간의 일생 중 처음 12년 동안의 자녀교육이 얼마나 중요한지를 잘 설명해 준다. 그야말로 자녀교육의 황금기다. 따라서 부모들은 이 기간을 자녀 양육에 도움이 되도록 최대한 이용하고 투자해야 한다. 가장 좋은 모델이 유대인이다. 그들은 자녀를 낳으면 12년 동안 혼신의 힘을 다하여 율법(말씀)을 전수한 후 13세에 성년식을 치른다.

　유대인 뿐만 아니라 미국의 많은 어머니들도 자녀가 어렸을 때 교육이 미치는 중요성을 알고 아기를 낳으면 모든 사회 활동을 중단하고 자녀 양육에만 전념하는 이들이 늘고 있다. "실제로 한 살 미만의 자녀를 둔 15~44세의 엄마 중 일하는 여성 비율은 1988년 59%에서 2002년 55%로 감소했다. 이처럼 큰 폭으로 감소한 것은 1976년 이래 처음이다"(US Today, May 4, 2004).

　심지어는 수평문화를 창조하고 퍼뜨리는 대표적인 대중 가수인 미국의 마돈나(Madonna)도 여기에 속한다. 그녀가 1999년 아기를 출산한 후 대중매체인 TV에 모습을 나타내지 않았다. 기자가 그녀에게 찾아가 그 이유를 물었을 때 자신에게 가장 중요한 것은 아기를 키우는 일이라고 말했다. 그녀는 세상의 돈이나 명예보다도 더 귀한 것이 자녀의 엄마가 되는 것이라고 말했다. 그녀는 특히 13세 이전에 어머니의 역할이 얼마나 중요한지를 깨달았기 때문이다.

　그런데도 불구하고 많은 어머니들이 13세 이전에 자녀를 돌보거나 마땅히 행할 일을 가르치지 않고 수평문화에 방치하는 경우가 허다하다. 물론 여기에는 기독교인 부모들도 예외는 아니다. 마돈나도 자녀 양육을 위하여 모든 외부 활동을 중단하는데, 하물며 기독교인 어머니들은 마돈나보다는 더 나아야 되지 않겠는가? 설사 약간의 경제적 및 개인의 경력에 손실이 있다고 하여도 13세 이전의 자녀를 TV나 학교에만 맡겨서야 되겠는가?

아울러 드물긴 하지만 아내와 자녀를 위한 훌륭한 남편들의 예화도 소개한다[중앙일보(미주판), 이기준 칼럼, 집으로 돌아간 장관, 2004년 5월 5일].

클린턴 정부시절이던 지난 1996년 11월 초 노동장관 로버트 라이시가 출근하려 하자 막내 아들이 가로막고 나서서 이렇게 말했다.
"퇴근하면 꼭 깨워 주세요. 아빠가 집에 있는 건지 아닌지 알고 싶어요."
라이시는 큰 충격을 받고 사임했다. 갑작스런 사임에 전 세계인들이 두 번이나 크게 놀랐다. 첫 번째는 클린턴 정부의 초대 노동장관으로 한창 기세등등하던 그였기 때문이었다. 그는 〈뉴욕타임스〉에 퇴직의 변을 이렇게 썼다.
"가정에서 더 많은 시간을 보내기 위해 사직한다. 내 아내와 가족이 그 무엇보다 소중하기 때문이다."
전 세계인들은 이 말에 두 번째 놀랐다.
이듬해인 1997년 7월, 37세의 젊은 나이로 클린턴 행정부의 국무부 대변인에 임명된 제임스 루빈의 경우도 마찬가지였다. 그는 보기 드문 미남인 데다 현란한 말솜씨로 큰 인기를 끌었다. 그러던 그가 2000년 4월 28일 돌연 사임했다. 이유는 '아내와 하나뿐인 아들이 있는 가정에 더 충실하기 위해서'였다.

당시 그는 CNN 기자인 아내가 포함된 출입기자들 앞에서 이를 공표해 더욱 유명해졌다.

특히 세계 저명인사들의 가정에 대한 사랑은 남다르다. 메이저 영국 총리도 가정에 충실하기 위해 지난 1997년 총리직을 사임한 경우다. 비록 국정이 막중하지만 가정도 그에 못지않게 소중하기 때문이라는 것이다.

왜 부모들이 13세 이전의 자녀교육에 무관심하게 되는가? 가장 큰 이유는 설사 자녀들에게 13세 이전에 제대로 교육을 못했거나 교육을 잘 못 했다 하더라도, 그 가시적인 결과는 당장 크게 나타나는 것이 아니다. 자녀들이 성장하여 사춘기가 되면서 나타나기 때문이다. 즉, 대부분 13세 이전의 어린이들은 가정교육을 잘 받은 어린이들이나, 잘 못 받은 어린이들이나 구분 없이 모두 귀엽게만 보이고 별로 문제가 없어 보이는 것이 가장 큰 이유다.

따라서 부모들은 자녀가 13세가 되기 전에, 아니 태아에서부터 철저한 자녀교육을 시키어 훌륭한 말씀 맡은 자가 되게 하여 하나님께 영광을 돌리게 함은 물론, 가문이 자손 대대로 말씀이 전수되어 하늘의 복과 땅의 복을 아울러 받을 수 있도록 최선을 다해야 한다. (성년식을 신약 성도에 적용하는 것은 본서 제1권 제2부 제4장 II. '수직전도와 수평전도' 참조)

수평문화의 대부 마돈나도
자녀 양육을 위하여 모든 외부 활동을 중단하는데,
하물며 기독교인 어머니들은 마돈나보다는
더 나아야 되지 않겠는가?

랍비의 유머

강직한 판사에게 승소를 얻는 법

어떤 사나이가 변호사를 찾아왔다.

"변호사님, 소송이 시작되기 전에 재판관에게 살이 잘 오른 오리 한 마리를 명함을 붙여서 보내는 게 어떨까요?"

재판관이 강직하다는 걸 잘 아는 변호사는 그에게 이렇게 말했다.

"어림도 없는 소리 마시오. 그런 짓을 하면 뇌물을 바친 죄까지 범하게 되므로 재판은 절대로 당신에게 불리해질 것이오."

그 재판이 결국 승소로 끝났다. 사나이는 크게 기뻐하며 변호사에게 말했다.

"그때 선생께서는 반대하셨지만, 저는 재판관에게 오리 한 마리를 보내 두었습니다."

그 말을 듣자 변호사는 깜짝 놀라며 말했다.

"하지만, 그 강직하기로 유명한 판사님이 잠자코 있었으리라고는 믿어지지 않는데요."

"아니, 저는 소송을 걸어온 상대방의 명함을 넣었거든요."

_Tokayer, 탈무드 6; 탈무드의 웃음, 동아일보, 2009, p. 383.

SHEMA · SHEMA · SHEMA
제3장

기독교와
쉐마교육선교 전략

I. 서론
II. 2세교육의 중요성
III. 쉐마교육선교 전략: 그 해결 방안
V. 결론

I. 서 론

1. 전체 문제 제기

저자는 쉐마 IQ-EQ 총서로 인성교육 시리즈(전4권)와 쉐마교육 시리즈를 발간하고 있다. 쉐마교육 시리즈 제1~2권은 《부모여 자녀를 제자 삼아라》(쉐마, 2005)이다. 이 책에서는 주로 왜 기독교교육에 유대인의 자녀교육이 필요한지, 그리고 기독교교육에 왜 율법이 필요한지, 율법의 교육적 기능에 대하여 설명했다.

본서는 쉐마교육 시리즈 제3권~제5권이다. 여기서는 하나님의 구속의 계획 속에 왜 구약의 지상명령이 필요하고, 그것이 쉐마(창 18:19; 신 6:4~9)인지, 그리고 쉐마에 대해 구체적으로 설명했다. 쉐마는 가정교육에 필요한 유대인의 선민교육이며 기독교교육의 대명사다.

그렇다면 쉐마는 하나님의 말씀을 자녀에게 전수하여 건강한 가정을 이루는 데 그치는가? 그렇지 않다. 신약시대의 쉐마는 이웃 전도와 세계선교로 이어져야 한다.

그리하여 이 혼탁한 세상을 하나님의 서묵한 말씀에 기초한 가치관에 의하여 모든 사람들의 생활이 변화되어야 한다. 나부터 쉐마로 변하여 기독교인다운 삶을 살아 가정이 변하고, 사회가 변하고, 민족이 변하고, 더 나아가 세계 모든 족속이 변해야 한다. 그리고 선민교육인 쉐마가 각 민족을 위한 전통적 신본주의 문화로 개발되어 굳게 자리 잡아야 한다.

따라서 쉐마는 주님의 재림을 준비하는 데 꼭 필요한 기독교교육이다. 왜 그런가? 그 이유를 알아보자. 먼저, 전체적으로 연구를 위한 질문들은 다음과 같다.

[질문 1] 왜 세계 어느 민족도 2,000년간 하나님의 말씀과 성령의 촛대를 자손에게 전수하는 데는 실패하였는가?
[질문 2] 한국인 2세에게 말씀을 전수하지 못한다면 어떠한 문제가 생기겠는가?
[질문 3] 미주 한인교회에서 왜 2세교육은 땅끝 선교인가?
[질문 4] 어떻게 하면 부모가 자녀들에게 하나님의 말씀을 전수하여 건강한 가정을 이룰 수 있을까?
[질문 5] 전 세계에 흩어진 코리안 디아스포라(Korean Diaspora) 교회가 자손 대대로 살아남을 수 있는 방법은 무엇인가?
[질문 6] 왜 기독교 역사에서 한 종족만이 그 시대마다 세계선교를 담당해 왔어야만 하는가?
[질문 7] 주님의 재림 준비를 위하여 세계의 모든 종족이 세계선교를 동시에 함께 담당하는 선교 전략은 무엇인가?

위의 질문에 쉐마는 충분한 답을 줄 수 있다. 이제 모든 문제점을 풀어보자.

2. 2세교육의 문제점

A. 인성교육학적 측면

한국 교회는 현재까지 교회성장이나 선교에만 더 열심이었던 것이 사실이다. 그러는 사이에 가정교육과 2세교육은 밀려나고 있었다. 그 결과 현재 청소년의 문제는 위험 수위를 넘은 지 오래 되었다. [자세한 문제점은 저자의 저서《현용수의 인성교육 노하우》(동아일보, 2008), 제1권 제1부 제1장 참조]

B. 교회성장학적 측면

1885년 4월 5일 미국의 두 젊은 선교사들, 호레이스 언더우드(Horace Underwood, 장로교)와 헨리 아펜젤러(Henry Appenzeller, 감리교)가 한국에 들어왔다(Grayton, 1985; Hunt, 1980). 그후 한국 교회는 경이로운 성장을 거듭하였다. 한국 기독교 역사 120년이 지난 2005년 현재 전체 인구의 21.6%가 개신교 신자다(저자 주: 2000년 이래 정부의 총인구 센서스 통계에 종교현황이 빠져 있어 한국갤럽의 옴니버스 조사 프로그램이 유일한 종교현황 조사다. 한미준 · 한국갤럽 리서치, 2005, 두란노).

한국 교회는 그 어느 때보다도 세계선교에 열을 올린 결과, 패트릭 잔스톤(Patrict Johnston)에 의하면, 전 세계 156개국에 1민 646명의 선교사를 배출하여 2001년에는 한국인 선교사가 미국 다음으로 두 번째로 많은 나라가 되었다. 미주 한인 출신 선교사만도 600여 명으로 인구 비율로 계산하면, 남한은 4,565명 중 한 명이 선교사가 되었고 미주 한인은 3,333명 중 한 명이 선교사가 되었다(홍은선, 2002, p. 4).

그렇지만 통계에 의하면 한국의 유년주일학교 증가율이 매년 줄고 있다. 예장 통합 통계위원회가 86차 총회에 보고한 자료에 의하면 예장 통합의 교회학교 학생수만도 최근 6년간 15만여 명이나 줄어든 것으로 나타났다. 각 부서의 학생수가 계속 줄고 있는데, 특히 중·고등부의 경우 1998~99년에 비해 20%, 6년 전에 비해서는 30%인 7만 명이 줄어드는 등 감소폭이 갈수록 커지고 있는 것으로 나타났다(국민일보, 2001년 9월 28일). 2세교육에 적신호가 켜진 지 오래다.

미국에 있는 동포 교회들의 2세 종교교육도 심각한 위기에 놓여 있다. 1903년 미국 하와이에 첫발을 디딘 한국인들이 첫 한인교회를 설립한 이래, 약 100여 년 동안 미국 내 한인교회 수는 약 3,402개로 증가하는 폭발적인 성장을 기록했다(미주크리스천신문, 2006년 1월 14일). 동포 1세 중 70%가 교인이다(Lee, 1996, pp. 50~53). 이는 동포 360명당 1개 꼴이다(조선일보, 2002년 1월 26일). 그리고 남가주 미국 신학교 16개교에도 한인 신학생들이 20~50%를 차지한다(중앙일보, 2000년 9월 11일).

그러나 미국 동포 2세 교회의 형편은 다르다. 미국 동포 2세들은 대학에 들어가면 70%가 교회를 떠나고 대학을 졸업하면 90%가 **교회를 떠난다**(Song, 1997, pp. 23~34). 기존 **교회교육과 가정교육이 실패했다는 증거다.**

2세교육이 없으면 한국인 교회의 미래도 없다. 2세교육! 과연 교회의 사역 중 우선 순위가 세계선교보다 뒤에 있어야 하는가?

II. 2세교육의 중요성

1. 세계 기독교의 역사적 측면에서 2세교육의 중요성

[질문]
왜 세계 어느 민족도 2,000년간 하나님의 말씀과 성령의 촛대를 자손 대대로 전수하는 데는 실패하였는가?

우리는 세계 기독교 역사를 돌이켜보면서 한인 2세교육을 한국 기독교의 역사적 측면에서 고찰해 볼 필요가 있다. 신약교회의 태동은 예루살렘의 오순절 다락방 성령 강림에서부터 시작되었다. 그후 기독교 2,000년 동안 신약교회 복음전파의 역사는 예루살렘에서 시작하여 유대 – 사마리아 – 소아시아 – 로마 – 스페인 – 북유럽 – 영국 – 미국 – 한국에까지 전파되었다.

기독교 역사를 되돌아보면 2,000년간 계속 하나님의 말씀과 성령의 촛대를 간직하고 있는 민족이나 국가는 거의 없다. 현재 성지 순례를 가 보면 초대교회였던 예루살렘 교회나 고린도 교회 같은 곳도 성령이 지나간 터(흔적)만 남아 관광지로 변했을 뿐이다.

20세기 최대의 기독교 국가였으면서 세계선교의 전무후무한 사역을 담당하였던 미국도 이제 300여 년 간의 황금기를 뒤로하고 기독교가 쇠퇴해 가고 있다. 이제 한국 교회의 성장률도 기독교 역사 100년을 고비로 교세가 기울어져 가고 있다. 자손 대대로 하나님의 말씀을 전수시키는 2세교육에 실패했기 때문이다.

신약교회는 2,000년간 타민족에게 복음을 전하는 데는 성공했지만 자신의 자녀들에게 말씀을 전수하는 데는 실패하여 어느 민족도 2,000년간 성령의 촛대와 하나님의 말씀을 보존한 민족은 없다. 구약의 지상명령을 잃어버렸기 때문이다. (사진: 오네시보로가 바울을 도와 봉사했던 에베소의 옛 성전터. 찬란했던 바울의 선교지였던 에베소 교회에 성령이 지나간 흔적만 남아 있다.)

    따라서 우리는 성경에 입각한 2세교육의 새로운 패러다임 없이는 이웃과 다른 민족에게 복음을 전수하고 자신의 가정과 민족의 교회는 죽을 수밖에 없는 역사적 사실에 주목해야 한다. 한국 민족이 세계선교를 더 오래 지속하기 위해서도 2세교육은 더 강조되어야 한다.

2. 한국인 2세에게 말씀을 전수하지 못한다면 어떠한 문제가 생기겠는가

A. 유대인에 비교한 한국인의 선민사상 요소

한국 민족 전체가 유대인 같은 선민사상을 갖기란 힘들다. 왜냐하면 우리 민족은 한반도라는 지역을 중심으로 형성된 민족이지 유대인처럼 선민인 아브라함의 혈통으로 내려온 민족이 아니기 때문이다. 유대인처럼 시내산에서 선지자들을 통하여 말씀을 직접 받고 그 말씀을 전수해 온 민족 또한 아니다.

그러나 신약적 개념에서 하나님이 금세기에 우리 민족을 제2의 이스라엘 선민으로 사용하고 계신다고 자부할 만한 점들이 많다. 풀러 신학교의 폴 피어슨(Paul Pierson) 선교학 교수에 의하면, 선교운동을 증진시켜 주는 아홉 가지 조건이 있는데 한국인들은 이 조건들을 모두 지니고 있다고 한다(최찬영, 1995). 일생을 선교사로 지낸 풀러 신학교 최찬영 교수는 이를 '특별한 하나님의 뜻'으로 보았다(최찬영, 1995). 한국 사람도 여러 면에서 유대인처럼 선민적인 요소가 많다. 몇 가지 예를 들어 보자.

첫째, 한국의 지형적 구조가 이스라엘과 비슷하다.

이스라엘의 지형적 위치는 남쪽에는 큰 나라 애굽이 있고, 북동쪽에도 큰 나라 바빌론과 아시리아가 있다. 이스라엘은 두 초강대국 사이에 한국의 강원도만한 작은 땅덩어리로 샌드위치처럼 끼여 있다. 한국도 지정학적으로 남쪽의 일본과 북쪽의 중국, 몽고, 러시아 사이에 끼인 조그만 나라다. 그리고 역사적으로 두 나라 모두 주변 강대국에 수많은 외침을 당해 왔다.

둘째, 한국의 긴 고난의 역사가 유대인과 비슷하다.
한국은 2009년 현재 4,342년의 역사를 갖고 있다. 그 동안 한국은 역사적으로 931번의 외침을 받았다(김종욱, 1998년; 안희수, 2007). 거의 4~5년에 한 번씩 외침을 당했다는 계산이 나온다. 힘이 없어 당하는 민족의 고통이 얼마나 처절했겠는가!

셋째, 유대인이나 한국인은 혈통적으로 거의 순수한 단일 민족이며, 각각 독특한 문화를 갖고 있다.
한국은 그 긴 고난의 역사 속에서도 세계의 강대국들인 중국과 소련, 그리고 일본의 틈바구니 속에서 어느 한 나라에 흡수되어 동화되지 않고, 단일 민족의 혈통과 독특한 고유문화를 보존하고 있다. 특히 한국인은 유대인처럼 고유의 언어를 갖고 있을 뿐 아니라, 한글이라는 세계적인 위대한 문자를 갖고 있다.

넷째, 이스라엘이나 한국은 자신의 영토 이외에 다른 나라를 침공하지 않았다.
이스라엘은 역사적으로 아무리 강대한 힘을 가졌다하더라도 이웃나라를 침공하지 않았다. 하나님께서 주신 영토만을 지켰다. 한국도 역사적으로 유대인처럼 강대국으로부터 외침만 받았지 남을 공격하지 않았다. 물론 고구려 때 몇 번 북방을 넓힌 예는 있다. 그러나 당시는 외적이 먼저 침공을 했기 때문에 방어적인 차원에서 어쩔 수 없이 싸우다가 넓힌 것뿐이다.

다섯째, 한국말이나 히브리어의 어머니와 아버지를 부르는 애칭이 동일하다.

유대인 가정에는 자녀들이 보통 10여명 된다. 피임을 하지 않기 때문이다. 저자가 그들 가정에서 그들 가족들과 식사를 할 때 놀란 일이 있다. 자녀들이 부모를 한국말로 불렀기 때문이다. '엄(한국말의 '엄마'란 뜻)'과 '아빠'란 단어다.

인간이 태어나서 처음 배우는 단어가 '엄마(어머니)'와 '아빠(아버지)'다. 그런데 그 단어들이 한국어와 히브리어가 거의 동일하다. 유대인도 어머니를 '엄'이라 부르고, 아버지를 '아바'(실제로는 '바'를 된소리 '빠'로 발음한다)라고 부른다.

여섯째, 한국인은 유대인처럼 경천애인(敬天愛人) 사상을 강조한다.

경천애인(敬天愛人)은 "하늘을 경외하고 이웃을 사랑하라"는 뜻이다. 한국인의 사상에는 이것이 몸에 배어 있다. 이것은 예수님이 구약성경의 모든 613개의 율법을 요약해서 가르치신 내용과 일맥상통한다.

> 예수께서 대답하시되 첫째는 이것이니 이스라엘아 들으라 주 곧 우리 하나님은 유일한 주시라 네 마음을 다하고 목숨을 다하고 뜻을 다하고 힘을 다하여 주 너의 하나님을 사랑하라 하신 것이요 둘째는 이것이니 네 이웃을 네 몸과 같이 사랑하라 하신 것이라 이에서 더 큰 계명이 없느니라. (마 12:29~31)

이 말씀은 구약성경의 신명기 6장 4절과 레위기 19장 18의 인용이다.

일곱째, 한국인의 교육 이념이 홍익인간(弘益人間)이다.
 '홍익인간'은 단군(檀君)의 건국이념이며, 1949년 12월 31일 법률 제86호로 제정, 공포된 교육법 제1조에 명시된 대한민국의 근본 교육이념이다. '홍익인간'이란 말의 뜻은 "널리 인간 세계를 이롭게 함"(엣센스 국어사전, 1983)이다. 이것은 성경의 박애사상과 일맥상통한다.

여덟째, 한국인은 유대인처럼 효(孝) 사상을 중요시 여긴다.
 한국인은 어려서부터 특별하게 효(孝)를 강조하여 교육시킨다. 따라서 한국인의 효 사상은 가히 세계적이다. 이는 유대인의 다섯째 계명과 같다. [자세한 내용은 저자의 저서 《IQ는 아버지 EQ는 어머니 몫이다》(쉐마, 2005), 제3권 제5부 '효도교육' 참조]

아홉째, 한국인이나 유대인은 흰 옷을 즐겨 입는 민족이다.
 한국인은 유대인처럼 흰 옷(흰 세마포)을 즐겨 입었다. 하늘에 제를 올릴 때에도 흰 옷을 입었다. 인류 평화의 제전에 성화를 채화할 때에도 흰 옷을 입는다. 한국인은 복장뿐만 아니라 다른 것도 흰 색을 좋아한다. 설날에는 흰 떡국을 끓여 먹고, 추석에는 흰 송편을 빚어 먹었다. 흰 색은 순결과 평화를 뜻한다.
 성경에서도 '흰 옷'은 정결을 뜻한다(고후 11:2; 히 9:22; 엡 5:26; 계 19:14).

> 또 그가 피 뿌린 옷을 입었는데 그 이름은 하나님의 말씀이라
> 칭하더라 하늘에 있는 군대들이 희고 깨끗한 세마포를 입고 백
> 마를 타고 그를 따르더라. (계 19:13~14)

그리고 유대인은 평화를 소원한다. 그래서 인사말도 '샬롬'(평화)이다. 유대인이셨던 예수님도 살렘 왕(평화의 왕)이시다(히 6:20, 7:1). 따라서 한국인은 유대인처럼 순결과 평화를 사랑하는 민족이라고 말할 수 있다.

열 번째, 유대인이나 한국인은 사탄을 물리치기 위해 붉은 것을 사용했다.

유대인은 애굽에서 탈출할 때 사탄의 죽음의 재앙을 막기 위해 양의 붉은 피를 문설주에 발랐다. 마찬가지로 한국인은 동짓날에 붉은 팥죽을 쑤어 먹는 풍습이 있다. 사당에서 팥떡으로 제사도 드리고 여러 그릇으로 나누어 방과 마루, 곳간, 헛간 등에 놓아두며, 대문이나 벽에는 뿌려 둔다. 그 이유는 팥의 붉은색이 악귀를 쫓는다고 믿기 때문이다.

열한 번째, 한국인, 즉 조선 민족은 영적 이스라엘이라 할 만하다.

한국인, 즉 조선 사람들은 예수님을 믿음으로 영적으로 아브라함의 후손인 하나님의 백성이 되었다(롬 4:16; 갈 3:6~7). 약 1백여 년 전에 미국과 캐나다의 선교사들에 의해서 복음이 전해진 이후 많은 열매를 맺어 이제는 한국 인구의 약 1/4(1천만 명), 미주 성인 동포의 70%가 기독교인이다(현용수, 1993). 그리고 세계선교를 위

해 가장 많은 선교사를 파송한 국가 중 제2위가 한국이다(홍은선, 2002). 그만큼 하나님의 은혜 가운데, 한국인이 제2의 이스라엘 민족이 되었다. 그 이유로 한국은 현대사에서 하나님의 복을 많이 받은 나라다.

왜 한국인을 조선민족이라고 하는가? 조선 민족과 하나님의 선민과는 어떠한 관계가 있는가? 역사적으로 한국인은 한국인을 '조선 사람'이라고 불러왔다. 그 이유는 한국 역사의 시조 단군이 세운 나라가 조선이다. 그리고 이성계가 세운 500년의 나라가 이씨 조선이기 때문이다.

조선(朝鮮)에서의 '조(朝)'는 아침, 처음, 시작의 때를 나타낸다. '선(鮮)'은 깨끗하다, 곱다, 아름답다, 화려하다, 새롭다 등의 뜻을 갖고 있다. 그래서 사학자들은 조선이라는 이름을 '아침의 밝음'이라고 한다. 이 밝음 사상은 '하늘이 이 민족을 밝게 다스리기 위해 이 땅에 내려와 나라를 세웠으니 하늘 공경(敬天)의 자세로 밝음을 잃지 말라'는 의미라고 한다(김상용, 동방의 등불 한국, 2001, p. 1). 즉 조선은 우리 민족의 근본이 하늘이라는 것이요, 하늘의 후손 곧 하늘이 선택한 백성이라는 것이다.

조선은 '아침에 떠오르는 태양 빛'이란 의미로도 해석할 수 있다. 동양의 시성 타고르는 조선에 대한 밝음을 '동방의 등불'이라는 시로 표현했다(동아일보, 동방의 등불, 1929년 4월 2일).

동방의 등불
-타고르-

일찍이 아세아의 황금 시기에
빛나던 등촉의 하나인 조선
그 등불 한 번 다시 켜지는 날에
너는 동방의 밝은 빛이 되리라

The Lamp of the East
⟨Tagore, Rabindranath⟩

In the golden age of Asia
Korea was one of its lamp – bearers
And that lamp is waiting to be lighted once again
For the illumination in the East.

 서사는 타고르가 이 시에 사용한 '등불'이 무엇을 뜻하는지는 모른다. 그러나 저자는 그가 어떤 의미로 사용했던 간에 그 등불은 예수님의 복음의 빛이라고 해석하고 싶다. 그 빛이 130여년 동안 한국 땅에 켜져 있다고 믿는다. 그리고 현재 그 복음의 빛이 점점 더 커져서 선교사들을 통하여 더 밝게 온 아시아뿐만 아니라 세계인에게 비치고 있다. 하나님께서는 애굽의 바로왕의 꿈을 통하여 요셉을 통한 하나님의 선민의 역사를 이루시는 것처럼, 인도인 타고르를 사용하여 한국 기독교의 될 일을 미리 시로 표현했다고 믿고 싶다.

그래서 그런지는 몰라도 조선의 영어발음이 '선택된 민족'인 'Chosen People(조선 민족)'과 같다. 저자가 랍비신학교에서 공부할 때 로버트라는 유대인 학생과 재미난 대화를 했다. 그 학생은 샌프란시스코에 있을 때에 한국인이 운영하는 회사에 근무하면서 한국에도 가보고 한국말도 배운 사람이다. 저자가 '선민'을 뜻하는 'chosen people'을 영어로 말했을 때였다. 그 학생이 'chosen'이란 단어의 정확한 발음법을 이렇게 가르쳐 주었다. "너희 한국 사람을 조선 시대 때에 '조선 사람'이라고 불렀는데, 그 '쵸선(조선)'이라는 영어 발음이 'chosen'과 거의 동일하다"고 일러 주었다. 그래서 저자도 "물론 한국 사람은 언어만 '쵸선 사람'이 아니고 실제로 유대인처럼 하나님의 '선택된 민족'인 '조선 민족(the Chosen People)'이다"라고 대답하여 함께 웃었다.

열두 번째, 한국인은 유대인처럼 가장 작은 민족 중 하나이며, 가장 자랑할 것이 없는 민족 중 하나다.

하나님께서는 왜 수많은 민족들 중에 하필 유대인을 자기 기업의 백성으로 택하셨는가? 물론 다른 이유들도 있겠지만 그 중 하나가 유대인의 수효가 다른 민족들보다 가장 작았기 때문이다.

> 너는 여호와 네 하나님의 성민이라 네 하나님 여호와께서 지상 만민 중에서 너를 자기 기업의 백성으로 택하셨나니 여호와께

서 너희를 기뻐하시고 너희를 택하심은 너희가 다른 민족보다 수효가 많은 연고가 아니라 너희는 모든 민족 중에 가장 적으니라. (신 7:6~7)

하나님께서는 약한 자를 들어 강한 자를 부끄럽게 만드신다(고전 1:27). 하나님이 한국 민족을 택하신 이유도 한국 민족이 다른 민족들보다 가장 작은 민족 중 하나이기 때문이라고 생각한다.

저자가 1973년도에 처음 학생 신분으로 미국에 왔을 때에는 유학 시험에서 배웠던 대로 한국 민족의 우수성을 열심히 자랑했다. 한국의 금속 활자 발명이 독일 구텐베르크의 활자보다 200여 년 앞선 것이나, 이순신 장군이 발명한 세계 최초의 거북선 등이다. 그러나 나중에 깨달은 것은 미국에 이민 온 대부분의 그리스 사람이나 이탈리아 사람, 심지어 이라크나 인도에서 온 사람까지 한국인에 비하여 자랑할 것이 너무나 많다는 사실이다. 그들의 온 국토는 세계적인 문화재로 거의 꽉 차 있다고 해도 과언이 아니다. 그런데도 그들은 우리처럼 자랑하지 않았다. 원래 자랑할 것이 없는 사람이 자랑하는 법이다.

이것은 우리를 비하하는 것이 아니다. 그러함에도 불구하고 한국 민족이 하나님을 믿는 백성이 된 후 얼마나 강한 나라가 되었나 함을 설명하기 위함이다. 1970년 전에는 세계인의 대부분이 한국이란 나라가 어디에 있는지 조차 몰랐다. 한국은 세계에서 가장 가난한 나라 중 하나였다.

1960년대 초까지 국가 예산의 85%를 미국에 의존했던 나라가 지금은 국내총생산(GDP, 8874억 달러) 세계 13위, 무역액 규모 세계

12위가 되었다. 1인당 개인소득(GNI)이 1953년도에 67달러였으나 2008년 현재 2만 달러를 넘는다. 그리고 서구에서는 200년 걸린 근대화를 60년만에 해냈다(중앙일보, *1948년…… 해방 후 5년의 선택이 대한민국 운명 갈랐다*, 2008년 7월 19일).

이것은 무엇을 뜻하는가? 한국 민족이 비록 영토는 작고 인구는 적지만, 오직 여호와 하나님만을 믿고 자랑하게 되면, 유대민족처럼 강한 열국들을 부끄럽게 할 수 있다는 것을 보여준다.

열세 번째, 한국의 애국가가 유대인처럼 성경적이다.

한국의 전통적인 종교는 불교와 유교 및 샤머니즘임에도 불구하고 일제 시대에 지은 애국가의 첫머리와 끝부분이 신본주의 색채를 띤다. 첫머리는 "동해물과 백두산이 마르고 닳도록 하느님이 보우하사 우리 나라 만세……"라고 되어 있고, 마지막에도 "무궁화 삼천리 화려 강산 대한 사람 대한으로 길이 보전하세"로 끝을 맺는다. "길이 보전하세"라는 말은 바로 "하나님의 보호와 인도로 길이 보전하자"는 뜻으로 해석해야 앞뒤가 맞는다.

상식적으로 생각한다면 애국가를 작사할 당시 기독교인이 전 인구의 1.5%밖에 되지 않았었는데 마땅히 '하느님' 대신에 '부처님'이나 '조상님'이라고 썼어야 했다. 온 국민이 함께 부르는 애국가의 가사가 이렇게 성경적으로 된 것도 인간의 지혜로 된 것이 아니라 하나님의 구속의 예정 속에 간섭하심으로 되었다고 보아야 할 것이다.

한 가지 아쉬운 점은 찬송가 마지막에 기독교인이 쓰는 '아멘'이란 단어가 빠진 점이다. 그러나 머지않아 온 국민이 애국가를

하나님의 신민 입장에서 본 이스라엘과 한국의 공통점

이스라엘과 한국의 많은 특성은 무엇인가? 두 나라는 강대국 사이에서 끼인 지극히 작은 나라다. 두 나라는 하나님만을 의지하는 강한 믿음이 있을 때 주위 열강들을 부끄럽게 만들 수 있다. 그렇지 않으면 주위 강대국들의 종이 될 수밖에 없다.

애굽, 바벨론 및 아시리아 등 강대국에 둘러싸인 작은 이스라엘. 유대인이 하나님에 대한 신앙이 강했을 때 강대국을 제압할 수 있었다.

중국, 러시아와 일본의 강대국에 둘러싸인 작은 한국. 한국 땅에 복음이 들어온 후 한국은 주권 국가로 발성했고 50년간 평화를 누려 왔다.

부른 후에 '아멘' 하고 합창할 때가 오도록 기도해야 한다.

이 외에도 한국인과 유대인은 비슷한 점이 많다. 그러나 대충 위의 것을 요약하면 우리가 갖고 있는 선민사상은 우리 민족의 역사 속에서 우리가 이방이었을 때부터 하나님은 은혜로 우리 한민족을 간섭하셨고, 또한 마지막 시대에 주님을 위해서 쓰임 받는 제2의 이스라엘 민족으로 택함 받은 데서 기인한다고 볼 수 있다.
이는 우리가 다른 민족보다 우수해서 그런 것이 아니고 하나님의 온전하신 주권 속에서 하나님의 은혜로 말미암은 것이므로 참으로 감사하게 생각하지 않을 수 없다.

열네 번째, 한민족도 유대인처럼 한민족 디아스포라를 형성하였다.
일제 시대부터 시작한 한민족 디아스포라는 가히 세계적이다. 이제 전 세계 어디를 가나 한국인이 없는 나라가 없다. 한국 외교통상부에 따르면, 2005년 1월 현재 전 세계 173개국에 흩어진 한국인 디아스포라가 663만 8,338명이다(중앙일보, 2005년 9월 9일). 한국은 세계 4위의 이민 국가다. 이는 700만 유대인 디아스포라와 비슷한 수치다.
한민족 디아스포라의 특징은 초대교회 유대인의 디아스포라처럼 가는 곳마다 제단 쌓는 민족으로 유명하다. 즉 선교적 차원의 디아스포라다. 한국전쟁 때에 총칼로 우리에게 아픔을 주었던 구소련이나 중국에도 현재 복음을 전파하며 사랑을 전하고 있다.

한국인과 유대인은 비슷한 점이 많다.
그러나 우리가 갖고 있는 선민사상은
우리 민족의 역사 속에서 우리가 이방이었을 때부터
하나님은 은혜로 우리 한민족을 간섭하셨고,
또한 마지막 시대에 주님을 위해서 쓰임 받는 제2의 이스라엘 민족으로
택함 받은 데서 기인한다고 볼 수 있다.

 **랍비의 유머**

기적

　세관에서 유대인이 큰 병을 가지고 있는 것을 본 관리가, 그 안에 무엇이 들어 있느냐고 물었더니 룰르드의 물이 들어 있다고 했다. 룰르드는 프랑스에 있는 가톨릭의 성지로서 그 물은 영험이 있다고 한다.
　그런 것을 조금도 믿지 않는 관리가 병마개를 열어보니 웬걸 코냑이 들어 있지 않은가!
　그러자 유대인은 깜짝 놀라며 외쳤다.
　"아, 기적이 또 일어났군!"

_Tokayer, 탈무드 6: 탈무드의 웃음, 동아일보, 2009, p. 207.

B. 한국인 2세에게 말씀을 전수하지 못하면 또다시 중국이나 일본의 속국이 될 수 있다

이스라엘이 타민족에게 침략당한 이유를 살펴보자. 이스라엘은 주위 강대국보다도 하늘에 계신 하나님만을 의지해야 했다. 하나님이 그렇게 명령하셨기 때문이다(사 31:1~3). 그러나 대부분 역대 이스라엘 왕들은 눈에 안 보이는 하나님을 의지하기보다는 눈에 보이는 초강대국인 남쪽의 애굽과 북쪽 나라들을 더 두려워했고 의지해 왔다.

하나님에 대한 믿음이 없었기 때문이다. 남쪽의 애굽이 침략해 오면 북쪽의 바빌로니아에 구원을 청했고, 바빌로니아가 침략해 오면 애굽에 구원을 청했다(사 30:2, 31:1, 36:6; 겔 17:15). 그렇기 때문에 그들은 역사적으로 항상 남북의 강대국 침략에 시달려 왔다.

한국도 일본의 침략시 북쪽의 중국에 구원을 청했고, 중국이 침략하면 다른 북쪽의 강대국에 구원을 청했다. 그렇기 때문에 한국도 역사적으로 항상 강대국에 조공을 바쳐야 했고, 그들의 침략에 시달려 왔다.

하나님은 이스라엘이 남북에 위치한 강대국을 의지하는 것을 막기 위하여 여러 번 경고하셨다. 하나님은 이스라엘 민족에게 오직 하나님만을 의지하도록 명령하셨다.

> 도움을 구하러 애굽으로 내려가는 자들은 화 있을진저 그들은 말(아시리아의 기병대)을 의뢰하며 병거의 많음과 마병의 심히 강함을 의지하고 이스라엘의 거룩하신 자를 앙모치 아니하며 여호와를 구하지 아니하거니와 여호와께서도 지혜로우신즉 재

앙을 내리실 것이라 그 말을 변치 아니하시고 일어나사 악행하는 자의 집을 치시며 행악을 돕는 자를 치시리니 애굽은 사람이요 신이 아니며 그 말들은 육체요 영이 아니라 여호와께서 그 손을 드시면 돕는 자도 넘어지며 도움을 받는 자도 엎드러져서 다 함께 멸망하리라. (사 31:1~3)

여기에서 주목할 것은 이스라엘이 애굽이나 갈대아인을 의지했을 때는 온 국토가 초토화되고 열국의 조롱거리가 되었지만, 그들이 다윗이나 솔로몬처럼 하나님의 말씀에 따라 하나님만 의지했을 때에는 강대국이 되었다(삼하 5:10; 대상 11:9, 14, 29:28~30)는 사실이다.

역사적으로 한반도도 중국이나 일본을 의지했을 때에는 온 국민이 갖은 수치를 당했지만, 하나님을 의지한 최근, 1953년 이후 2009년 현재까지 약 56년 간 평화를 유지하고 쌀밥에다 고깃국을 먹는 번영을 누리고 있다. 전능하신 여호와께서 우리의 방패가 되어 주셨기 때문이다. 이는 앞으로도 우리가 여호와만을 의지할 때 승리할 수 있다는 증거가 된다. 이를 다른 말로 바꾸어 말하면, 한국인이 하나님을 의지하지 않고, 주변 강대국에만 의존한다면 또다시 고난의 역사가 되풀이된다는 말이다.

결론적으로 한국은 어둠에 쌓였던 한반도에 하나님 말씀이 들어오면서 우리 민족에게 밝은 빛이 비취었고 평화의 시대를 구가해 왔다. **우리가 명심해야 할 것은 역사적으로나 지정학적으로 중국이나 일본은 하나님 없이도 잘살 수 있는 민족이지만 한국은**

하나님 없이는 또다시 중국이나 일본의 속국이 될 수밖에 없다는 사실에 주목해야 한다.

따라서 우리에게는 반드시 1세 신앙의 유산을 자손 대대로 후세에게 물려주어야 할 사명이 있다. 이를 위하여 유대인이 하나님으로부터 받은 구약의 지상명령인 쉐마교육이 한국인에게도 필요하다.

이스라엘이 주변 강대국들을 의지했을 때 온 국토가 초토화되었지만,
다윗이나 솔로몬처럼 하나님만을 의지했을 때에는 강대국이 되었다.
이와 같이 한국도 주변 강대국들을 의지했을 때에는 온 국민이 수치를 당했지만,
하나님을 의지한 최근 약 50여 년 간은 평화와 번영을 누리고 있다.
따라서 한국이 살 길은 2세에게
하나님의 말씀을 어떻게 잘 전수하느냐에 달려 있다.

3. 왜 2세교육이 세계선교 중 땅 끝 선교인가

한국이나 미국이나 자녀교육 때문에 몸살을 앓고 있다. 이제 기독교 가정도 정도의 차이는 있을 망정 예외는 아니다. 근본적인 이유가 가정교육의 부재다. 그렇다면 가정교육이 사라진 원인은 무엇인가?

그 중 하나가 기독교인의 잘못된 신앙생활의 개념이다. 한국 기독교인들의 경우 교회의 구역장, 주일학교 교사로 봉사하며 이웃 전도 및 세계선교를 할 때는 하나님의 일이라고 중요하게 생각하지만, 정작 가정에서 시간을 정해 자녀에게 성경을 가르치는 일은 대수롭지 않게 여긴다.

이는 신약시대의 교회들이 예수님의 지상명령(마 28:19~20)을 오해하여 이웃 전도와 세계선교에만 너무 치중한 나머지 부모들이 가정에서 자녀에게 하나님의 말씀 교육을 게을리 했기 때문이다. [자세한 것은 본서 제1권 제2부 제4장 I. 2. '예수님의 지상명령에도 구약의 지상명령(쉐마)이 포함되었다' 참조]

그 결과 복음은 예루살렘과 유대와 사마리아와 소아시아, 로마, 스페인 및 유럽 대륙 그리고 영국, 미국, 이제 한국 등 전 세계로 퍼졌다. 그러나 기독교 2,000년 역사상 복음을 먼저 전했던 어느 민족도 2,000년간 성령의 촛대와 여호와의 말씀을 유지하고 있는 민족은 거의 없다. 각 지역마다 성령이 지나간 터만 남아 관광지로 변했을 뿐이다.

이것은 우리에게 가정에서 성경교육이 제대로 안 되면, 가정도 죽고 교회도 죽고 민족도 죽는다는 역사적인 교훈을 남겨 준다.

그렇다면 과연 자녀의 복음화가 세계선교보다 긴급성이 약한가? 그렇지 않다. '자녀의 복음화'도 '예수님의 지상명령'이다.

그 이유를 선교학적인 측면에서 설명해 보자. 선교학자인 랠프 윈터(Ralph Winter)는 사도행전 1장 8절 말씀을 근거로 전도의 단계를 문화와 언어를 기준하여 다음과 같이 4단계(4 Evangelism Levels)로 구분했다(McGavran, 1980, pp. 63~72).

제1단계: E-0 전도(예루살렘): 같은 기독교인들 중에서 구원의 확신이 없는 사람에게 전도하는 것(예: 같은 교회에 다니나 구원의 확신이 없는 이에게 전도).

제2단계: E-1 전도(유대): 동일한 문화와 동일한 언어를 갖고 있는 불신자들에게 전도(예: 교회 밖의 동일한 문화와 언어를 갖고 있는 이웃 동족에게 전도).

제3단계: E-2 전도(사마리아): 비슷한 언어와 문화를 갖고 있는 이들에게 전도(예: 중국에 거주하는 비슷한 한국 문화와 한국어를 갖고 있는 조선족에게 선교).

제4단계: E-3 전도(땅끝): 완전히 다른 문화와 다른 언어를 갖고 있는 이들에게 전도(예: 아프리카나 남미의 원주민에게 선교).

많은 선교학자들이 통상적으로 선교의 단계를 지정학적인 시각에서 다뤄 왔다. 예루살렘과 유대와 사마리아와 땅끝까지(행 1:8),

즉 거리적으로 가까운 지역에서 먼 지역으로의 점진적인 단계로 생각했던 것이다.

그러나 랠프 윈터의 4단계 전도 구분은 지정학적인 구분이 아니고, 문화와 언어의 차이를 기준으로 정리했다는 점에서 주목할 만하다. 즉 윈터의 이론은 2가지 면, 지정학적 입장과 문화적 입장 모두에 다양하게 적용될 수 있다.

그렇다면, 북미주에 오랫동안 거주해 온 대부분의 한국인 가정은 어떠한가? 그들은 비록 한 지붕 아래 산다 해도 부모의 문화 및 언어와 자녀의 문화 및 언어가 완전히 다르다. 부모는 한국의 전통문화에 젖어 있으며 한국말을 하지만, 자녀들은 미국이나 캐나다 문화에 동화되어 있고, 한국말을 몰라 영어만 사용한다. 1세와 2세가 한 지붕 아래 살고 있지만 말이 통하지 않는 것이다.

이 경우 랠프 윈터의 4단계 전도 구분에 따르면 부모가 자녀들에게 복음을 전하는 사역은 어느 단계에 속하는가? 아프리카 원주민에게 선교하는 것과 동일한 '땅끝 선교(E-3)'에 속한다.

한국의 상황도 다르지 않다. 한국에서도 1세 어른들과 2세 사이에 언어와 문화의 세대차이는 심각하다. 대구대 국문학과 이정복 교수가 발표한 〈바람직한 통신언어 확립을 위한 기초 연구 보고서〉에 따르면 각종 게시판 등 PC통신과 인터넷을 사용하는 20대 네티즌의 83.3%가 비속어를 사용하고 있으며, 10대의 39.1%가 상습적으로 은어를 표현하고 있다(http://leewongu.byus.net/spboard/board.cgi?id=lee wongu_1&action=download&gul=143).

그 결과 현재 한국에도 1세대와 2세들 사이에 서로 알아듣지 못

윈터 교수의 4단계 전도 구분과 미주 한인 가정의 2세 선교 비교

4 Evangelism Levels of Ralph Winter
vs. Korean American 2nd Generation Mission

구분 / 단계	4단계 전도 구분	한국 교회에 적용	미주 한인 가정에 적용
1단계	*E-0 전도(예루살렘) 교회는 다니나 실상은 구원의 확신이 없는 이름뿐인 기독교인에게 전도	한 교회를 다니나 구원의 확신이 없는 이에게 전도	*H-0 전도(예루살렘) 동일한 한국어와 한국 문화를 가진 가족이 교회에 함께 다니나 구원의 확신이 없는 가족에게 전도
2단계	E-1 전도(유대) 동일한 언어와 문화권에 가까운 이웃에게 전도	교회 주변 이웃 불신자에게 전도	H-1 전도(유대) 동일한 한국어와 한국 문화를 가진 일가 친척에게 전도
3단계	E-2 전도(사마리아) 비슷한 언어와 문화권에 전도	한인과 언어와 문화가 비슷한 동족에게 전도 (예: 중국의 조선족)	H-2 전도(사마리아) 가정에서 1세와 언어와 문화가 비슷한 1.5세에게 전도
4단계	E-3 전도(땅끝) 언어와 문화가 완전히 다른 민족에게 전도	언어와 문화가 완전히 다른 민족에게 전도 (예: 아프리카 케냐인)	H-3 전도(땅끝) 미주 한인 가정에서 1세와 언어와 문화가 완전히 다른 2세에게 전도

* E: 수평적 전도(Evangelism)를 뜻함.   * H: 가정에서 가족에게 전도하는 것을 뜻함.

하는 언어가 70% 이상이라고 한다. 한국 전통문화에 익숙한 1세와 서양의 수평문화에 젖은 2세의 문화 차이는 더 심각하다.

따라서 한국에서도 한 가정에서 2세 전도는 '사마리아 전도(E-2)'나 '땅끝 전도(E-3)'에 속한다고 보아야 한다. 물론 2세가 1세와 똑같은 한국의 전통문화 가치를 가지고 있는 경우는 '예루살렘 전도(E-0)'나 '유대 전도(E-1)'에 속할 것이다.

결론적으로 우리가 주목해야 할 점은 우리의 첫 '땅끝 선교지'는 해외의 원주민이나 타민족일 수도 있지만, 그보다 더 급한 곳은 1세와 언어나 문화를 달리하는 한국이나, 특히 북미주 및 해외에 사는 동포 가정의 2세 자녀들일 수 있다는 점이다.

따라서 한국이나 특히 해외 동포 가정에서 자녀에게 말씀을 전하는 사역이 구약의 지상명령임은 물론이지만, 제3세계의 선교적인 차원에서도 예수님의 지상명령에 속한다. 그러므로 우리는 자녀들에게 복음과 말씀을 전하는 것이 '땅끝 선교'요, 세계선교의 출발점이라는 사실을 명심해야 한다.

그럼에도 불구하고 한인 교회는 해외 선교를 위해 천문학적인 헌금을 사용하면서 2세 선교에는 너무나 인색하다. 그렇다고 세계선교를 하지 말라는 뜻이 아니다. 다만 복음 전수의 우선순위에서 구약의 지상명령인 2세교육이 신약의 지상명령인 타민족 선교보다 더 중요하고 시급하다는 뜻이다.

우리는 먼저 문화와 언어가 다른 우리의 2세에게 먼저 복음을 전해 각 가정이 천국을 이루어야 한다. 그리고 나머지 여력으로 타민족을 위한 세계선교를 해야 하지 않겠는가? 이렇게 될 때 복음 안에서 가정도 살고 교회도 살고 민족도 살 수 있다. 그리고 세계선교도 더 오랫동안 지속할 수 있다.

우리의 2세에게 하나님의 복음과 말씀이 전수되지 않는다면 우리의 가정과 교회와 민족에게 희망이 없다. 따라서 오직 쉐마를 실천하는 길만이 우리가 주님 오실 때까지 제사장 민족으로 영원히 살아남을 수 있는 방법이다.

우리가 주목해야 할 점은
우리의 첫 땅끝 선교지가 타민족일 수도 있지만,
그보다 더 급한 곳은 언어나 문화가 1세와 다른
전 세계 한인 가정의 2세 자녀들일 수 있다.
따라서 2세교육은 선교적 차원에서 예수님의 지상명령이다.

III. 쉐마교육선교 전략: 그 해결 방안

위에서 살펴본 대로 기독교 역사 2,000년 동안 기독교교육에는 여러 면에서 문제가 있었다. 그 결과 한 가정이나 민족적으로 하나님의 말씀을 자손 대대로 전수하는 데는 실패하였다.

이를 어떻게 해결할 것인가? 오직 쉐마만이 해결할 수 있다. 구체적으로 다음의 질문에 답하면서 해결점을 찾아보자.

[질문 1]
한국 민족이 자신의 가정과 섬기는 교회와 그리고 한국 민족의 교회에 자손 대대로 하나님의 말씀을 전수할 수 있는 대안은 무엇인가?

[질문 2]
전 세계에 흩어진 코리안 디아스포라(Korean Diaspora) 교회가 자손 대대로 살아남을 수 있는 방법은 무엇인가?

[질문 3]
한국인 선교사의 50% 이상이 선교지에서 선교를 포기한다. 한국인은 왜 종족 선교에 약한가? 그리고 이를 어떻게 극복할 수 있는가?

[질문 4]
왜 기독교 역사에서 한 종족만이 그 시대마다 세계선교를 담당

해 왔어야만 하는가?

[질문 5]

주님의 재림 준비를 위하여 세계의 모든 종족이 세계선교를 동시에 함께 담당하는 선교전략은 무엇인가?

1. 쉐마교육선교 전략 I : 가정에서 부모가 자녀를 말씀의 제자 삼아라

[질문]

한국 민족이 자신의 가정과 섬기는 교회와 그리고 한국 민족의 교회에 자손 대대로 하나님의 말씀을 전수할 수 있는 대안은 무엇인가? 대안은 유대인 자녀교육에서 찾아야 한다. 유대인은 어떻게 아브라함 때부터 현재까지 4,000년간 하나님의 말씀(율법)을 전수했는가?

답

유대인은 구약의 선민교육, 즉 구약의 시상명령인 쉐마를 철저하게 실천해 왔기 때문이다.

A. 왜 기독교인에게 유대인의 선민교육, 쉐마가 필요한가

왜 신약시대에는 유대인의 선민교육, 즉 쉐마를 무시해 왔는가? 그 이유는 무엇인가? 흔히 '성경적 유대인의 자녀교육' 하면 구약 사람들의 교육이기 때문에 기독교인에게는 필요가 없다고 생각한다. 이는 구약과 신약의 중심 주제를 혼돈하는 데서 비롯된 것이다.

신약의 중심 주제는 예수 그리스도의 십자가에서의 죽으심과 부활, 즉 온 인류의 구원에 관한 기쁜 소식, 복음(Gospel=Good News)이다. 이를 믿는 자는 구원받은 하나님의 백성이다. 아브라함의 후손, 즉 영적 유대인이 된다(갈 3:6~9).

그렇다면 예수님 믿고 구원받은 하나님의 백성이 어떻게 하나님의 형상을 닮아가느냐 하는 선민교육의 내용과 방법은 성경 66권 중 주로 어디에 있을까? 구약의 토라에 있다. 특히 자녀를 낳아 성전인 가정에서 하나님의 형상대로 키우는 선민교육의 신학적 근거는 구약에 있다.

신약의 중심 주제가 '복음'이라면 구약의 중심 주제는 '기독교교육(선민교육)'이라고 말할 수 있다(물론 메시아닉 사상도 구약의 첫째 중심 주제다). 신약에서 하나의 키워드를 선택할 때 '예수 그리스도의 십자가'라면, 구약의 키워드는 유대인의 선민교육인 '쉐마'다.

따라서 유대인에게는 구원을 위한 복음(예수님)이 필요하고, 기독교인은 '복음'과 함께 하나님의 형상을 닮아가는 유대인의 '쉐마교육'이 필요하다.

[자세한 내용은 저자의 저서 《부모여 자녀를 제자삼아라》(쉐마, 2005)와 본서 제2권 제3부 '왜 기독교교육에 유대인 자녀교육이 필요한가' 참조]

유대인은 가족별로 기도하기 때문에 3대가 함께 모여 기도하는 장면을 많이 볼 수 있다. 반면 한국인은 가족이 뿔뿔이 흩어져 있기 때문에 3대가 함께 모여 기도하기 힘들다. 따라서 한국인도 3대가 함께 모여 가족과 민족을 위하여 기도하는 교육을 시켜야 한다.
(사진: 정통파 유대인 할아버지, 아버지, 아들 3대가 신년 절기 마지막 저녁에 회당에 모여 기도하고 있다.)

저자가 인도하는 '한가정 3세대 교육부흥회' 기도 시간에
3대가 한복을 입고 함께 모여 간절히 기도하고 있다.
세대차이를 막기 위해서다.

 랍비의 유머

3단 논법

손님이 카페에서 애플파이를 주문했다. 웨이터가 파이를 가지고 오자, 마음이 달라졌다고 하며 파이를 돌려보내고 브랜디를 한잔 주문했다. 가지고 온 브랜디를 단숨에 들이킨 손님은 그냥 돌아가려고 했다.
그러자 웨이터가 당황하며 그를 붙들었다.
"손님, 브랜디 값을 받지 않았는데요?"
손님은 태연스럽게 말했다.
"하지만 그 대신 애플파이를 돌려주지 않았는가?"
"그 파이의 대금은 받은 적이 없습니다."
"그건 당연한 일이지. 내가 먹은 게 아니니까."

_Tokayer, 탈무드 6 탈무드의 웃음, 동아일보, 2009.

B. 쉐마(שְׁמַע, 신 6:4~9)란 무엇인가

[질문]

어떻게 하면 부모가 자녀들에게 하나님의 말씀을 전수하여 자손 대대로 건강한 가정을 이룰 수 있을까?

신약의 기독교인들도 구약의 지상명령, 쉐마를 지켜 행해야 한다. 쉐마는 "오 이스라엘아 들으라!"(신 6:4)란 말씀 중 '들으라(שְׁמַע)'라는 히브리어 단어다. '들으라'라는 단어 속에는 '순종하라'는 뜻도 포함되어 있다. 이 단어는 유대인 부모가 자녀에게 자손 대대로 하나님 말씀을 가르치고, 자녀는 이 말씀을 듣고 여호와의 율례와 법도를 지켜 행(순종)하라(신 6:4~9)는 성경적 자녀교육의 대명사이며 복의 말씀이다. 즉 쉐마는 유대인을 오늘날까지 살아남게 한 구약의 하나님의 선민교육을 말한다.

따라서 유대인 부모에 대한 하나님의 지상명령은 "네 자녀를 말씀의 제자 삼아라!"(창 18:19; 신 6:4~9)다. 이에 근거하여 유대인 부모는 자녀에게 말씀을 전수하여 자녀를 '말씀 맡은 자(율법 맡은 자)'(롬 3:2)로 키운다. 이것이 그들이 '복 받음의 비밀'이다(신 28:1~14).

왜냐하면 이스라엘 백성은 이 쉐마교육이 지켜졌을 때 신명기 28장에 나타난 하나님의 복을 받았고(vv. 1~14), 지켜지지 않았을 때는 저주를 받았기 때문이다(vv. 15~68). 유대인은 자신들의 선민교육인 쉐마를 지켜 행함으로 모세의 때부터 현재까지 3,400년간 하나님의 말씀(율법)을 전수하는 데 성공하였다. 이를 위한 율

미주 한인 2세들이 대학에 들어가면 90%가 교회를 등진다. 이웃전도와 세계선교(수평전도)만 너무 치중하면 자녀에게 말씀을 가르칠 수 없다. 따라서 2세에게 먼저 말씀을 가르쳐 말씀의 제자로 삼아야 한다(수직전도).
(사진: 저자 부부와 네 아들 - 모두 교회에서 성경을 가르치는 AWANA 프로그램 교사가 되었다.)

법의 필요성은 이미 언급한 바 있다.

　이 말씀은 예수님 믿고 구원받은 성도에게도 똑같이 적용된다. 왜냐하면 우리는 영적 유대인이기 때문이다(갈 3:6~9). 그러므로 한국인 기독교인이 자손 대대로 말씀을 후대에 전수하여 주님 오실 때까지 하나님의 백성으로 살아남을 수 있기 위해서는 유대인처럼 쉐마, 즉 여호와의 말씀에 순종하여 말씀을 자녀에게 가르쳐 지켜 순종케 함으로 자녀들을 영적 제자, 즉 말씀의 제자로 삼아야 한다. 따라서 '쉐마교육선교 전략 I'은 가정에서 부모가 후대에게 자손 대대로 말씀을 전수하는 수직적인 선교 전략이다. (더 자세한 내용은 본서 제2권 제4부 제2장 '유대민족이 받은 지상명령, 쉐마의 내용' 참조)

2. 쉐마교육선교 전략 II: 전 세계 코리안 디아스포라 교회가 살아남을 수 있는 방법

[질문]

전 세계에 흩어진 코리안 디아스포라(Korean Diaspora) 교회가 자손 대대로 살아남을 수 있는 방법은 무엇인가?

한국 외교통상부에 따르면, 2005년 1월 현재 전 세계 173개국에 흩어진 한국인 디아스포라가 663만 8338명이다(중앙일보, 2005년 9월 9일). 디아스포라 한인교회는 1950년대를 지나 1970년 후부터 증가하기 시작했다.

미국의 〈크리스천 투데이〉지가 조사한 바에 의하면, 2001년 해외 한인교회 수는 3,737개로 미국 2,924개, 캐나다 247개, 호주 146개, 일본 131개, 브라질 55개, 아르헨티나 53개, 영국 49개, 독일 49개, 멕시코 12개 그리고 파라과이 10개 등이다. 이외에도 공산권이나 언론이 닿지 않는 곳에 사는 동포 교회 중 상당수가 누락된 것으로 간주된다. 그러나 30~50여 년의 세월이 지나면서 1세 한인 디아스포라 교회도 점차 쇠퇴기에 접어들고 있다. 미국만 하더라도 1999년 총 3,415개였던 교회가 2년 후 2001년에는 2,924개로 줄었다(크리스천 투데이, 2001년 12월 12일).

저자가 집회차 방문한 다른 나라에 이민 간 동포 교회의 경우는 더욱 심각하다. 한국 교회 1세들이 갖고 있었던 특유의 하나님 사랑의 열기와 주님에 대한 헌신도가 현저히 떨어지고 있다.

전 세계에 흩어진 한인 디아스포라 2세들의 신앙상태는 어떠한가? 더욱 심각하다. 1세 부모들이 2세들에게 제대로 복음을 전수하지 못했기 때문이다. 2세들은 그들의 신앙뿐 아니라, 한국인 기독교인의 전통도 희미해지고 있다. 한국인의 동질성도 잃어버리고 점점 자신들이 거주하는 지역에 동화되어가고 있다. 그렇다면 코리안 디아스포라 교회가 자손 대대로 살아남을 수 있는 방법은 무엇인가?

먼저 유대인은 이 문제를 어떻게 해결하여 성공했을까? 전 세계에 흩어진 유대인은 자신들의 신본주의 사상과 전통 및 역사의식의 동질성을 어떻게 유지할 수 있을까? 그리고 어떻게 유대인의 디아스포라 회당이 살아남을 수 있었을까?

그것은 유대인이 한 곳에서만 쉐마를 실천하여 자녀들에게 말씀을 전수한 것이 아니라, 전 세계에 흩어진 유대인 회당마다 쉐마를 전수하여 각 가정에서 쉐마를 실천하여 그들이 믿는 토라에 근거한 신본주의 사상으로 자녀들을 양육하여 왔기 때문이다. 그들은 "전 세계에 흩어진 유대인은 하나다"라는 개념으로 동질의 신본주의 사상으로 교육시키는 데 성공하였다.

즉 성경에 근거한 그들의 신앙적 가치관이 유대민족의 동질성 회복에 절대적인 공헌을 한 것이다. 이것이 오늘날 유대인을 하나로 묶는 큰 힘이 되고 있다.

그렇다면, 코리안 디아스포라 교회가 살아남을 수 있는 방법은 무엇일까? 전 세계에 흩어진 한국인은 그 동질성을 어떻게 유지할 수 있을까? 그것은 한국인 기독교인이 한 곳에서만 쉐마를 실천하여 말씀을 자녀들에게 전수할 것이 아니라, 전 세계에 흩어진 한인

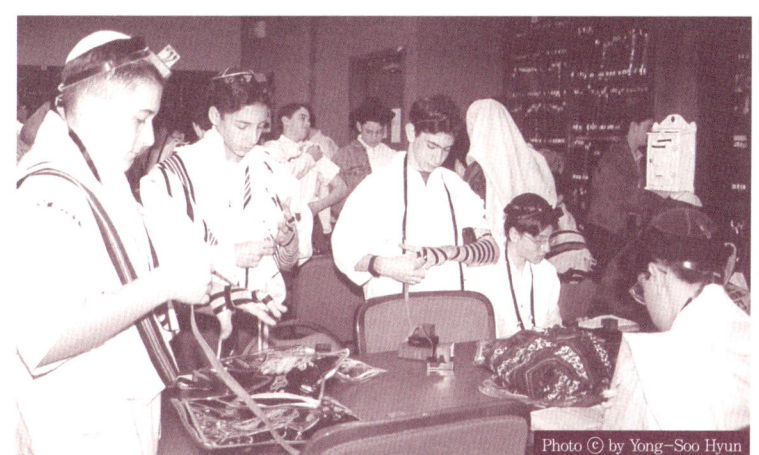

전 세계 디아스포라 유대인은 신앙과 전통으로 동질성을 유지하며 하나라는 개념으로 살아가고 있다. 한국 민족도 전 세계에 흩어진 디아스포라 한국인의 신앙과 한국 민족의 동질성을 회복하여 하나로 뭉쳐야 한다. 한국 민족이 죽지 않고 살아남아 하나님의 거룩한 뜻을 이루기 위함이다.
(사진: 미국 LA에 거주하는 정통파 유대인 학생들이 새벽기도를 준비하며 경문을 매고 있다. 그들은 기도할 때마다 전 세계 유대인 동족의 안전과 번영과 평화를 위하여 기도한다.)

교회에 쉐마를 전수해야 한다. 그리고 다음 단계를 실천해야 한다.

첫째, 각 교회에 속한 1세 부모들이 가정에서 2세 자녀들에게 복음을 전파하여 자녀들이 예수님을 구세주로 영접하여 구원을 받게 한 후,

둘째, 가정에서 쉐마를 실천하여 자녀들을 하나님 말씀의 제자로 삼고,

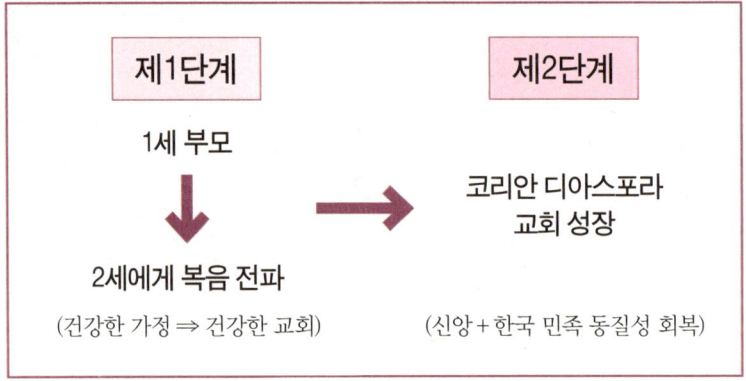

셋째, 한국 기독교인들이 복음과 한국 기독교인에 맞는 전통(예: 새벽기도, 한국식 예절, 효도 등)을 2세에게 전수하여 한국 민족의 동질성을 회복하여 "전 세계 한국인은 복음과 말씀으로 하나"임을 성취해야 한다.

따라서 '쉐마교육선교 전략 I'이 가정에서 부모가 후대에게 자손 대대로 말씀을 전수하는 수직적인 선교 전략이라면, '쉐마교육선교 전략 II'는 전 세계에 흩어진 코리안 디아스포라 교회가 살아남을 수 있는 방법을 전파하는 선교 전략이다.

그 결과 전 세계, 즉 미국, 중국, 일본, 남미, 아프리카, 러시아 등에 흩어진 동포들을 동질의 한국인 기독교 교인으로 양육할 수 있을 뿐 아니라, 한국인 디아스포라 교회가 주님 오실 때까지 살아남을 수 있다.

3. 쉐마교육선교 전략 III :
쉐마를 통한 제3세계 한국인의 선교 전략

[질문]

한국인 선교사의 50% 이상이 선교지에서 선교를 포기한다. 한국인은 왜 종족선교에 약한가? 그리고 이를 어떻게 극복할 수 있는가?

한국인은 20세기 중반부터 교회 성장이나 세계선교에서 상당한 발전과 공헌을 해왔다. 한국인 특유의 은혜 체험에 따른 헌신의 결과였다. 그러나 선교적 측면에서 보면 한국인의 종족 선교에 헌신한 선교사들이 현지에서 사역하다가 포기하는 경우가 50%를 넘어선다고 한다(1996년 통계).

그 이유는 무엇일까? 가장 큰 원인으로 들 수 있는 것은 한국인은 단일민족으로 이중문화의 경험이 거의 없기 때문이다. 한국인은 한반도라는 3면이 바다로 둘러싸인 지형적으로 고립된 곳에서 살면서 외국인을 접할 수 있는 경험이 거의 없이 살아왔다. 따라서 한국인은 외국에 나가 외국인을 접하게 되면, 쉽게 문화 쇼크를 경험한다. 그리고 현지 언어를 배우기도 힘들거니와, 배웠다 하여도 현지인과 쉽게 대화할 수 없는 어려움이 있다.

그렇다면 이 문제를 어떻게 극복할 수 있을까? 그것은 전 세계에 흩어진 한국인 동포 2세들을 통하여 극복할 수 있다. 그 방법은 다음과 같다.

첫째, 전 세계에 흩어진 한국인 동포들이 쉐마를 실천하여 자녀들에게 한국인의 기독교 신앙과 한국인의 동질성을 회복시킨다.

둘째, 동포 2세들을 통하여 그들이 속한 지역의 선교를 수행하게 한다.

한국인 1세가 쉐마를 잘 실천하였다면 동포 2세들은 그 지방의 문화와 언어에 익숙할 뿐 아니라, 한국인의 적극적인 신앙도 겸비하기 때문에 여러 가지로 유익하다. 그렇게 하면 선교 비용도 거의 들지 않을 뿐 아니라, 이중문화의 어려움도 함께 극복할 수 있다. 그 실제 대안으로 성경과 한국인 디아스포라의 예를 들어보자.

성서적인 예: 바울의 디아스포라 유대인 회당을 통한 선교

정통파 유대인이었던 바울은 회심한 후 이방 선교에 대한 사명을 깨달았다. 그는 이방 선교의 방법으로 먼저 흩어진 동족 유대인 디아스포라 회당들을 찾았다(행 9:2, 13:5, 13:14, 14:1, 17:1, 17:10, 18:14, 19:8, 28:17~31). 바울은 소아시아, 지중해 및 로마에 흩어진 회당들을 찾아가 복음을 선포하고, 그곳에서 회심한 몇 사람을 모아 그 지역의 개척교회를 시작하였다. 물론 개척교회에는 원주민들도 참석하였다. 이것이 바울의 디아스포라 유대인 회당을 통한 선교의 예다.

한국인의 예: 상파울로 1.5세 청년의 아마존인 선교

저자가 브라질 상파울로에 집회차 갔을 때 만난 한국인 1.5세 청년이 있었다. 그는 부친을 따라 15년 전에 브라질로 이민을 온

동포였다. 그는 그곳 현지에서 중학교부터 교육받고 상파울로 대학의 전기과를 졸업하였다. 그는 현지어인 포르투갈어에 능숙하고, 현지 문화에 잘 적응하고 있었다.

그는 현지 교회의 안수집사로 낮에는 생업을 갖고 일하면서 자비량으로 일주일에 한 번씩 상파울로 대학에 있는 아마존 원주민 학생 7명에게 성경공부를 가르치고 있었다. 그는 그들에게 복음을 전하여 그들이 자신의 고향으로 돌아가면 그곳에서 교회를 개척할 수 있도록 도우며, 말씀 제자 사역을 하고 있었다.

2007년 말 현재 전 세계 재외동포 수는 175개 국가에 704만 4,700여 명으로 나타났다(LA중앙일보, 해외동포 704만명, 북미주 223만여명…… 중국에 이어 두 번째, 2008년 8월 26일). 이들 중 대부분이 어느 곳에 가든지 제단 쌓는 민족으로 가는 곳마다 한국인 교회를 섬기고 있다. 이들의 1.5세나 2세를 한국인의 동질 신앙으로 양육하여 현지 선교를 위하여 사역하게 한다면, 얼마나 귀한 일인가? 하나님께서 한국인을 전 세계에 흩으신 이유가 여기에 있지 않겠는가?

쉐마를 통한 제3세계 한국인의 선교 전략

코리안 디아스포라 1.5세+2세를 통한 종족 선교

4. 쉐마교육선교 전략 IV:
제3세계 교회에 쉐마를 전수하여
그들 디아스포라 교회를 통한 세계선교 전략

[질문 1]

왜 기독교 역사에서 한 종족만이 그 시대마다 세계선교를 담당해 왔어야만 하는가?

신약교회의 태동은 예루살렘의 오순절 다락방 성령 강림으로부터 시작되었다. 그 후 기독교 2,000년 동안 신약교회의 복음전파 역사는 예루살렘 - 유대 - 사마리아 - 소아시아 - 로마 - 북유럽 - 영국 - 미국 - 한국까지 전파되었다.

기독교 역사를 되돌아보면, 2,000년간 계속 하나님의 말씀과 성령의 촛대를 간직하고 있는 민족이나 국가는 거의 없다. 즉 시대마다 복음을 전하는 민족이 바뀌어 왔다. 한 민족이 다른 민족에게 복음을 전하고 자신의 민족 교회는 죽어갔다.

그 결과 한 지역이 복음화되면 다른 지역은 복음이 황폐화되어

**기독교 2,000년간 시대마다
세계 선교를 담당해 왔던 민족과 지역**

예) 예루살렘 → 유대 → 사마리아 → 소아시아
→ 로마 → 북유럽 → 영국 → 미국 → 한국

가고 있었다. 현재 예루살렘의 초대교회들이나 계시록에 나타난 일곱 교회는 성령이 지나간 흔적만 남아 관광지화되어 있다.

[질문 2]
주님의 재림 준비를 위하여 세계 온 종족이 세계선교를 동시에 함께 담당할 수 있는 선교 전략은 무엇인가?

답

첫째, 전 세계 종족에게 쉐마를 전수하여 그들의 민족 교인들의 가정들과 교회들을 건강하게 해야 한다.

둘째, 그들이 흩어져 있는 전 세계의 그들 민족 교회들에게 쉐마를 가르쳐 그들 민족의 신앙과 민족의 동질성을 회복시켜야 한다.

셋째, 그들 디아스포라 교회의 2세들을 통하여 세계선교의 사명을 감당하게 한다(쉐마교육선교 전략 I~III 참조).

실제 예

이해를 돕기 위하여 실제 예를 들어 설명해 보자. 저자가 한국장로회신학대학원 제3세계 교역자들에게 집중 강의(3학점)를 한 적이 있었다(2000년 1월). 학생들은 주로 세계 여러 지역인 아프리카, 인도, 인도네시아 등에서 모였다.

저자는 강의 서론에서 각 나라 교육의 문제점을 파악하기 위하여 그들에게 다음의 워크숍 토론 주제를 내주었다.

1. 여러분이 거주하는 지역의 가정교육의 문제점은 무엇인가?
2. 여러분이 거주하는 지역의 교회교육의 문제점은 무엇인가?
3. 여러분이 거주하는 지역의 학교교육의 문제점은 무엇인가?

토론은 각 지역별 혹은 나라별로 4~5명씩 조를 만들고 각 조에서는 리더를 선발하도록 하였다. 그리고 조원들이 토론한 후 각 조의 리더가 토론 내용을 종합하여 나와서 발표하게 하였다. 의외로 그때 그들은 하나같이 자신들 나라의 교육에 대하여 대단히 비관적이었다. 저자도 깜짝 놀랐다.

이유는 다음과 같다. 전 세계 어느 나라든 현재 대부분 조그만 마을까지도 TV가 보급되어 있다. 따라서 미국에서 마돈나가 한 번 선정적인 춤을 추면 아프리카 오지의 마을에까지 동시에 그 장면들이 보급된다는 것이다. 때문에 온 세계는 급속한 쾌락적인 수평문화의 수출 때문에 젊은이들이 정신적으로 너무나 황폐해져가고 있다는 것이다. 그 결과 십대 임신은 물론 폭력이 늘어만 간다고 한다.

더구나 그들은 제3세계 부족들의 수직문화는 서구나 한국보다 상대적으로 내용이나 논리 면에서 현저하게 약하고 허술하기 때문에 첨단 세속적인 수평문화에 더 쉽게 그리고 빠르게 침투당할 수 있다고 말한다. 그들의 말에 의하면, 이제 자신들도 청소년들의 타락을 막을 길이 없다고 단언하였다. 그들은 오히려 한국이 부럽다고 말하였다.

"정말 이를 막는 길은 없는가요?" 그리고

저자는 '쉐마'에 대한 강의를 시작하였다. 모두 의아하게 쳐다 보았다.

"그것은 성경으로 돌아가는 것입니다. 구약의 선민교육의 원리와 방법을 가르쳐 실천하는 길입니다."

그 예로 정통파 유대인의 선민교육과 역사를 들었다.

"정통파 유대인은 어떻게 모세시대 때부터 현재까지 3,400년간 전 세계를 유랑하면서도 이방문화에 물들지 않고 성결한 삶을 사는 데 성공했을까요? 그들은 성경적 선민교육에 충실했기 때문입니다."

그러고는 쉐마교육론 주제들을 계속 강의하였다.

1. 왜 유대인의 선민교육이 기독교교육에 필요한가?
    (부모여 자녀를 제자 삼아라)
2. 구약의 지상명령 쉐마(교육신학)
3. 자녀신학
4. 유대인의 가정교육(가정신학)
5. 유대인의 아버지 교육(아버지신학)
6. 유대인의 아버지의 경제교육(경제신학)
7. 유대인의 어머니 교육(어머니신학)
8. 유대인의 효도교육(효신학)
9. 유대인의 고난의 역사교육(고난의 역사신학)

처음에는 회의적이던 그들이 점점 관심을 갖기 시작하였다. 끝날 때에는 이구동성으로 "언제 이 책이 영어로 번역되어 나오느냐?"고 물었다. 물론 저자는 그들에게 영어로 강의하였다.

저자는 그들에게 두 가지 숙제를 내주었다. 하나는 저자가 강의한 내용을 자신이 속한 원주민 교회 교인들에게 가르칠 수 있도록 요약 교안을 작성하는 것이고, 둘째는 성경적 교육 원리를 어떻게 자신들 문화의 틀에 접목시켜 기독교교육 프로그램으로 개발할 수 있는가 하는 과제였다.

'쉐마교육선교 전략 IV'를 통해 온 종족이 세계선교에 참여할 수 있는 실제 예를 들어 보자.

인도인 목사의 예:

인도인 목사를 예로 들어 보자. 그가 인도에 돌아가서 쉐마를 가르친다면 그들의 교회 성도들은 정통파 유대인처럼 자손 대대로 하나님의 말씀을 자녀들에게 전수할 수 있다. 그리고 그들의 교회는 자손 대대로 살아남을 수 있다(쉐마교육선교 전략 I).

그 다음 전 세계에 흩어진 인도인의 동질성을 어떻게 유지할 수 있을까? 인도인 디아스포라(Diaspora) 교회가 살아남을 수 있는 방법은 무엇일까? 그것은 인도 기독교인이 한 곳에서만 쉐마를 실천하여 말씀을 자녀들에게 전수할 것이 아니라, 전 세계에 흩어진 인도인 교회에 쉐마를 전수해야 한다. 그리고 다음 단계를 실천해야 한다.

제1단계: 각 교회에 속한 1세 부모들이 가정에서 2세 자녀들에

인도인 목사가 쉐마를 배우면 자신의 자녀와 교인들의 자녀에게 말씀을 전수할 수 있다. 그리고 쉐마는 전 세계에 흩어진 인도인 민족의 신앙과 동질성을 회복시켜 준다. 그 후 인도인 디아스포라 교회의 2세들을 통하여 거주 지역의 이방인에게 복음을 전할 수 있다(세계선교).

게 복음을 전파하여 자녀들이 예수님을 구세주로 영접하여 구원을 받게 한다.

제2단계: 그 후, 가정에서 부모들이 쉐마를 실천하여 자녀들을 하나님 말씀의 제자로 삼는다.

제3단계: 인도 기독교인들이 복음과 인도 기독교인에 맞는 전통을 2세에게 전수함으로 인도 민족의 동질성을 회복하여 "전 세계 인도인은 복음과 말씀으로 하나"임을 성취해야 한다.

그 결과 인도의 기독교인은 전 세계, 즉 미국, 중국, 일본, 남

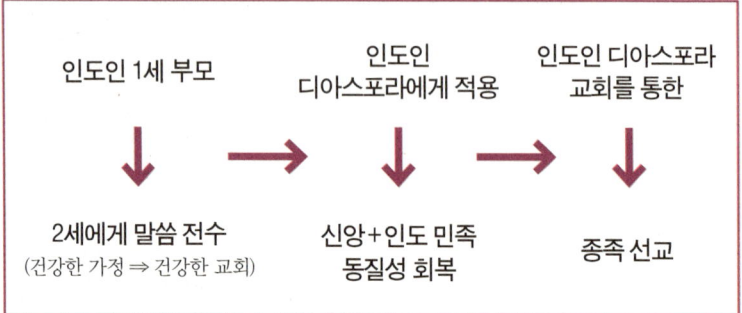

미, 아프리카, 러시아 등에 흩어진 인도인 동포들을 동질의 인도인 기독교 교인으로 양육할 수 있을 뿐 아니라, 인도인 디아스포라 교회가 자손 대대로 살아남을 수 있다(쉐마교육선교 전략 II).

그뿐 아니다. 전 세계에 흩어진 인도인 디아스포라를 세계선교에 동참하게 해야 한다. 그 방법은 전 세계에 흩어진 인도인 동포 자녀들을 인도인의 기독교 신앙과 인도인의 동질성을 회복시켜 그들을 통하여 그들이 속한 지역의 선교를 수행할 수 있게 하는 것이다. 그들은 부모 세대보다 그 지방의 문화와 언어에 익숙할 뿐 아니라, 인도인의 쉐마 신앙도 겸비하기 때문에 여러 가지로 유익하다. 그렇게 하면 선교 비용도 거의 들지 않고, 이중문화의 어려움도 함께 극복할 수 있다. 이렇게 될 때 세계 온 족속이 세계선교에 함께 동참할 수 있다(쉐마교육선교 전략 III).

기독교 2,000년의 역사에는 시대마다 세계선교를 담당하는 민족이 바뀌었다. 따라서 한 민족이 복음화되면 복음을 전한 민족은 복음을 잃어가곤 하였다. 그렇다면 주님의 재림 준비를 위하여 세계 온 종족이 세계선교를 동시에 함께 담당하는 선교 전략은 무엇인가?

그 해답은 모든 인종이 '쉐마'를 배워 '쉐마교육선교 전략 I'에서부터 시작하여 '쉐마교육선교 전략 III'까지를 성취하는 것이다. 그러면 세계 온 종족이 세계선교를 동시에 함께 담당할 수 있게 된다. 이것이 바로 주님의 재림 준비를 위하여 세계 온 종족이 세계선교를 동시에 함께 담당할 수 있는 '쉐마교육선교 전략 IV'다. 따라서 쉐마교육선교 전략이 모두 이루어질 때 비로소 예수님 재림 시 수많은 백성이 함께 구원을 받을 수 있다. 할렐루야!

IV. 결론: 2세교육과 세계선교의 문제점과 해결 방안

[질문 1]

왜 세계 어느 민족도 2,000년간 하나님의 말씀과 성령의 촛대를 자손에게 전수하는 데는 실패하였는가?

[질문 2]

한국인 2세에게 말씀을 전수하지 못한다면, 어떠한 문제가 생기겠는가?

[질문 3]

왜 2세교육은 땅 끝 선교인가?

[질문 4]

어떻게 하면 부모가 자녀들에게 하나님의 말씀을 전수하여 건강한 가정을 이룰 수 있을까?

[질문 5]

코리안 디아스포라 교회가 살아남을 수 있는 방법은 무엇인가?

[질문 6]

왜 기독교 역사에서 한 종족만이 그 시대마다 세계선교를 담당해 왔어야만 하는가?

[질문 7]

주님의 재림 준비를 위하여 세계의 모든 종족이 세계선교를 동시에 함께 담당할 수 있는 선교 전략은 무엇인가?

이 문제를 풀기 위한 최상의 방법은 쉐마교육선교 전략이다. 다음은 그 요약이다.

첫째, 가정에서 부모가 쉐마를 실천하여 자녀를 말씀의 제자 삼기 운동을 해야 한다(창 18:19; 신 6:4~9, 구약의 지상명령). 이것은 교회의 내적 성숙을 이루게 하여 건강한 가정과 건강한 교회를 이루게 한다. 그래서 신앙의 가문을 자손 대대로 이어가게 한다.

둘째, 기독교인은 구약의 지상명령(쉐마)을 통하여 가정교육만 잘되는 데 만족하지 말고, 이웃 전도를 통하여 교회도 성장시키고 세계선교에도 힘써야 한다(마 28:19~20, 신약의 지상명령). 왜냐하면 이웃의 가정 구원과 세계선교도 중요하기 때문이다.

셋째, 쉐마를 전 세계에 흩어진 한인 디아스포라 교회에 전하여 코리안 디아스포라 교회의 신앙과 한국 민족의 동질성을 회복해야 한다. 그리고 이를 자손 대대로 전수하여 한인 디아스포라 교회가 주님 오실 때까지 살아남을 뿐만 아니라 성장해야 한다.

넷째, 한인 디아스포라 교회의 2세 자녀들을 그들이 살고 있는 현지 지역의 종족 선교사로 사역할 수 있도록 가르쳐야 한다.

다섯째, 세계 모든 종족 교회에 쉐마를 전파하여 그들의 가정에서 부모가 쉐마를 실천하여 자녀를 말씀의 제자 삼기 운동을 해야 한다(창 18:19; 신 6:4~9, 구약의 지상명령). 그래서 교회의 내적 성숙을 이루게 하여 건강한 가정과 건강한 교회를 이루게 해야 한다. 그래서 그들의 신앙의 가문을 자손 대대로 이어가게 해야 한다.

여섯째, 쉐마를 배운 세계 모든 종족 교회들은 자신의 교회에서 구약의 지상명령뿐만 아니라, 신약의 지상명령인 이웃 전도와 세계선교에도 힘쓰도록 해야 한다(마 28:19~20).

일곱째, 쉐마를 배운 세계 모든 종족 교회들은 쉐마를 전 세계에 흩어진 자신들의 종족 디아스포라 교회에 전하여 자기 종족의 신앙과 그들 민족의 동질성을 회복해야 한다. 그리고 그들 디아스포라 교회가 자손 대대로 주님 오실 때까지 살아남을 뿐만 아니라 성장하도록 해야 한다.

여덟째, 세계 모든 종족 교회들은 그들 디아스포라 교회의 2세 자녀들을 그들이 살고 있는 현지 지역의 선교사로 사역할 수 있도록 가르쳐야 한다.

아홉째, 쉐마를 배운 세계 모든 종족 교회들은 아직도 복음을 모르는 수많은 민족들에게 복음을 전하는 세계선교(마 28:19~20)에 함께 동반자로 참여해야 한다. 그리고 그들이 신약의 지상명령인 복음을 전파할 때 구약의 지상명령인 쉐마도 함께 전하도록 해야 한다. 즉 영혼구원을 위한 복음과 자녀교육을 위한 쉐마는 함께 짝을 이루어 전해져야 한다.

결론적으로 신약시대에 가장 효과적인 지상명령을 성취할 수 있는 선교전략을 정리해 보자. "모든 족속으로 제자를 삼으라"(마 28:19~20)는 예수님의 유언적 지상명령은 "성령님이 임하시면, 땅 끝까지 이르러 내 증인이 되리라"(행 1:8)는 것으로 마감된다.

이 명령을 누가 어디에서 어떻게 시작해야 할 것인가? 한국인의 예를 들어보자. 한국에는 862만명의 기독교인이 있다. 4700만 남한 인구의 18.3%다(크리스찬투데이, *한국 기독교인 1200만 아닌 862만*, 2006년 6월 9일).

한국의 국무총리실이 2008년 8월 23일 발표한 '재외동포 교류. 협력 사업 실태 평가' 자료에 따르면, 2007년 말 현재 재외동포 수는 175개 국가에 704만 4700여 명으로 나타났다. 이스라엘(782만 명)과는 비슷한 수준이다. 이는 세계 국가 중 8위에 해당하는 것이다. 특히 북미주지역 재외동포 수는 223만 3500여 명으로 집계됐다(LA중앙일보, *해외동포 704만명, 북미주 223만여명…… 중국 이어 두 번째*, 2008년 8월 26일). 동포 1세 중 70%가 교인이다(Lee, 1996, pp. 50~53). 이는 동포 360명당 1개 꼴이다(조선일보, *미국 이민 100년과 한인교회*, 2002년 1월 26일). 해외 한민족은 한국 근대의 고난사(苦難史)의 결과라는 점에서 유대인의 디아스포라(Diaspora)와 매우 비슷하다(민현식, *한류열풍의 정신문화적 가치*, 2005년 12월 23일).

쉐마선교전략은 내 가정의 자녀들이 바로 '모든 종족 선교'의 출발점이라는 관점에서 시작해야 한다. 따라서 한국에 있는 기독교인들은 먼저 가정에서 구약의 지상명령을 실천하여 자신들의 자녀들에게 말씀을 전수하여 자신들의 신앙적 가문과 교회는 물론 그 민족 교회도 대를 이어 살리고, 더 나아가 신약의 지상명령인 이웃전도와 세계선교도 함께 동참해야 한다.

특히 해외 한인 디아스포라 기독교인들은 먼저 문화와 언어가 1세와 다른 자신의 2세 자녀들에게 말씀을 전수하는 것이 '땅 끝 선교'라고 생각해야 한다. 1세대는 그 자녀들에게 신앙의 유산을 전수하고, 그들을 그들이 속해 살고 있는 지역을 위한 현지 선교사로 활용해야 한다.

우리 모두가 선교 사명의 뿌리는 내 가정 3대가 예수님을 믿고, 성령님의 충만함을 입고, 말씀을 배워 말씀 맡은 자가 되는 것임을 명심해야 한다. 이런 선교 전략이 실행 될 때 2006년 말 현재 전 세계 168개국에 총 1만4905명의 한인 선교사(크리스찬투데이, 한인 선교사 1만4905명 사역, 2007년 9월 13일)가 이룬 성과보다 훨씬 더 큰 효과를 거둘 수 있지 않겠는가!

쉐마교육선교 전략을 예수님을 믿는 전 세계 모든 각 종족에게 가르쳐 그들도 한국인 기독교인처럼 실천한다면, 지구촌 곳곳에 설립된 교회들이 예수님 오실 때까지 죽지 않고 살아남을 수 있다. 뿐만 아니라, 온 족속들이 세계선교에 동시적으로 동참하여 얼마나 큰 영혼 구원의 효과가 나타나겠는가!

따라서 쉐마교육선교 전략은 자녀교육(2세교육)과 교회성장 그리고 세계선교, 이 세 가지 목적을 함께 이룰 수 있는 하나님의 쉐마선교전략이다.

예수님은 "이 천국 복음이 모든 민족에게 증거되기 위하여 온 세상에 전파되리니 그제야 끝이 오리라"(마 24:14)라고 말씀하셨다. 하나님은 더 많은 백성이 구원받기를 원하시기 때문이다. 주님은 지상에 구원받은 이방인의 수가 충만할 때 다시 오신다(롬 11:25~26). 따라서 쉐마교육선교 전략은 주님의 재림을 준비하는 최선의 대안이다.

쉐마선교전략은 내 가정의 자녀들이 바로
'모든 종족 선교'의 출발점이라는 관점에서 시작한다.
따라서 쉐마교육선교 전략은
2세교육 · 교회 성장 · 세계선교의 목적을
동시에 이루는 하나님의 선교 전략 방법이다.
이것은 주님의 재림을 준비하는 최선의 대안이다.

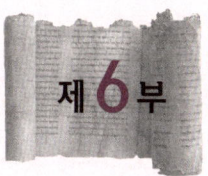

제 6 부

쉐마 연구를 마치며
- 역사적 사명을 찾아서 -

Ⅰ. 구약의 지상명령 쉐마는 하나님의 간절한 소원이다
Ⅱ. 가나안에 들어간 유대인의 타락과 남은 자
Ⅲ. 인성교육학적 분석: 왜 당시 유대인 2세가 현재 한국인 2세보다 나은가
Ⅳ. 유대인 말씀 전수의 비밀을 캐기 위한 교육신학의 주제들
Ⅴ. 요약 및 결론

 ※ 우리의 각오: 쉐마교사대학 졸업생 선언문

> 왜 기독교는 2,000년 동안 다른 민족에게 수평적으로 복음을 전하는 세계선교에는 성공한 반면, 어느 민족도 수직적으로 하나님의 말씀을 자손 대대로 전수한 민족은 찾아 볼 수 없는가?
> 어떻게 자손 대대로 하나님의 말씀을 전수할 수 있는가? 이에 대한 해답이 유대인의 쉐마다.

I. 구약의 지상명령 쉐마는 하나님의 간절한 소원이다

1. 신약의 지상명령을 위한 구약의 지상명령, 쉐마

인류의 조상 아담은 뱀의 꼬임에 빠져 죄를 짓고 에덴동산에서 추방당한다(창 3장). 그후 하나님은 타락한 인류 구원을 간절히 소원하신다. 그 방법으로 유대인의 조상 아브라함을 택하셨다. 그리고 그에게 가정에서 자녀들에게 여호와의 도(말씀)를 자손 대대로 대물림하라는 구약의 지상명령을 주셨다(창 18:19).

하나님은 이를 위해 그를 택하였다고 말씀하셨다. 왜냐하면 그의 후손 유대인이 토라(하나님의 말씀)를 자손 대대로 대물림하지 못했다면 구원자 예수님이 오실 수 없었기 때문이다. 그렇다면 하나님이 아브라함과 맺은 언약(창 12:1~3, 18:17~19), 즉 아브라함의 자손을 통한 하나님의 구속의 역사도 이루어질 수 없었기 때문이다. 즉 구약의 지상명령이 성취되지 않았다면 신약의 지상명령도 있을 수 없었다.

"쉐마 이스라엘!"

하나님은 시내산에서 모세를 통해 이스라엘 백성에게 토라를 주시고 시내산에서 언약을 맺으신다. 하나님의 말씀을 자손 대대로 가르쳐 이를 지켜 행하고 전수하라는 명령이다. 그 언약을 지키는 방법이 신명기에 나오는 '쉐마'(신 6:4~9)다.

　창세기 18장 19절의 말씀이 선민의 조상 아브라함 개인에게 주신 지상명령이라면, '쉐마'(신 6:4~9)는 유대민족 전체에게 주신 지상명령이다. 창세기 12장 1~3절 말씀이 아브라함 개인이 하나님의 선택을 받은 사건이라면, 출애굽기 12~14장의 이스라엘 백성이 홍해를 건너는 사건은 유대민족 전체가 하나님의 선택을 받은 사건이다. 다만 '쉐마'는 선민의 조상 아브라함 개인에게 주신 지상명령을 그의 후손 유대민족이 시내산에서 받은 율법으로 더 구체화한 것이다.

　'쉐마'에는 유대민족 뿐만 아니라 타락한 온 인류를 구속하시기 위한 하나님의 간절한 소원이 담겨져 있다. 모세의 후계자 여호수아는 출애굽한 모세의 산 증인이었다. 그는 가나안을 정복한 후 죽기 전에 이스라엘 백성에게 애굽의 신을 섬기든지 아니면 여호와만을 섬기든지 둘 중에 하나를 택하라고 촉구하였다(수 24장). 왜냐하면 하나님의 언약 성취가 그만큼 중요하기 때문이다. 그리고 자신은 자기 백성에게 자신의 결정을 이렇게 천명하였다.

> 오직 나와 내 집은 여호와를 섬기겠노라(but as for me and my house, we will serve the LORD). (수 24:15c)

　여기에 쉐마와 관련된 중요한 키워드가 나온다. '오직 나와 내 집(but as for me and my house)'이다. 이 말에는 당신들도 나와 같이 "오직 당신과 당신의 집은 여호와를 섬기라"(수 24:15c)는 촉구가 담겨 있다.

I. 구약의 지상명령 쉐마는 하나님의 간절한 소원이다

유대인은 자녀에게 말씀을 전수하라는 지상명령을 받은 민족이다.
[사진: 유대인 아버지가 아들과 함께 포인터를 잡고 토라(말씀)를 읽고 있다. 이는 아버지가 아들에게 말씀을 대물림한다는 뜻이 있다.]

왜 여호수아가 '나와 내 집'이라고 말했을까? '나와 내 집'은 구약의 지상명령과 어떠한 관계가 있는가? 그는 하나님이 아브라함에게 주신 구약의 지상명령을 제대로 전수받았기 때문에 '나와 내 집'이 하나님의 말씀을 대물림하는 쉐마의 기본 단위임을 알았다. 이것은 하나님을 섬기는 기본이 유대 국가 이전에 먼저 '나와 내 집'이 되어야 한다는 뜻이다.

쉐마의 실천은 각 가정에서 부모가 자녀에게 말씀을 부지런히 가르쳐 율법을 지켜 행하겠다는 의지의 표명이다. 또한 부모는 타인과 그의 집은 책임질 수 없다 해도 자신과 자신의 가정만은 책임질 수 있지 않은가? 그러므로 자신과 자신의 가정만은 책임지라는 뜻이다.

따라서 쉐마의 기본 단위인 '나와 내 집'은 그만큼 중요하다. 유대인은 죄를 회개할 때도 자신들이 하나님과의 맺은 언약을 상기시킨다. 그리고 온 이스라엘의 범죄를 고백하며, 특별히 '나와 나의 아비 집의 범죄'를 회개한다(느 1:5~7).

모든 이스라엘 백성들이 여호수아처럼 각 가정에서 부모가 자녀들에게 말씀을 전수한다면 그 민족은 얼마나 하나님이 기뻐하시는 강성한 민족이 되겠는가? 그런 민족은 희망이 있는 민족이다. 진지전능하신 하나님은 아브라함의 후손 유대민족이 그런 민족이 될 줄을 미리 아셨다(창 12:1~3, 18:17~18).

I. 구약의 지상명령 쉐마는 하나님의 간절한 소원이다

2. 긴 쇠사슬에서 연결 고리 역할을 해낸 유대인 부모들

쉐마교육을 실천한 유대인의 역사는 이런 중요한 속담을 남겼다.

"아무리 길고 훌륭한 쇠사슬이라도 고리 하나가 망가지면 못 쓴다."

유대인들은 성서의 가르침을 수천 년 동안 계속 지켜왔다. 따라서 지금도 수천 년 전과 같은 유대인이 있을 수 있다. 이 말은, 각 세대들이 쇠사슬의 고리처럼 이어져 있다는 것이다. 만일 유대인이 유대인이기를 포기한다면, 이 쇠사슬은 제아무리 훌륭한 것일지라도 쇠사슬로서 쓸모가 없을 것이다(Tokayer, 탈무드 5: 탈무드의 잠언집, 2009, p. 372).

"유대인이 유대인이기를 포기한다"는 말은 부모가 자녀들에게 하나님의 말씀 전수를 포기한다는 것을 뜻한다. 이것은 구약의 지상명령인 쉐마를 실천하지 않겠다는 말이다. 쇠사슬이 계속 이어지기 위해서는 고리 하나라도 망가지면 안 된다. 그 방법이 쉐마를 실천하는 것이다. 쉐마를 실천하지 않으면 쇠사슬은 쇠사슬로서의 역할을 할 수 없다. 왜냐하면 유대민족 대대로 내려오는 신본주의 사상에 세대차이가 나기 때문이다.

그런데 유대인의 율례와 법도를 잇는 고리가 아브라함 때부터 현재까지 무려 4,000년간 한 세대도 빠지지 않고 이어져 온 것은 경이로운 기적이다. 이것은 좁게는 하나님이 아브라함에게 주신 구약의 지상명령을 지켜온 유대인의 공로이며, 넓게는 하나님이 인류를 구속하시기 위해 행하신 주권적 간섭의 결과이다. 유대인은 현재에도 가정에서 자녀들에게 "아무리 길고 훌륭한 쇠사슬이라도 고리 하나가 망가지면 못 쓴다"는 속담을 반복하여 가르치고 있다.

예수님은 유대인 아브라함의 후손으로 유대인이 전수한 말씀을 따라 이 땅에 구원자로 오셨다(마 1:22). 그리고 구약의 지상명령에 이어 신약의 지상명령을 주셨다(마 28:19~20). 구약의 지상명령이 유대인에게 주신 것이라면, 신약의 지상명령은 이방인의 구원을 위해 주신 것이다. 전자가 수직적인 가정 사역이라면, 후자는 타인에게 복음을 전하는 수평적인 전도나 선교 사역이다.

따라서 신약시대의 기독교인은 가정에서 자녀를 말씀의 제자 삼는 구약의 지상명령과 타인에게 복음을 전하는 신약의 지상명령 모두를 지켜 행해야 한다.

하나님이 아브라함에게 주신
구약의 지상명령을 구체화힌 깃이 쉐미다.
쉐마의 실천은 가정에서 부모가 자녀에게
말씀을 부지런히 가르쳐 율법을 지켜 행하겠다는 의지의 표현이다.
이를 실천한 유대인의 역사는 이런 속담을 남겼다.
"아무리 길고 훌륭한 쇠사슬이라도
고리 하나가 망가지면 못 쓴다."

 랍비의 유머

탈무드 공부법

"요이네 씨, 유대민족 5천년의 지혜를 모았다는 탈무드에서는 무엇을 가르쳐 주지요?"

"한 가지 예를 들어서 말해 주지. 두 사나이가 굴뚝 속으로 떨어졌다고 하자. 그런데 한 사람은 검정 투성이고 또 한 사람은 깨끗하다고 하면 몸을 씻는 쪽은 어느 쪽이라고 생각하지?"

"그건 물론 더러운 사람이지요."

"그런데 그게 그렇지 않단 말이야. 더러운 친구가 깨끗한 사람을 보고 나도 검정이 묻지 않았군 하고 생각할 것이 틀림없지. 그런데 깨끗한 쪽에서 더러운 사람을 보면 자신도 검정이 묻었으려니 하고 생각할 거야. 그러니까 깨끗한 사람이 씻게 마련이지.

또 한 가지 묻겠는데, 두 사람이 다시 한 번 굴뚝 속으로 떨어졌다면 이번에는 누가 씻을 거라고 생각하나?"

"그건 이미 알고 있는 사실이 아닌가요?"

"그렇게 생각하겠지. 깨끗한 사람은 자기가 씻을 때 별로 더러움을 타지 않았다는 사실을 알았어. 그런데 더러운 쪽은 깨끗한 사람이 어째서 씻었는가 하는 이유를 알게 됐지. 그래서 이번에는 더러운 사람이 씻었다는 것이 정답일세.

자, 그렇다면 세 번째 질문인데 두 사람이 세 번씩 굴뚝 속으로 떨어졌다면 이번에는 누가 씻을 거라고 생각하나?"

"그건 그 다음부터는 언제나 더러운 사람이 씻게 되겠죠 뭐."

"그것이 또 틀렸단 말이야. 이봐, 도대체 두 사람이 함께 굴뚝 속으로 떨어졌는데, 한 사람은 깨끗하고 한 사람에게만 검정이 묻었다는 말은 들어본 일이 있는가? 이것이 탈무드라고 하는 거야."

> **편역자 주** 탈무드를 공부하면 한 가지 사물을 보고 다양한 견해를 낼 수 있게 한다는 것에 대한 유머다. 이것이 유대인의 영재교육의 비밀 중 하나다. 자세한 것은 저자의 저서 《유대인 아버지의 4차원 영재교육》(동아일보, 2006), 제3부 제4장 '제2차원 영재교육: 질문식과 탈무드 논쟁식 IQ계발교육' 참조.

_Tokayer, 탈무드 6: 탈무드의 웃음, 동아일보, 2009, pp. 26~27.

II. 가나안에 들어간 유대인의 타락과 남은 자

이제 유대인의 역사를 살펴보자. 이렇게 쉐마교육을 철저히 받은 그들이 모두 가정에서 하나님의 말씀을 자손들에게 대물림하는 데 성공했는가? 아니다. 그렇다면 왜 실천하지 못했는가? 그런데도 어떻게 토라가 신약시대까지 전수되었는가? 그리고 기독교의 역사와 비교하면서 바람직한 대안을 제시해 보자.

1. 이스라엘 백성은 얼마나 말씀 전수에 성공했는가

유대인의 역사를 보면 여러 번 반복된 타락 현상이 나타난다. 인간의 한계다. 모세와 함께 홍해를 건넜던 여호수아는 강하고 담대하게 요단강을 건너 하나님께서 주신 가나안을 점령한다. 얼마나 믿음이 충천했던가! 이 믿음이 얼마나 오랫동안 지속되었는지 여호수아기 뒤에 나오는 사사기를 보자.

> 백성이 여호수아의 사는 날 동안과 여호수아 뒤에 생존한 장로들, 곧 여호와께서 이스라엘을 위하여 행하신 모든 큰일을 본 자의 사는 날 동안에 여호와를 섬겼더라. (삿 2:7)

출애굽과 가나안 정복을 몸으로 체험한 세대들은 하나님을 잘

사사시대 세대 간의 문제점

다음 세대(Next Generation) ⟹ **다른 세대**(Another Generation)

신앙과 문화 및 전통에 세대차이가 있었다. (삿 2:10)

믿고 섬겼다. 그런데 그들이 죽어 열조에게 돌아가고, 그 다음 세대에 태어난 백성들, 즉 2~3세들은 "여호와를 알지 못하며 여호와께서 이스라엘을 위하여 행하신 일도 알지 못했다"(삿 2:10).

> 그 세대 사람도 다 그 열조에게로 돌아갔고 그 후에 일어난 다른 세대(another generation)는 여호와를 알지 못하며 여호와께서 이스라엘을 위하여 행하신 일도 알지 못하였더라. (삿 2:10)

이것은 무엇을 뜻하는가? 다음 세대(next generation)는 다른 세대(another generation)가 되었다는 것이다. 이것은 신앙과 문화 그리고 전통 등에 큰 세대차이가 있었다는 것을 뜻한다. 얼마나 큰 충격인가?

하나님께서 그렇게 상상치 못했던 큰 이적과 표적을 보여주며 쉐마교육을 강조하셨는데도, 당대 백성들만 여호와를 잘 섬기고 자녀들에게는 여호와의 도를 가르치지 않았다는 것이다. 이 또한 놀라운 사실이다.

당시 상황을 살펴보자. 그들 대부분은 이방인과 접촉한 경험이 없었다. 광야에서 출생한 2~3세들이다. 그들은 광야에 갇혀서 40년 동안을 기도원 생활처럼 지냈다. 생업이 없었다. 하늘에서 내려오는 만나만 먹었다. 더구나 하나님은 자신의 임재를 알려주시기 위해 그들에게 낮에는 구름기둥, 밤에는 불기둥을 늘 시각적으로 보여 주셨다. 율법을 받고 배우고 제사만 드렸다. 마치 잘 훈련된 군인처럼.

그런데 이스라엘 백성들이 요단강을 건너 젖과 꿀이 흐르는 가나안에 들어가서 체험한 환경은 환상적이었다. 40년 동안 지긋지긋하게 오직 박한 식물인 만나만 먹었는데(민 21:5), 더 이상 먹을 필요가 없었다. 꿈에도 그리던 각종 신선한 농산물에 고기를 먹을 수 있었다. 그리고 볼거리가 많았다. 초라한 자신들에 비해 화려한 원주민들의 여인과 죄악이 만연한 이방 문화가 너무나 현란하였다. 입과 눈이 즐거웠다.

그럴지라도 실제 이적과 표적을 본 세대들은 이런 수평문화가 유혹해도 그리고 하나님이 주신 복으로 배부르고, 등이 따뜻해도 여호와의 율례와 법도대로 신앙생활을 잘 했다는 것이다.

그런데 그 다음 세대의 신앙이 문제였다. 수평문화에 빠져 부모 세대의 신앙을 전수받지 못했다. 그 결과 하나님께서 주신 율법도 행하신 일도 알지 못했다. 여호와께서 주신 말씀과 성경의 역사를 모르는 세대는 무엇을 하며 어떻게 지냈는가?

> 이스라엘 자손이 여호와의 목전에 악을 행하여 바알들을 섬기며 애굽 땅에서 그들을 인도하여 내신 그 열조의 하나님 여호와

> 를 버리고 다른 신 곧 그 사방에 있는 백성의 신들을 좇아 그들
> 에게 절하여 여호와를 진노하시게 하였으되 곧 그들이 여호와
> 를 버리고 바알과 아스다롯을 섬겼으므로……. (삿 2:11~13)

그들이 여호와를 버리고 주변 이방 신들인 바알과 아스다롯을 섬겼다. 그럴 수가 있는가? 현대의 기독교인에 비유하면 예수님 믿고 복 받아 경제 사정이 나아지니까 예수님의 구원의 감격을 잊어버리고 현대의 우상인 수평문화에 빠졌다는 말이다. 주일날에 산으로 들로 애들 데리고 놀러 다니고 스포츠를 즐기고 연예인들의 쇼나 보며 먹거리를 찾아다닌다는 말이다. 엄청난 세대차이가 있다는 말이다. 아, 이럴 수가!

그 결과 하나님께서는 어떻게 대응하셨는가?

> 여호와께서 이스라엘에게 진노하사 노략하는 자의 손에 붙여
> 그들로 노략을 당케 하시며 또 사방 모든 대적의 손에 파시매
> 그들이 다시는 대적을 당치 못하였으며 그들이 어디를 가든지
> 여호와의 손이 그들에게 재앙을 내리시매 곧 여호와께서 말씀
> 하신 것과 같고 여호와께서 그들에게 맹세하신 것과 같아서 그
> 들의 괴로움이 심하였더라. (삿 2:14~15)

하나님은 오래 참으시는 분이지만 그들의 죄악이 한계를 넘을 때는 기어이 시내산 언약 파괴의 죄를 물어 심판하신다. 하나님은 인생이 아니시니 식언치 않으시고 그 말씀하신 바, 언약을 지키시는 분이다(민 23:19). 이스라엘의 역사는 사사시대, 왕정시대

를 거치며 이런 사이클이 반복되었다. 마침내 그들의 죄악 때문에 북왕국은 앗시리아의 포로로 남왕국은 바빌로니아의 포로로 잡혀갔다.

그 가장 큰 이유는 무엇인가? 여호와께서 이스라엘 백성에게 주신 구약의 지상명령을 지켜 행하지 못했기 때문이다. 부모가 자녀들에게 말씀을 가르쳐 말씀의 제자를 삼는 쉐마를 행하지 않았거나 못했기 때문이다. 부모들이 자신들이 마땅히 해야 할 의무와 특권을 바쁘다는 핑계로, 게을러서 혹은 세상 재미에 빠져 포기했기 때문이다.

그럴 때 그들은 어떻게 되었는가? 하나님은 분명히 하나님의 율례와 법도대로 행하라고 말씀하셨는데도(신 12:8), 사람마다 자기 소견에 옳은 대로 행했다(삿 17:6, 21:25; 렘 26:14). 그 결과 피할 수 없는 혹독한 하나님의 징계의 심판이 따랐다.

하나님께서 큰 이적과 표적을 보여주시며
쉐마교육을 강조하셨는데도,
당대 백성들만 여호와를 잘 섬기고
자녀들에게는 여호와의 도를 가르치지 않았다.
그 결과 피할 수 없는 하나님의 혹독한 징계의 심판이 따랐다.

2. 그래도 이스라엘에는 '남은 자들'이 있었다

여기까지만 보면 이스라엘 백성에게 전혀 소망이 없는 것처럼 보인다. 절망 그 자체다. 기독교의 역사와 별 차이가 없는 것처럼 보인다. 그렇다면 어떻게 구약성경이 유대인을 통하여 현재까지 전수될 수 있었는가? 어떻게 토라를 담은 유대인의 세대 간의 연결고리가 수천 년 동안 이어져 왔는가?

그것은 유대 민족 모두가 한결같이 쉐마를 실천하지 않은 것이 아니라는 것을 증명한다. 일부는 철저히 쉐마를 실천하였다는 뜻이다. 그들을 성경에서 '남은 자들(remnants)'(대하 34:21; 사 10:21~22; 렘 23:3, 31:7; 암 5:15; 미 5:3; 습 3:13)이라고 부른다.

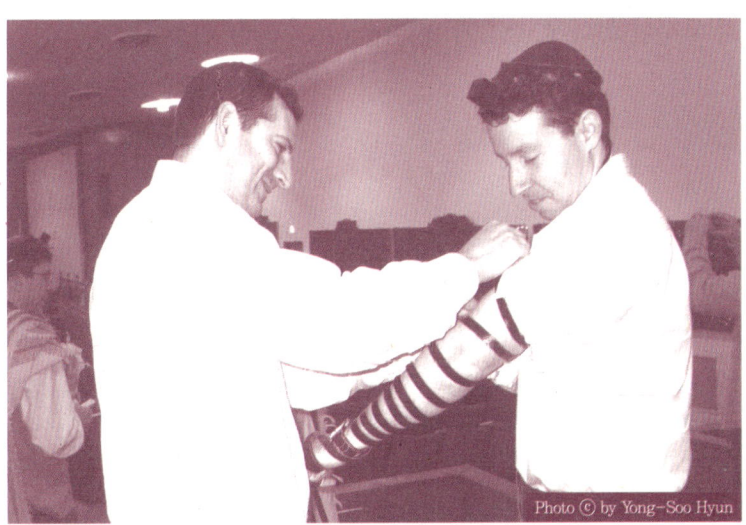

유대인은 시대와 공간을 초월하여 자녀들에게 말씀을 전수하는 데 성공했다.
(사진: 2006년 부림절 새벽기도를 준비하기 위해 아버지가 아들에게 이마와 팔목에 경문 매는 법을 가르치고 있다.)

하나님께서는 최악의 환경 속에서도 항상 남은 자들을 통하여 구속의 역사를 진행하셨다. 이것이 신약시대의 각 민족별 기독교의 역사와 다른 점이다. (기독교는 2,000년 동안 어느 민족도 유대인처럼 자손 대대로 말씀을 전수한 민족이 없다.)

이것은 이미 모세가 신명기에 예언한 내용이다.

> 너희가 하늘의 별같이 많았을지라도 네 하나님 여호와의 말씀을
> 순종치 아니하므로 남는 자가 얼마 되지 못할 것이라. (신 28:62)

남은 자는 어떤 사람들인가? 그들은 구약의 지상명령인 쉐마를 실천한 사람들이다. 따라서 이스라엘의 남은 자는 악을 행치 아니하며, 거짓을 말하지 아니하며, 입에 궤휼한 혀가 없으며, 먹으며 누우나 놀라게 할 자가 없다(습 3:13).

그들은 믿음과 말씀을 전수하기 위하여 온갖 고통을 다 감내하였다.

> 또 어떤 이들은 희롱과 채찍질뿐 아니라, 결박과 옥에 갇히는
> 시험도 받았으며 돌로 치는 것과 톱으로 켜는 것과 시험과 칼
> 에 죽는 것을 당하고 양과 염소의 가죽을 입고 유리하여 궁핍
> 과 환난과 학대를 받았으니 (이런 사람은 세상이 감당치 못하도
> 다) 저희가 광야와 산중과 암혈과 토굴에 유리하였느니라. (히
> 11:36~38)

열왕기상 19장에 나오는 엘리야의 예를 들어 보자. 그는 아합

왕과 이세벨에게 쫓길 때에 자신만 바알에게 무릎을 꿇지 아니한 줄 알았다. 그리고 하나님이 그를 찾을 때 이렇게 대답했다.

> 내가 만군의 하나님 여호와를 위하여 열심이 특심하오니 이는 이스라엘 자손이 주의 언약을 버리고 주의 단을 헐며 칼로 주의 선지자들을 죽였음이오며 오직 나만 남았거늘 저희가 내 생명을 찾아 취하려 하나이다. (왕상 19:14)

그런데 하나님은 그에게 "내가 나를 위하여 바알에게 무릎을 꿇지 아니한 사람 칠천을 남겨 두었다"고 말씀하셨다(왕상 19:18; 롬 11:4). 얼마나 놀라운 사실인가! 하나님의 은혜로 택하심을 따라 남은 자가 있는 것이다(롬 11:5).

하나님은 남은 자를 긍휼히 여기신다(암 5:15). 하나님은 이스라엘 민족의 위기 속에서도 남은 자를 돌아오게 하시고, 그들의 생육이 번성하게 하셨다(렘 23:3). 남은 자들은 하나님의 말씀을 보존시키고 준행하는 데 최선을 다했다.

> 너희는 가서 나와 및 이스라엘과 유다의 남은 자를 위하여 이 발견한 책의 말씀에 대하여 여호와께 물으라 우리 열조가 여호와의 말씀을 지키지 아니하고 이 책에 기록된 모든 것을 준행치 아니하였으므로 여호와께서 우리에게 쏟으신 진노가 크도다. (대하 34:21)

따라서 신약시대 기독교인들은 성경의 일면만 보고 모든 유대

구약과 신약의 지상명령의 강조점과 그 결과 비교

구 분	구약의 지상명령을 받은 유대인의 역사	신약의 지상명령을 받은 기독교의 역사	대 안
강조	• 대를 이어 쉐마를 강조했다. • '남은 자들'이 있었다.	• 대부분 복음을 전하는 전도와 세계선교에만 치중하였다. • 가정이나 민족 교회에 '남은 자들'이 없었다.	유대인은 예수님을 믿어 구원을 받아야 하고, 기독교인은 쉐마를 실천하여 자손 대대로 말씀을 전수해야 한다.
결 과	• 하나님의 말씀이 대물림되어 예수님이 오실 수 있었다. • 오늘날까지 말씀이 전수 되었다.	• 다른 민족에게 복음을 전하는 세계선교에는 성공하였다. • 후대에게 말씀 전수는 실패했다.	

인을 악하게 생각해서는 안 된다. 칭찬받아야 할 남은 자들이 항상 있었다는 사실을 꼭 기억하고 그들에게 감사해야 한다. 그들은 하나님이 주신 지상명령을 지키기 위해 목숨을 걸고 쉐마를 실천한 믿음의 용장들이다(히 11장). 그들이 있었기에 예수님이 오셨고 신약시대가 시작되었다. 그 결과 오늘날 이방인이었던 기독교인이 구원을 받고 구약성경을 갖게 된 것이다.

유대인들 중 남은 자는 현재에도 존재한다. 그들이 바로 정통파 유대인들이다. 그들이 비록 예수님을 영접하지는 않았지만 하나님의 섭리 속에 있는 것은 분명하다.

[자세한 내용은 롬 11장과 저자의 저서 《부모여 자녀를 제자 삼아라》(쉐마, 2005), 제1권 제1장 Ⅲ. 2. '신약과 구약의 중심주제 차이: 신약은 복음, 구약은 선민교육(쉐마)', Ⅳ. '(질문 1) 유대교와 기독교의 구원과 성화는 어떻게 다른가'와 제2권 제5장 Ⅱ. 1. B. '왜 기독교인은 유대인에게 빚진 자들인가' 참조]

III. 인성교육학적 분석: 왜 당시 유대인 2세가 현재 한국인 2세보다 나은가

모세가 시내산 언약을 맺을 때는 B.C. 1446년경이다. 지금부터 약 3,455년 전이다. 하나님은 이스라엘 백성들에게 여호와를 경외하면 복을 주고, 아니면 저주를 내리겠다고 약속하셨다. 가나안을 정복한 이스라엘 백성들은 처음에는 하나님을 잘 섬겨서 복에 복을 받았다. 그러나 그들의 신앙은 오래가지 못했다.

> 여호와께서 이스라엘을 위하여 행하신 모든 큰 일을 본 자의 사는 날 동안에 여호와를 섬겼더라. (삿 2:7b)

그 다음 세대에 태어난 백성들은 1세와 다른 신앙과 문화에 취해 있었다. 이때의 시대적 상황은 대략 B.C. 1390년경 사사시대였다. 지금부터 약 3,399년 전이다. 불과 약 56년의 세월이 지나는 동안에도 신앙이 전수되지 못했다는 얘기다. 언뜻 생각하면 현재 한국인 2세와 별 차이기 없는 듯하다.

그러나 당시 유대인 2세와 현재 한국인 2세는 분명한 차이가 있다. 무엇인가? 몇 가지로 정리해 보자.

첫째, 종교심리학적 측면에서 당시 유대인 2세들은 현대 2세들보다 하나님께 돌아갈 수 있는 종교성이 매우 양호했다. 그 이유는 당시 유대인 2세는 종교생활을 완전히 거부한 것이 아니기 때문이다. 비록 하나님을 떠났지만 그 지역 원주민들이 섬기는 다른 우상들을 섬겼다.

이는 무엇을 뜻하는가? 그들은 그래도 자신들이 인생을 살아가는 동안 의지해야 할 절대자, 즉 신을 찾고 믿는 종교성이 있었다는 증거다. 다만 어느 신이 진정한 신인지 그 선택을 잘못한 것뿐이었다. 이런 사람들은 언젠가 다시 회개하고 하나님께 돌아오기가 쉽다. [자세한 내용은 저자의 저서 《문화와 종교교육》(쉐마, 2006) 참조]

그러나 21세기 디지털 시대에 사는 현대의 2세들은 대부분 수평문화에 빠져 아예 어느 신이든 신이 필요없다고 생각하는 데 그 문제가 더 심각하다. 그 이유는 현대 수평문화는 인간의 건전한 정신을 좀먹는 인본주의에 근거하기 때문이다.

인본주의의 네 가지 구성 요소는 개인주의(Individualism), 물질주의(Materialism), 과학만능주의(Scientism) 그리고 쾌락주의(Epicureanism)다. 인본주의는 신본주의에 반대되는 단어다. 신본주의가 오직 하나님의 절대적인 능력 안에서 인간의 행복이 완성될 수 있다는 논리라면, 인본주의는 하나님 없이도 인간 스스로 행복해질 수 있다는 논리다(현용수, 현용수의 인성교육 노하우, 제2권, p. 223). 따라서 인본주의에 물든 대부분의 현대인들은 어느 신이든 신의 존재 자체를 부정하기 쉽다. 즉 신을 사모하고 믿으려는 종교성 자체가 말살된 상태이기 쉽다.

둘째, 인성교육학적 측면에서 보면, 당시 유대인 2세들이 살던 3,000년 전에는 수평문화가 발달되지 않았기 때문에 종교와 전통

인성교육학적 측면에서 본 사사시대 2세와 현대 2세 비교

구 분	사사시대 유대인 2세들	현대 2세들	대 안
인성 교육학적 특성	• 원주민이 섬기는 우상을 섬긴다. • 종교성과 수직문화가 강하다. • 수평문화가 약하다.	• 어떤 종교도 갖고 있지 않다. • 종교성과 수직문화가 약하다. • 수평문화가 강하다. • 인본주의에 물들어 있다. 개인주의, 물질주의, 과학만능주의, 쾌락주의	제1단계: 수평문화를 차단하고 수직문화를 가르쳐 마음을 옥토로 만들어야 한다.
결 과	• 대부분 마음 밭이 옥토다. • 회개하여 하나님께 돌아오기 쉽다. • 수직문화가 강하여 헌신도가 높다.	• 대부분 마음 밭이 자갈밭이다. • 회개하여 하나님께 돌아오기 어렵다. • 전도하기 힘들다. • 수직문화가 약하여 헌신도가 낮다.	제2단계: 종교교육을 유대인처럼 체계적으로 강화해야 한다.

을 강조하는 수직문화가 강하였다. 수평문화가 있다 해도 지극히 기본적인 것들에 불과했다(첨단 수평문화의 발달은 1980년대 이후 TV와 컴퓨터의 발명으로 시작되었다).

따라서 당시 대부분 자녀들의 마음 밭 자체가 복음적 토양이 좋은 옥토였다. 그러므로 하나님의 선지자들이 나타나 죄를 회개하라고 외치면 회개하고 하나님께 돌아오기가 쉬웠다. 그리고 가정이나 사회에서 전반적으로 수직문화 교육을 강하게 시켰기 때문에 내면적 자신감이 강하여 하나님에 대한 헌신도가 높다.

그런데 현대 디지털 시대에 살고 있는 자녀들은 인생의 의미를 찾는 수직문화 교육은 거의 받지 못하는 실정이다. 수직문화를 알고 있는 사람도 별로 없거니와 있어도 가르치지 않는다. 또 젊은이들이 배우려고 하지도 않는다. 인생의 재미를 찾는 육을 자극하는 첨단 수평문화에 극도로 노출되어 있기 때문이다.

이에 더하여 자녀들이 대부분 인본주의적인 교육만을 받음으로 마음 밭이 자갈밭으로 변하는 경우가 많다. 따라서 죄를 회개하라고 해도 회개하기가 힘들고, 복음을 전해도 이를 받아들이기가 어렵다. 뿐만 아니라 어른들의 옳은 가치관을 받아들이기도 어렵다. 그리고 예수님을 믿는다 해도 헌신도가 낮기 때문에 제자화 되기가 쉽지 않다. 가정과 교회교육 및 학교교육이 힘든 이유가 여기에 있다. 따라서 전도하기 힘들고 교회성장이 어렵다.

[자세한 내용은 저자의 저서《현용수의 인성교육 노하우》(동아일보사, 2008), 제1권 참조]

셋째, 당시 유대인 2세들은 비록 타락했다 하여도 유대인 중 '남은 자들'이 전해주는 쉐마를 받아들이고, 이를 지킬 수 있는 민족적인 조직, 즉 인프라가 잘 구축되어 있었다. 이에 더하여 유대인들은 사사시대에 황량한 배도를 경험한 이후 더 조직적으로 쉐마를 신학화하고 율례와 법도를 만들었을 것이다.

뿐만 아니라 그들은 포로기의 에스라 시대에도, 신·구약 중간사 시대에도 그리고 신약시대에도 계속해서 쉐마교육의 내용과 방법을 양과 질적인 면에서 연구 보완하여 현재까지 대물림되어 오고 있다.

그런데 신약교회들은 저자가 본서에서 소개하는 유대인의 쉐마에 대하여 알지도 못했거니와 관심도 없었다. 대부분 성령운동과 복음을 전파하는 세계선교에만 치중하였다. 따라서 기독교 2,000년의 역사를 살펴보면, 다른 민족에게 수평적으로 복음을 전하는 세계선교에는 성공한 반면, 어느 민족도 수직적으로 하나님의 말씀을 자손 대대로 전수한 민족은 찾아볼 수 없다.

초대교회가 사라졌다. 유럽 교회도 거의 죽어 있다. 미국 교회도 타락해가고 있는 중이다. 그리고 머지않아 한국 교회도 이렇게 될 것이다.

특히 한국 교회가 명심해야 할 것은 중국이나 일본은 하나님 없이도 잘 살 수 있는 민족이지만, 한국은 하나님 없이는 번영할 수 없는 민족이라는 사실이다. 지정학적으로 한국은 하나님을 잘 섬기지 못할 때에는 또다시 중국이나 일본의 속국이 될 수밖에 없는 위치에 있음을 명심해야 한다. 역사가 이를 증명한다. 따라서 우리는 반드시 1세 신앙의 유산을 자손 대대로 후세에게 물려주어야 한다.

그 대안은 무엇인가? 한국 기독교인 가정과 교회가 주님 오실 때까지 살아남기 위해서는 유대인처럼 가정에서 구약의 지상명령인 쉐마를 실천하여 하나님의 말씀을 대물림해야 한다. 그리고 전 세계 기독교인들에게 복음과 함께 쉐마도 전해야 한다. 그래야 그들의 가정과 교회도 주님 오실 때까지 살아남아 주님의 재림을 맞이할 수 있다. 특히 본서를 읽은 한국 교회가 이에 앞장서기를 간절히 기원한다.

[저자 주: 주님의 재림을 준비하기 위한 하나님의 유대인 구원 계획과 이방인에게 복음을 전하는 쉐마선교에 대해 더 알기를 원하면 저자의 저서《부모여 자녀를 제자 삼아라》(쉐마, 2005), 제1권 제1장 Ⅲ. 2. '신약과 구약의 중심 주제 차이: 신약은 복음, 구약은 선민교육(쉐마)', Ⅳ. '(질문 1) 유대교와 기독교의 구원과 성화는 어떻게 다른가'와 제2권 제5장 Ⅱ. 1. B. '왜 기독교인은 유대인에게 빚진 자들인가', 제8장 '쉐마교육선교 전략' 각각 참조 바람]

왜 기독교는 2,000년 동안 세계선교에는 성공한 반면,
어느 민족도 하나님의 말씀을
자손 대대로 전수한 민족은 찾아볼 수 없는가?
어떻게 말씀을 자손 대대로 전수하며 세계선교도 할 수 있는가?
하나님이 유대인에게 주신 구약의 지상명령인 쉐마와
예수님이 이방인 구원을 위해 주신
신약의 지상명령을 함께 지켜 행하는 것이다.

IV. 유대인 말씀 전수의 비밀을 캐기 위한 교육신학의 주제들

하나님은 아브라함을 선민의 조상으로 선택하시어 구약의 지상명령을 주셨다(창 18:19). 하나님이 아브라함에게 주신 구약의 지상명령은 하나님이 이스라엘 백성과 맺은 시내산 언약을 실천하기 위한 지상명령인 쉐마(신 6:4~9)에서 구체화된다. 이 지상명령은 후에 B.C. 690년경 이사야 선지자를 통하여 다시 확인된다.

> 여호와께서 또 가라사대 내가 그들과 세운 나의 언약이 이러하니 곧 네 위에 있는 나의 신과 네 입에 둔 나의 말이 이제부터 영영토록 네 입에서와 네 후손의 입에서와 네 후손의 후손의 입에서 떠나지 아니하리라 하시니라 여호와의 말씀이니라. (사 59:21)

그리고 바울은 종말에 하나님이 온 이스라엘을 구원하실 것에 대하여 언급하였다.

> 형제들아 너희가 스스로 지혜 있다 함을 면키 위하여 이 비밀을 너희가 모르기를 내가 원치 아니하노니 이 비밀은 이방인의 충만한 수가 들어오기까지 이스라엘의 더러는 완악하게 된 것이라 그리하여 온 이스라엘이 구원을 얻으리라 기록된 바 구원자

구약 지상명령의 발전 과정

목표: 하나님이 타락한 인류를 구원하시기 위함

하나님이 **아브라함에게 주신 지상명령** (창 18:19)

구약의 지상명령 목적: **오실 예수님 준비**

[말씀 전수] → 아브라함 / 이삭 / 야곱 → 12지파

[3대가정신학 정립]
아버지 신학
할아버지 신학

시내산 언약·율법 받음(출 19~24장)
유대인은 말씀 맡은 자(롬 3:2) = 경건한 자손(말 2:15)

하나님이 **유대민족에게 주신 지상명령: 쉐마** (신 6:4~9)
〈아브라함에게 주신 지상명령이 구체화됨〉

쉐마를 실천하기 위한 교육신학
– 부모가 자녀에게 말씀을 대물림하기 위한 신학 –

목적이 이끄는 쉐마 교육신학

- **가정 신학**(지상명령을 실천하는 장소)
- **자녀 신학**(지상명령에서 자녀의 개념)
- **아버지 신학**(지상명령을 실천하는 교사)
- **어머니 신학**(지상명령을 실천하는 돕는 배필)
- **효신학**(지상명령을 실천하는 도구)
- **고난의 역사 신학**(지상명령을 실천하는 도구)
- **교육의 내용과 형식**(지상명령을 실천하는 도구)
  - 절기
  - 율법을 지켜 행함
  - 전통 문화 등

신약의 지상명령 목적 율법을 따라

← **오신 예수님(복음)을 만방에 전파** →

가 시온에서 오사 야곱에게서 경건치 않은 것을 돌이키시겠고 내가 저희 죄를 없이할 때에 저희에게 이루어질 내 언약이 이것이라 함과 같으니라. (롬 11:25~27)

먼저 예수님을 믿어야 할 유대인이 그를 거부함으로 구원이 이방인에게 미치고, 이방인의 수가 차면 유대인도 이를 시기하여 예수님을 구주로 믿고 온 이스라엘이 이방인 기독교인과 함께 구원을 받아 대단원을 이룬다는 내용이다(롬 11:25~26).

아브라함과 그의 후손들인 유대인은 구약의 지상명령을 잘 완수하여 자손 대대로 하나님의 말씀을 전수하는 데 성공했다. 그리고 이 하나님의 말씀은 이방인이었던 전 세계 기독교인의 손에까지 들어오게 되는 복을 받았다.

현재에 와서 기독교인은 이 사실을 어떻게 보아야 할 것인가? 하나님 편에서는 하나님의 말씀을 잘 수행할 사람으로 아브라함을 정말 잘 선택하셨고, 아브라함 편에서는 하나님의 은혜로 이것을 잘 완수하였다고 볼 수 있다.

물론 유대인이 가정에서 자녀를 말씀의 제자 삼는 데 피나는 노력을 한 것들 결코 간과할 수 없는 사실이다. 결론적으로는 이 모든 것들이 하나님의 주권적인 예정에 의하여 하나님의 구속의 역사가 진행되고 있다는 점을 알아야 한다.

따라서 유대인의 성년식인 '바 미찌바'는 '율법 맡은 자(말씀 맡은 자)'란 뜻이다. 그렇다면, 선조로부터 율법을 전수받은 유대인 부모는 다음 세대인 자녀들에게 말씀을 전수하기 위해서 무엇을 어떻게 교육시켰는지 그 교육의 내용과 방법을 알아야 그들의 말씀 전수의 비밀을 캐낼 수 있다. 즉, 기독교 집안의 홈스쿨링의 목적, 내용 및 방법들을 알아야 한다.

이를 위해서는 다음의 주제들을 연구해야 한다.

- 왜 가정은 성전인가?
- 성경적인 자녀의 개념은 무엇인가?
- 쉐마란 무엇인가? 하나님은 왜 여호와의 토라(율법, 말씀)를 그토록 강조하시는가?
- 왜 아버지는 가정의 제사장인가? 가정의 제사장으로서 아버지의 의무는 무엇인가?
- 왜 어머니는 남편을 돕는 배필인가? 무엇을 도와야 하는가?
- 왜 자녀를 말씀의 제자로 삼는 데 효도교육이 중요한가?
- 왜 고난의 역사 교육이 중요한가? 왜 하나님은 그토록 사랑하시는 이스라엘 백성에게 고난의 광야 길을 걷게 하셨는가?
- 왜 하나님은 이스라엘 백성에게 율법을 주시고 이를 지켜 행하도록 말씀하셨는가?
- 왜 하나님은 이스라엘 백성의 교육을 위하여 절기를 주시고 지키게 하셨는가?

위의 주제들은 모두 원론적으로 구약성경에 근거한다. 유대인의 자녀교육은 기본적으로 기독교교육학적으로 다루어져야 하지만, 그 교육의 목적이 자손 대대로 하나님의 말씀을 전수하여 영적 자녀로 키운다는 점에서는 타락한 인류를 구원하시려는 구속사적 입장에서 생각해야 한다.

유대인의 쉐마교육이 없었더라면 어떻게 하나님의 구속의 역사가 진행되었겠는가? 유대인이 자손 대대로 토라를 전수하였기에 현재 우리가 구약성경을 갖고 있지 않는가? 만약 그들이 계속해서 말씀을 전수하지 못했다면 하나님의 구속의 역사는 중단되었을 것이다. 즉 아브라함이 이삭을 키우는 데, 이삭이 야곱을 키우는 데 실패했다면 어떻게 여호와 하나님의 말씀이 현재의 기독교인들의 손에까지 올 수 있었겠는가?

따라서 유대인의 쉐마는 하나님의 선민교육 철학의 중심 주제다. 원칙적으로 하나님의 말씀을 자손 대대로 전수하여 하나님의 구속의 역사를 진행하는 수직적 선민교육에 그 목적이 있기 때문이다. 즉 기독교교육의 목적 자체가 하나님의 구속의 역사를 성취하는 것이다.

하나님이 아브라함을 선택하신 이유는 구약의 유대인에게만 적용되는가? 아니다. 신약시대의 기독교인에게도 동일하게 적용된다. 왜냐하면 아브라함은 신·구약 모든 믿는 자들의 조상이기 때문이다(갈 3:6~9).

우리는 구속사적 입장에서 하나님의 말씀을 전수해 준 유대인의 수고에 감사해야 한다. 그리고 그들이 세대차이 없이 말씀을 전수한 비밀을 연구하여 우리 자녀교육에 적용해야 하지 않겠는가? 왜냐하면 영적 유대인인 기독교인도 다음 세대의 자녀에게 말씀을 전수해야 할 의무가 있기 때문이다.

따라서 이러한 성경적 가정의 원리와 자녀교육의 원리는 유대인 뿐만 아니라 신약시대의 기독교인에게도 동일하게 적용된다. 성경의 진리는 어제나 오늘이나 영원토록 변하지 않기 때문이다.

유대인은 '율법 맡은 자(말씀 맡은 자)'란 뜻이다.
선조로부터 율법을 전수받은 유대인 부모는
다음 세대 자녀들에게 말씀을 전수하기 위해서
어떠한 교육의 내용과 방법을 실천하여 왔는가?
그 비밀은?

V. 요약 및 결론

1. 전체 요약

본서에 대한 결론은 두 부분(제1~2부와 제3~6부)으로 나누어 정리한다. 구약과 신약의 지상명령에 대한 결론은 제2부 제5장에서 그리고 제3~6부의 유대인의 쉐마에 나오는 '말씀 맡은 자'에 대해서는 본란이다. 우선 두 부분을 요약해 보자.

본서를 쓰게 된 동기는 다음의 질문에 답하고 그 대안을 찾기 위함이다.

왜 신약시대의 교회는 타민족에게 복음을 전하는 세계선교에는 성공했는데, 자신의 자녀와 민족에게 자손 대대로 말씀을 전수하는 데는 실패했는가? 그 대안은 무엇인가?

실패한 이유는 신약시대에 구약의 지상명령을 잃어버렸기 때문이다. 대안은 구약의 지상명령을 찾아 그것을 실천해야 한다. 제1부에서는 하나님의 구원의 계획에 왜 구약의 지상명령과 신약의 지상명령이 필요한지, 그리고 두 지상명령의 내용의 차이와 분석 및 보완적 관계가 무엇인지를 정리했다.

제2부에서는 왜 창세기 18장 19절이 하나님이 아브라함에게 주신 구약의 지상명령인지 그 이유를 설명했다. 이에 대한 자세한

종합적인 결론에 대해서는 제2부 제5장을 참고하기 바란다.

제3부에서는 '왜 기독교교육에 유대인 자녀교육이 필요한가'에 대하여 설명했다. 그리고 제4~6부에서는 하나님이 유대민족에게 주신 지상명령, 쉐마에 대해 설명했다. 즉 제4부 '하나님이 유대민족에게 주신 지상명령, 쉐마', 제5부 "쉐마와 유대인 '자녀'의 개념(자녀 신학)", 제6부 '쉐마 연구를 마치며: 역사적 사명을 찾아서'다.

아브라함이 받은 구약의 지상명령이 개인적으로 받은 것이라면, 모세를 통해 받은 지상명령, 쉐마(신 6:4~9)는 유대민족이 받은 것이다. 더 확장되었고, 구체적이며 실용적이다. 부모가 하나님께로부터 받은 쉐마를 가정에서 실천하는 것은 특권이자 의무다. 축복과 저주, 생명과 사망을 가르는 중요한 삶의 철학이다.

유대인은 이 쉐마 말씀에 근거하여 독창적인 교육 방법을 창안하였다. 그리고 그것을 자손 대대로 실천하여 말씀을 전수하는데 성공했다. 이것은 하나님의 백성이 하나님의 은혜로 구원을 받은 이후 어떤 선민교육을 받아야 하는 지를 보여주는 것이다.

2. 구약시대: 아브라함에게 약속하신 복과 말씀 맡은 자

이제 성경신학적으로 신·구약 성경에 흐르는 전반적인 하나님의 소원이 무엇인지를 살피고 결론을 정리해 보자.

우선 하나님의 간절하신 소원은 무엇인가? 타락한 인류를 구원하시는 것이다. 그래서 선민의 조상 아브라함을 택하셨고 그에게 구약의 지상명령을 주셨다. 오실 예수님을 준비하기 위함이다. 그리고 2,000년 후에 메시아이신 예수님이 오셔서 복음을 만방에 전파하라는 신약의 지상명령을 주셨다.

이제 두 지상명령에 흐르는 더 구체적인 하나님의 소원을 알아보자. 하나님은 최초의 인간 아담과 하와를 창조하시고 그들에게 복을 주셨다(창 1:28). 그러나 아담과 하와의 범죄로 인해 모든 인류는 그의 영혼이 죽을 수밖에 없었다. 하나님이 주신 복을 잃었다. 하나님은 사랑이시기에 타락한 인류를 구원하시려는 계획을 세우셨다. 그 구원의 계획에 '복'이란 단어를 키워드로 사용하셨다.

하나님이 최초로 선민의 조상 아브라함을 택하시고, 그에게 주신 언약에 복을 언급하셨다. "너는 복의 근원이 될 것이고, 땅의 모든 족속이 너를 인하여 복을 얻을 것이다"(창 12:2~3)라는 말씀이다. 하나님이 그에게 구약의 지상명령(창 18:19)을 주실 때도 먼저 복을 언급하셨다. "아브라함은 강대한 나라가 되고 천하 만민은 그를 인하여 복을 받게 될 것이 아니냐?"(창 18:18)

인간에게 무엇이 궁극적인 복이란 말인가? 여기서는 복과 인간 구원과의 관계에 대해 알아보자. 성경에 '복을 주다'(בָּרַךְ, 바락)는 동사는 창세기 1장 22절에 처음 나오고, '복'(בְּרָכָה, 바라카) 이란 명사는 창세기 12장 2절에 처음 나온다. 성경에 동사는 330회, 명사는 구약에만 71번 나온다. 복은 저주의 반대다. 주로 창세기와 신명기에 나온다(Vine, Unger & White, *An expository dictionary of Biblical Words*, 1985). 창세기를 '복의 책'이라고 말하는 이유가 여기에 있다.

문맥으로 보아 간단히 '복 = 구원'이란 등식을 생각할 수도 있다. 어떤 이는 신약시대에는 예수 그리스도를 통한 인류의 구원을 말한다고 말한다. 물론 둘 다 틀린 말은 아니다. 그렇다면 예수님이 오시기 전 구약시대는 복을 어떻게 설명할 것인가? 그러나 좀 더 구체적으로 복을 받는 방법이 무엇인지, 그리고 어떻게 더 큰 복을 받을 수 있는지, 그 방법을 알아보자. 이것은 하나님이 인류 구원을 이루시는 구약과 신약시대의 과정을 살펴보면 복과 하나님의 말씀이 얼마나 깊은 관계를 갖고 있는지를 알 수 있다.

아브라함은 어떻게 구원을 받았는가? 하나님을 믿음으로 그를 의로 정하셨다(창 15:6; 롬 4:3). 하나님을 믿었다는 것은, 곧 하나님의 말씀을 믿었다는 뜻이다. 말씀이 곧 하나님이다(요 1:1~3). 하나님은 태초에 말씀으로 천지를 창조하셨다(창 1장, 요 1:1~3).

구약시대에 하나님은 예수님의 초림을 준비하시기 위해 유대인에게 말씀을 주셔서 '말씀 맡은 자'(롬 3:2)로 삼으셨다. 그리고 그 말씀을 자손 대대로 전수하게 하셨다. 그것이 구약의 지상명령(창 18:19; 신 6:4~9)이다. 즉 부모가 '말씀 맡은 자'의 의무를 이행하는 방법이 가정에서 자녀에게 조상 대대로 전수되었던 말씀을 다시 자녀에게 전수하는 것이다. 그것이 '생명'이며, '복'이었다. 그렇지 않으면, '사망'이며, '저주'였다(신 30:19~20).

유대인 부모가 자녀에게 말씀을 13세 이전에 전수하여 13세 생일에 성년식을 치루는 이유가 여기에 있다. 성년식은 히브리어로 '바 미츠바', 즉 '율법 맡은 자'(말씀 맡은 자)란 뜻이다. 자손 대대로 말씀을 전수하고 전수받아야 열조가 사는 가나안에서 영원히 살 수 있기 때문이다. 가나안은 하나님이 하나님의 백성에게 기업의 땅으로 주신 약속의 땅이다. 즉 신약적 의미로 천국을 말한다(히 9:24, 10:1, 제5부 '자녀신학' 참조). 여기에다 하나를 더 더한다면, 그 말씀(율법)대로 행하는 것이었다. [율법의 행함에 대해서는 저자의 저서 《부모여 자녀를 제자 삼아라》(쉐마, 2005), 제1권 제2장 참조]

여기에서 구약의 두 가지 복의 조건을 발견할 수 있다. 첫째는 자녀를 말씀 맡은 자로 키우는 것이고, 둘째는 가나안이라는 열조가 잠든 땅을 유업으로 받는다는 것이다. 신약적으로 해석하면 믿음으로 구원받은 백성이 말씀을 맡아 영원한 가나안, 즉 천국을 유업으로 받는다는 것이다.

하나님은 하나님의 백성에게 "복을 주시며 그들에게 이르시되 생육하고 번성하여 땅에 충만하라"(창 1:28; 창 9:1, 7, 22:17~8, 26:4)고 말씀하셨다. 그 이유는 자녀의 번성은 곧 말씀 맡은 자의 번성이고, 말씀 맡은 자의 번성은, 곧 천국의 확장을 뜻하기 때문이다. 유대인이 희망을 자녀에게 두는 이유가 여기에 있다.

따라서 구약의 지상명령의 세 키워드를 선택한다면, '가정', '부모와 자녀', 그리고 '말씀 맡은 자'다. 왜 가정에 부모와 자녀가 존재해야 하는가? 하나님의 구속의 역사를 이루기 위해 말씀 맡은 자를 많이 생산하기 위함이다. 이것은 가정에서 가족이 말씀을 맡는 사역이다. 따라서 가정과 이스라엘에 복과 생명이 자손대대로 이어지게 하기 위해서는 매 세대마다 자녀를 많이 낳아 말씀을 전수해야 한다. 그렇지 않으면 복과 생명이 중단되어 저주와 사망이 오게 된다.

이것은 무엇을 말하는가? 아무리 유대인이라고 해도 말씀을 맡지 않으면 더 이상 유대인이 될 수 없다는 것을 뜻한다. 그 예로 잃어버린 유대의 10지파를 들 수 있다. 그들은 아시리아의 포로로 잡혀간 후 그곳에 동화되어 말씀을 자손들에게 대물림하는 데 실패했다. 그러므로 그들은 유대인의 역사에서 흔적도 없이 사라졌다. 하나님은 말씀의 지식이 없는 자, 즉 하나님의 율법을 잊어버린 자를 버리시고 잊어버리신다.

> 내 백성이 지식이 없으므로 망하는도다 네가 지식을 버렸으니 나도 너를 버려 내 제사장이 되지 못하게 할 것이요 네가 네 하나님의 율법을 잊었으니 나도 네 자녀들을 잊어버리리라. (호 4:6)

그러나 바빌로니아로 잡혀간 두 지파는 자손들에게 말씀을 전수하여 말씀 맡은 자들로 키워 다시 예루살렘으로 돌아오는 데 성공했다. 그들의 혈통을 통해 예수님이 오셨다. 이것은 무엇을 뜻하는가? 표면적 유대인이 유대인이 아니요, 이면적 유대인이 유대인이란 뜻이다(롬 2:28~29). 즉 육체에 외형적으로 할례만 했다고 유대인이 아니라, 심령에 거룩한 하나님의 말씀을 맡은 자가 진정한 유대인이란 뜻이다.

3. 신약시대: 기독교인의 복 – 말씀(복음)을 믿고 말씀을 맡은 자

신약시대에는 누가 복을 받은 자인가? 예수님을 믿는 기독교인이다. 예수님을 믿는다는 것은 구원을 위한 복음을 믿는 것이고, 복음을 믿는 것은 말씀을 믿는 것이다. 예수님은 말씀이 육신이 되어 오신 분이시기 때문이다(요 1:14). 신약시대의 복음 자체가 곧 말씀이다. 따라서 신약시대에 복을 받은 자는 예수님(말씀)을 믿고 구원받아 말씀을 맡은 자다. 예수님께서 산상수훈에서 말씀하신 복도 복음과 말씀을 받기에 좋은 옥토와 같은 심령들을 열거하셨다(마 5:3~13). 그런 심령들을 가진 자들이 복음을 믿고 구원받아 말씀을 받기 쉽다는 것이다. 이들이 천국을 소유할 수 있기 때문에 복 있는 자들이다.

따라서 하나님께서 아브라함에게 약속하신 "너는 복의 근원이 되리라"(창 12:2)는 언약에서 말하는 '복'은 잃었던 '복'의 회복을 말한다. 그 복은 먼저 아브라함이 하나님의 말씀을 믿음으로 받았다. 그리고 그 복은 수직적으로 아브라함의 후손 유대인에게 이어지다가 신약시대에 수평적으로 이방인에게까지 퍼지기 시작했다.

> 또 하나님이 이방을 믿음으로 말미암아 의로 정하실 것을 성경이 미리 알고 먼저 아브라함에게 복음을 전하되 모든 이방이 너를 인하여 복을 받으리라 하였으니 그러므로 믿음으로 말미암은 자는 믿음이 있는 아브라함과 함께 복을 받느니라. (갈 3:8~9)

따라서 복은 첫째는 구약시대나 신약시대나 하나님의 은혜로 택하심을 받아 말씀을 믿어 구원받은 백성이 되는 것을 말하고, 둘째는 그들이 하나님의 말씀을 맡는 것을 말한다. 이는 유대인의 절기 순서를 보면 더 명확해진다. 유월절이 말씀을 믿고 홍해를 건넌 구원의 절기라면, 그 다음에 이어지는 오순절은 하나님의 율법(말씀)을 받은 절기다.

그 만큼 구원도 중요하지만, 그 이후에 받을 하나님의 말씀이 중요하다는 뜻이다. 예수님은 음식을 대접하는 마르다보다 말씀을 듣는 마리아를 더 칭찬하셨다(눅 10:39~42). 믿음은 말씀을 들음에서 나기 때문이다(롬 10:17). 유대인을 통해 말씀이 전수되지 않았다면, 어떻게 예수님이 오실 수 있었겠는가? 어떻게 전 세계 기독교인들이 복음을 들을 수 있었겠는가?

말씀을 맡는 다는 것은 상대적이다. 5%냐, 10%냐, 아니면 90%냐, 100%냐 하는 것이다. 복도 작은 복과 큰 복이 있다는 뜻이다. 구약시대의 유대인은 신약 시대의 기독교인에게 100%의 말씀을 100% 전수하는데 성공했다.

이것은 물론 하나님이 주신 말씀을 100% 보존했다가 그대로 전수하는 것도 중요하지만, 그 말씀의 뜻을 전달하는 것도 중요하다. 복을 제대로 충만하게 전수하기 위함이다. 예수님은 하나님의 아들로 이 땅에 오셔서 복음을 전파하셨지만, 그 근거를 구약에 두셨다. 바울과 신약의 다른 저자들은 구약 성경의 말씀과 예수님 말씀의 뜻을 초보 기독교인에게 전달하는 데 최선을 다했다. 이것들을 묶은 것이 바로 신약성경이다.

따라서 신약시대의 기독교인들이 "말씀을 맡았다"라는 뜻에는 구약성경과 신약성경 모두를 포함한다. 이점에서 예수님을 믿지 않는, 구약성경만 맡은 유대인과 구별된다. 구약과 신약성경이 짝을 이루어 완전한 하나님의 말씀이 되는 것처럼, 말씀을 맡는 것도 구약과 신약의 말씀을 온전히 맡아야 한다. 이것은 신약시대에는 아무리 유대인이 말씀을 맡았다 하더라도 예수님을 주님으로 영접하지 않으면 구원이 없다는 사실을 말한다(행 4:12). 그들은 신약성경을 믿지 않기 때문이다.

히브리서 기자는 구원은 받았으나 말씀의 뜻을 잘 이해하지 못하는 사람을 '하나님의 말씀의 초보' 혹은 '어린 아이와 같이 젖을 먹는 자'(히 5:12~13)라고 표현하고, 말씀의 뜻을 깊이 잘 이해하는 사람을 '단단한 식물을 먹는 장성한 자'라고 표현했다(히 5:14). 그만큼 하나님의 말씀을 깊게 이해하기가 쉽지 않다는 뜻이다.

따라서 기독교인은 이왕에 말씀을 맡으려면, 신·구약 성경 말씀에 통달할 뿐만 아니라, 그 안에 있는 이면적인 하나님의 뜻도 깊게 이해하는 것이 중요하다. 따라서 기독교인은 말씀에 대한 거룩한 욕심을 내어 더 많은 말씀 맡은 자가 되어야 한다.

하나님께서 아브라함에게 약속하신 '복'(창 12:2)은
첫째, 구약이나 신약이나 하나님의 은혜로 구원받은 백성이 되는 것이고,
둘째, 하나님의 말씀을 맡는 것을 말한다.
유대인의 절기 순서를 보면 더 명확해진다.
유월절이 말씀을 믿고 홍해를 건넌 구원의 절기라면,
그 다음 오순절은 하나님의 율법(말씀)을 받은 절기다.

 **랍비의 유머**

유대인 거지

　유대인 거지가 평일이면 회당 앞에서 유대교인들에게 구걸을 했다. 그리고 유대교 예식을 따라 했다. 그런데 기독교 교인이 교회에 들어가는데 그 거지가 교회 앞에서 구걸하는 것이었다. 그리고 찬송가를 불렀다.
　한 사람이 물었다.
　"자네는 유대교인 아닌가?"
　거지가 말했다.
　"요즈음 같은 불황에 어떻게 한 신만 섬기겠나. 두 신을 섬겨야 불황을 극복하지."

　　　　_Tokayer, 탈무드 6: 탈무드의 웃음, 동아일보사, 2009, p. 161.

4. 두 지상명령의 목적:
복을 위해 복음과 말씀을 자손과 만방에 전하라

현대 가정이나 교회의 가장 큰 약점은 말씀이 점점 없어진다는 데 있다. 가정에서도 자녀들에게 말씀 교육이 거의 없는 경우가 많다. 포스트 모더니즘 교회들이 교회를 말씀 전수의 장으로 삼는 것이 아니라, 인간관계나 엔터테이먼트 혹은 문화의 장으로 삼는 것도 문제다. 말씀을 맡지 않는 개인을 기독교인이라고 보기 힘든 것처럼, 말씀이 없는 교회를 교회라고 보기 힘들다. 따라서 잃었던 복의 회복 운동은 말씀 회복 운동이어야 한다.

하나님께서는 인간에게 두 가지 사명을 주셨다. 하나는 구속에 대한 명령(Redemptive Mandate, 창 1:28a, 12:1~3; 마 28:19~20)이고, 다른 하나는 문화 명령(Cultural Mandate, 창 1:28b)이다. 먼저 말씀 회복으로 구속에 대한 사명을 다 하고, 그 후에 그 말씀에 근거한 문화 사명을 완수해야 한다. 순서가 바뀌면 안 된다.

아모스 선지자는 여호와의 말씀을 듣지 못한 기갈이 올 것을 예언했다.

> 주 여호와께서 가라사대 보라 날이 이를지라 내가 기근을 땅에 보내리니 양식이 없어 주림이 아니며 물이 없어 갈함이 아니요 여호와의 말씀을 듣지 못한 기갈이라. (암 8:11)

따라서 말씀의 보존과 전파는 구약시대나 신약시대나 하나님의 지상명령이다. 하나님의 백성도 썩지 아니할 씨, 즉 하나님의 살아 있고 항상 있는 말씀으로 되었다는 사실을 기억해야 한다(벧전 1:23). 베드로는 구약의 이사야서 40장 6~8절의 말씀을 인용해 다음과 같이 설명했다.

> **너희가 거듭난 것이 썩어질 씨로 된 것이 아니요 썩지 아니할 씨로 된 것이니 하나님의 살아 있고 항상 있는 말씀으로 되었느니라 그러므로 모든 육체는 풀과 같고 그 모든 영광이 풀의 꽃과 같으니 풀은 마르고 꽃은 떨어지되 오직 주의 말씀은 세세토록 있도다 하였으니 너희에게 전한 복음이 곧 이 말씀이니라. (벧전 1:23~25)**

결론적으로 복은 4단계로 나눌 수 있다. **첫째 단계**; 복음(예수님, 말씀)을 믿고 구원받는 것, **둘째 단계**; 말씀을 배워 말씀 맡은 자가 되는 것, **셋째 단계**; 말씀의 뜻을 깊게 이해하는 것, **넷째 단계**; 말씀대로 사는 것(율법을 행함) 등이다. 이 중에 키워드는 바로 '말씀'이다. 왜냐하면, 말씀을 믿었기에 구원을 받을 수 있고, 말씀을 매일 먹기에 믿음도 성장하고, 말씀이 있기에 선악을 구별하여 옳은 행동도 할 수 있기 때문이다.

기독교는 말씀의 종교다. 말씀이 없다면 어떻게 4단계의 복을 받을 수 있겠는가? 따라서 말씀을 맡은 자가 복을 받은 자다. 성경이 없는 족속에게 전도할 때 처음 단계가 성경 말씀을 그 족속 언어로 번역하는 이유도 여기에 있다. 먼저 구원에 필요한 신약의 복음을 번역해 준다. [복음과 선민교육의 차이에 관해서는 저자의 저

복의 4단계

넷째 단계	말씀대로 사는 것(율법을 행함)
셋째 단계	말씀의 뜻을 깊게 이해하는 것
둘째 단계	말씀을 배워 말씀 맡은 자가 되는 것
첫째 단계	복음(말씀)을 믿고 구원받는 것

서 《부모여 자녀를 제자 삼아라》(쉐마, 2005), 제1권 제1장 '왜 기독교인이 유대인 자녀교육을 배워야 하나' 참조]

하나님의 말씀은 인류 구원에만 필요한 것이 아니라 구원받은 백성이 매일 먹어야 할 영의 양식이다(시 1:1~3, 33:6~9; 롬 10:17). 구원받은 백성은 말씀을 먹어야 그 영혼이 죽지 않고 소생할 수 있다(시 19:7). 말씀이 있을 때 성령의 파워가 더 강해지고 지속성이 이어진다. 말씀이 없으면 영혼이 죽는다. 따라서 인류 구원의 계획은 말씀에서 시작되며(창 1:3~31; 요 1:1~3), 그 말씀은 구원의 성취에서 끝나는 것이 아니고, 영원히 존재한다.

결국 신·구약 성경의 중심 주제는 '복'이다. 그 '복'은 인류 구원을 목표로 한다. 그 목표를 달성하는 중심에 말씀이 있다. 그 복(구원)의 연속성은 말씀전수와 전파에서 승패가 가려진다. 하나님이 주신 구약과 신약의 지상명령은 그 말씀을 자손 대대로, 그리고 전 세계로 성공적으로 전할 수 있는 필수 방편이다. 따라서 기독교인은 먼저 구약의 지상명령에 순종하여 가정에서 부모가 자녀를 말씀을 맡은 제자로 삼아 가정과 교회 그리고 민족에 복과 생명이 세세토록 이어지게 할 뿐만 아니라, 신약의 지상명령인 세계선교도 성공하여 전 세계인에게 복과 생명을 전해야 한다. 이것이 예수님의 재림을 준비하는 길이다.

구·신약 성경의 중심 주제는 인류 구원을 목표로 하는 '복'이다.
그 목표를 달성하는 중심에 말씀이 있다.
그 복(구원)의 연속성은 말씀전수와 전파에서 승패가 가려진다.
하나님이 주신 구·신약의 지상명령은 그 말씀을 자손 대대로,
그리고 전 세계로 성공적으로 전할 수 있는 필수 방편이다.
이것이 예수님의 재림을 준비하는 길이다.

5. 글을 마치며: 기독교인에게 더 큰 희망이 보인다

기독교인이 유대인보다 더 유익한 것들이 있는가? 물론 둘 다 구약성경의 말씀을 맡았다는 점에서는 동일하다. 그러나 기독교인은 유대인보다 더 많은 천국 보화를 유산으로 물려받았다.

첫째는 구원론적 입장에서 복음, 즉 예수님을 믿음으로 구원의 확신이 있고,

둘째는 실천신학적 입장에서 성령의 능력을 힘입을 수 있고,

셋째는 이에 더하여 완성된 하나님의 말씀인 신·구약성경과 이에 기초한 완전한 조직신학을 갖고 있다는 점이다.

다만 부족한 것은 구약의 지상명령인 쉐마를 잃어버렸었는데, 이제 본서에서 쉐마를 발견했기 때문에 전 세계 기독교인에게 더 큰 희망이 보인다. 세계선교뿐 아니라 자손에게 대를 이어 말씀을 전수할 수 있기 때문이다.

유대인들은 예수님도 믿지 않고 더구나 성령님의 능력도 받지 못한 민족인데도 '쉐마'만을 가정에서 실천하여 아브라함 때부터 현재까지 약 4,000년 동안 자손 대대로 구약의 말씀을 전수하는 데 성공했는데, 신약시대의 기독교인은 예수님을 믿고 성령의 능력을 힘입고 이에 더하여 신약성경도 가지고 있는데 유대인보다 구약과 신약의 지상명령을 더 잘 실천할 수 있지 않겠는가!

한 가정 3대가 유대인처럼 매일 쉐마를 2번씩 음송하며 이에 순종하면서 세계선교에 열정을 가지면 가능하다. 이것이 구약의 지상명령을 지켜 행한 대표 아브라함처럼 그리고 신약의 지상명령을 지켜 행한 대표 바울처럼 그렇게 사는 길이다.

저자는 스스로 얼마나 부족한 지를 잘안다. 그런데도 본서를 쓰게 된 것은 온전히 하나님의 은혜다. 따라서 동역자 여러분들에게 조금이나마 보탬이 된다면, 나의 주 예수님께만 감사와 찬송과 영광을 돌린다.

유대인은 '쉐마'만을 가정에서 실천하여
4,000년 동안 자손 대대로 구약의 말씀을 전수하는데 성공했는데,
신약시대의 기독교인은 예수님을 믿고
성령의 능력을 힘입고 신약성경도 갖고 있는데
유대인보다 구약과 신약의 지상명령을 더 잘 실천할 수 있지 않겠는가!

 우리의 각오: **쉐마교사대학 졸업생 선언문**

기독교 역사를 되돌아보면, 2,000년간 계속 하나님의 말씀과 성령의 촛대를 간직하고 있는 민족이나 국가는 거의 없다. 많은 복음주의자들이 말한다. "초대교회로 돌아가자!"고. 그러나 초대교회였던 계시록에 나타난 터키의 일곱 교회는 모두 죽어 있다. 그렇다면, 현재 교회가 초대교회로 돌아가 마침내 죽자는 얘기인가? 이것은 교회 개척이나 성령운동은 초대교회처럼 해야 하지만, 기독교교육을 초대교회처럼 하면 살아남지 못한다는 것을 뜻한다.

이러한 현상은 이제 남의 일이 아닌 우리의 일이 되었다. 한국은 1885년 4월 5일 하나님의 말씀이 어두움에 싸였던 한반도에 들어오면서 우리 민족에게 밝은 빛이 보이며 경제 성장과 아울러 평화의 시대를 구가해 왔다. 현재 한국 교회는 그 어느 때보다도 세계선교에 열을 올리고 있지만 통계에 의하면, 한국의 유년주일학교 증가율이 16년 전부터 줄고 있다(1993). 미국에 있는 동포 교회들의 경우도 2세 종교교육이 심각한 위기에 놓여 있다. 미주 동포 2세들이 대학을 졸업하면 90%가 교회에 안 나간다. 기존 교회교육과 가정교육이 실패했다는 증거다.

우리가 명심해야 할 것은 역사적으로나 지정학적으로 중국이나 일본은 하나님 없이도 잘살 수 있는 민족일지 모르나 한국만은 하나님 없이는 또다시 중국이나 일본의 속국이 될 수밖에 없다는 사실이다. 이에 대한 대안을 찾기 위하여 우리는 무던히도 고민하며 기도하여 왔다. 그런데 그 해답을 드디어 구약의 선민교육인 쉐마에서 찾았다. 이제 우리는 가정과 교회와 민족을 지키기 위하여 분연히 나설 때다. 1세 신앙의 유산을 자손 대대로 후세에게 물려주어 우리 민족의 영혼을 구원할 역사적인 사명을 인식해야 한다.

따라서 신약의 복음으로 구원받고 구약의 선민교육인 쉐마를 전수받은 우리는 모두 구약의 모세나 신약의 바울처럼 자기 민족을 먼저 뜨겁게 사랑해야 한다. 그뿐 아니라, 전 세계에 흩어진 한국 민족 디아스포라에게 복음과 함께 쉐마를 전하여 한국인 기독교인의 동질성을 회복하고, 자신의 자녀를 말씀의 제자 삼아 자손 만대에 하나님의 말씀을 전수해야 한다. 더 나아가서 온 세계에 쉐마를 전파하여 주님의 재림을 준비하는 역군이 되어야 한다.

부록 1

쉐마지도자클리닉 참석자들의 증언

> 편집자 주: 쉐마지도자클리닉을 수료하신 분들 중 훌륭한 간증문들이 많으나, 지면상 각 권마다 다섯 분의 간증문만을 싣게 되어 나머지 분들께 죄송한 마음을 전합니다.

목회신학적 입장

- 자녀교육과 주일학교 문제로 고민하던 중 쉐마에서 대안을 찾았다
  - **김경원 박사**(서울 서현교회, D. Min., 목회학)
- 해답을 찾은 것은 마치 흑암에 비치는 한 줄기 빛입니다
  - **고용남 박사**(서울 신촌중앙침례교회, 전 침신대원 교수, D.Min., 목회학)

선교신학적 입장

- 쉐마는 새로운 학문의 눈을 뜨게 해주었다
  - **남후수 박사**(미국 미드웨스트 신대원 교수, Ph.D., 선교학)

가정과 교회목회 적용

- 구약의 지상명령, 쉐마의 발견은 피곤한 목회에 소망과 생기를 주었습니다
  - **박현준 목사**(드림교회, D.D., 목회학)
- 답을 찾아 하버드까지 갔지만 결국 쉐마에서 찾았다
  - **한원섭 목사**(인천 하얀교회, D.Min., 목회학)

미국 LA 쉐마지도자클리닉에서 쉐마지도자들이 정통파 유대인의 안식일 절기에 참관한 모습.

쉐마클리닉 참석자들의 증언!

목회신학적 입장

자녀교육과 주일학교 문제로 고민하던 중 쉐마에서 대안을 찾았다

김경원 박사(D. Min., 목회학)

- 서울 서현교회 담임
- 전 웨스트민스터신학대학원대학교 총장
- 총신대학교 재단이사회 부회장
- Reform Theological Seminary(D.Min.)
- 총신대원(M.Div.)

목사 된 지도 34년, 지금의 서현교회를 섬긴 지도 30년이 된다. 나름대로 건강한 교회를 추구해 왔다. 그런데 요즘 한국교회 전반적 현상이 교육기관의 쇠퇴다. 목회자들 중에 가정의 자녀교육 문제와 또 섬기는 교회의 주일학교 문제로 고민하지 않는 사람은 없을 것이다. 필자 역시 이 두 가지 문제로 기도하며 여러 해결책을 구하던 중에 유대인의 쉐마교육에 대한 이야기를 듣고 쉐마목회자클리닉에 참석하게 되었다.

참석 첫 시간부터 큰 도전이 되었다. 그리고 지금까지 고민하던 문제의 상당 부분에서 해결의 실마리를 찾았다. 피상적으로 알고 있던 유대인의 탁월성, 그것이 독특한 교육에 있음을 쉐마를 통해 새롭게 인식하게 되었다.

특히 하나님께서 주신 지상 명령 중 신약의 지상 명령인 열방을 향한 선교적 사명은 기독교회가 잘 수행했으나 구약의 지상 명령인 자녀 교육을 잃어버렸다는 지적은 새로운 것이었다.

현용수 박사는 이것을 구약의 아브라함에게 주신 명령(창 18:19)

쉐마지도자클리닉에서 토론하는 김경원 목사 박보근 목사 김상범 목사 김인환 목사(좌로 부터).

에서 찾았다. 구원론적 접근이 아니라 교육학적 접근이 새로웠다. 쉐마(신 6:4~9)에 대한 유대인들의 실천적 교육은 놀라운 것이었다. 지금까지 우리가 너무 율법적 내지 형식적이라며 일방적으로 비판해오던 것들이었으나 그것이 아님을 새롭게 인식하게 되었다.

가정에서의 신앙교육인 쉐마교육이 오늘의 유대인을 만들고 어려운 여건 속에서 그 정신을 잃지 않고 전승할 수 있었다는 점에 공감하게 되었다.

많이 강조되는 유대인의 3대 신앙, 하나님의 말씀을 전수하는 성인식의 의미와 행사 그리고 성전의 기능을 가진 가정에서 안식일의 철저한 준수와 식탁에서의 교육, 아버지의 제사장적 축복기도는 오늘 우리의 가정에서도 힘써야 될 부분이다.

동시에 많이 지적된 오늘날 교회교육의 문제점과 그 한계를 해결할 수 있는 대안이 '쉐마'라는 것을 발견했다. 또한 제5계명인 효 사상의 강조, IQ와 EQ에 대한 명확한 교육학적인 지적 등등. 이것들은 프로그램들이 아니라 성경에 기초한 개혁신학적 교육신학의 기본 원리들이다.

　본인은 이 여러 원리들을 가지고 목회 현장에서 새로운 시도를 하게 되었고, 교인들에게 신앙교육을 전적으로 교회에 의존하는 데에서 벗어나 가정에서의 신앙교육을 강화하도록 하였다.

　교회 내에 세대차이를 없애기 위한 교육목회의 개혁도 시작하였다. 구체적으로 3대 통합예배, 3대 구역예배, 3대 새벽기도, 부모와 함께 하는 주일학교, 가족수련회 등을 실시하여 가정이 살고, 교회 교육이 사는 역사를 기대해 본다.

　한국 교회에 쉐마는 정말로 필요한, 그리고 유익한 것으로 생각한다.

쉐마클리닉 참석자들의 증언!

목회신학적 입장

해답을 찾은 것은 마치 흑암에 비치는 한 줄기 빛입니다

고용남 박사(D.Min., 목회학)

- 서울 신촌중앙침례교회 담임
- 전 기독교한국침례회총회장
- 침례신학대학교(신학대학원) 실천신학 강사(20년)
- 침례회 교회진흥원 이사장(1992, 2006).
- 아시아침례신학대학원(D.Min.)
- 한남대학교 졸업(BA), 침례신학대학교 대학원
  (M.Div. Th.M., 실천신학 전공)

수건으로 가려져 볼 수 없었던 성경말씀들을 보게 되니 내 마음은 너무 너무 기쁘기 짝이 없었습니다

오랫동안 목회사역을 했지만, 최근 10여년만큼 급변하는 시대는 없었습니다. 숭고하기만 하던 군사부일체의 권위가 무너지고, 가정이 깨어지고 사회질서가 파괴되는 고난의 시대를 맞이한 것입니다. 더구나 교회의 영성마저 약화되고 목회자의 권위와 성도들의 신뢰가 떨어지는 현상을 피부로 느끼는 시대를 살면서, 적지 않은 혼란을 겪어야만 했습니다.

그러던 어느 날, 갑자기 날라 온 쉐마공개 강좌 전단지를 받았을 때, 약간의 기대를 가지고 참석했었습니다. 하루 종일 현 박사님의 강의를 들은 후 나의 첫 번째 고백은 "참으로 잘 왔구나!"였습니다.

그 날 당장에, 나는 현관에 진열된 현 교수님의 책, 17권을 모두 구입해 버렸습니다. 그리고 지체 없이 7월에 개최되는 첫 번째 세미나에 참석을 신청하였습니다. 그동안 목회사역에 공허한 부분을 충분히 채워 줄 수 있는 세미나라고 믿었기 때문입니다.

쉐마목회자클리닉에서 현 교수님이 강의를 시작하자마자 지적한 내용은, '세대차이' 문제였습니다. 그것은 우리의 가정과 사회가 안고 고통스러워하고 있는 아킬레스건입니다. 그것 때문에 가정이 깨어지고 사회질서가 혼란스러워진 것입니다. 점점 심각해질 뿐 대책이 없어 보이는 그 문제가 '유대인의 가정교육'에서 해답을 찾은 것은 마치 흑암에 비치는 한 줄기 빛과 같았습니다.

그리고 점차 이어지는 강의 내용은, 가정의 문제를 분석하고 하나씩 회복하는 방법을 찾아갈 때, 사막에서 냉수를 마시는 것처럼 시원스러웠습니다. 특별히 성경에서는 이미 강조하고 있는 바이지만, 수건으로 눈이 가려져서 볼 수 없었던 부분들을 보게 되어 내 마음은 너무 너무 기쁘기 짝이 없었습니다.

가정회복을 위한 가정 신학, 효신학, 고난을 통해서 배우는 역사의 현장교육, 허물어지는 교회교육의 회복 그리고 위대한 민족을 세우고 세계 열방에 복의 근원이 될 수 있다는 희망의 신학들은 우리 시대에 꼭 필요한 과제들이라고 생각했습니다. 더구나 금번 미국에서 정통파 유대인들을 방문하고 직접 대면하며 이야기들을 들었을 때, 벽으로만 느껴졌던 그들에게 배워야 할 것들이 너무 많다는 사실을 깨닫게 되었습니다.

미국의 3차 체험 학습에서
유대인에 대한 오해를 씻었습니다

금번 미국의 3차 학기는 기대가 컸었습니다. 1. 2차 교육을 받으면서 교수님이 강조하신 유대인의 삶의 현장을 직접 볼 수 있다는 사실 때문이었습니다. 특별히 정통파 유대인들이 수천 년 동안 지켜 온 말씀과 전통들을 보게 될 것에 대한 설레는 마음이 있었습니다.

우리는 유대인의 회당에서 진행되는 새벽기도 시간에 참여했고, 또 남, 여 중고등학교에서 학생들의 수업을 직접 참관했었습니다. 학생들이 탈무드를 배운 것에 대해서 토론하는 장면은 큰 감동이었습니다. 박물관에서는 유대인의 고난을 그대로 재현하는 영상들과 유물들을 보았습니다. 유대인 대학교와 박물관도 둘러보았습니다. 박물관 내부에는 자료들도 귀했지만 자료를 설명하는 내용들은 아주 감동적이었습니다.

우선 그들이 성경을 대하는 태도에 대해서 많이 놀랐습니다. 하나님의 말씀을 젖과 꿀처럼 소중하고 달콤하게 여기는 모습은 현대를 사는 우리가 본받아야 할 교훈이라고 생각했습니다. 또한 그들의 경건생활은 교육적인 차원에서 본받아야 할 것들이 많았습니다. 특별히 그들의 시각교육과 반복교육은 우리가 그 동안 유치하게 여기고 방치했던 것이었습니다. 사실 그런 교육제도는 참 불편하고 형식적인 것처럼 보일 수 있지만, 수 천년동안 유대인들은 그렇게 신앙적 전통을 지켜 온 것을 볼 때, 우리에게 큰 도전이었고 도움이었습니다.

그리고 어디를 가나 건물부터 시설과 비품이 깨끗하게 잘 정돈된 모습을 볼 수 있었습니다. 형편상 보안에 대한 철저한 정신도 거부감보다는 사명감처럼 느낄 수 있었습니다. 지금부터 60년 전만해도 폐허 속에서 살아남는다는 것조차 사치스럽게 느꼈던 저희들이 오늘의 영광스런 모습을 보여주는 것은 특별한 신앙과 정신 때문이라고 생각했습니다.

거실에는 TV가 없었으며
벽면에는 예루살렘 성의 그림이 부착되었고,
탁자 아래에는 여러 책들이 쌓여 있었습니다

현장 학습 마지막 날은 유대인의 안식일이었습니다. 우리는 회

미국 쉐마지도자클리닉 졸업식에서 덕스 박사 및 현 교수와 함께 한 고용남 목사 부부

당에서 기도회를 갖는 사람들을 보았습니다. 우선 남녀의 자리가 커텐으로 구분되어 있는 모습이 이채로웠습니다. 회당에서 우리는 두 종류의 기도 모임을 보았습니다. 하나는 경건한 분위기였고, 또 하나는 비교적 열정적인 분위기였습니다. 기도실을 각각 따로 쓰고 있는 것이 한국교회의 경건파와 성령파처럼 보였습니다.

그 후 유대인의 안식일 가정 절기에 참석했습니다. 3명의 자녀를 둔 젊은 부부의 가정은 첫 인상에 중산층 정도로 보였습니다. 현 박사님의 저서에 있는대로 먼저 거실에서 부부는 자녀들을 일일이 가슴에 안고 이마에 입을 맞추며 축복기도를 했습니다. 우리 중의 한 사람이 아홉 살 정도로 보이는 아들이 허리에 차고 있는 찌찌에 대해서 물었을 때 서슴치 않고 유대인이 지켜야 할 613개 조항의 율법을 상징하는 것이라고 대답했습니다. 거실에는 TV가 없었으며 벽면에는 예루살렘 성의 그림이 부착되었고, 탁자 아래에는 여러 책들이 쌓여 있었습니다.

그들은 곧 자리를 옮겨 식탁으로 갔습니다. 식탁 옆에는 벌써 해지기 전에 어머니가 촛불을 켜 놓았습니다. 아버지는 가정의 제사장으로서 아들을 안고 간단한 말씀과 기도를 한 후에 포도주

스를 나누었습니다. 그리고 수도에서 손들을 씻는 정결예식을 행하고 식탁으로 돌아와 빵을 나누었습니다. 여기까지 의식을 마치고 이미 어머니가 정성스럽게 준비한 음식을 나누었습니다. 그 음식은 우리에게도 배려되었습니다. 거기까지가 우리가 지켜 본 그들의 모습입니다. 우리가 들은 바, 그들은 식탁에서 계속 하나님의 말씀을 나눔으로서 자녀들에 대한 신앙의 전수를 자연스럽게 이룬다는 것이었습니다.

현 교수님이 외치던 '거룩한 분노'가 무엇인지 실감했습니다

모두 3차에 걸쳐 시행된 현용수 박사님의 쉐마목회자클리닉은 수강자들에게 많은 도전과 희망을 안겨 주었습니다. 특히 미국에서 유대인들의 삶의 현장을 방문하면서 마음속에 새긴 교훈들이 많았습니다. 이제 교회로 돌아가면 우리는 많은 것들을 새롭게 시행해야 한다는 생각을 하였습니다.

이번 3차 세미나를 참석하는 일은 쉽지는 않았지만, 너무도 유익한 시간이었습니다. 평소에 가정과 사회 그리고 나라와 민족의 현실을 안타까워하며 외치시던 현 교수님의 '거룩한 분노'가 무엇인지 더 실감할 수 있었습니다. 많은 사람들은 우리 시대와 후손에 대한 기대가 사라졌다 말하지만 '아직도 우리에게 기회는 충분하다'는 희망을 갖고 돌아갑니다.

지금까지 쉐마교육연구원을 세우시고 사용하신 하나님께 감사드립니다. 앞으로는 쉐마교육연구원이 더 튼튼하게 체계를 잡아서 전 세계를 향하여 힘차게 퍼져 나갈 수 있기를 기대합니다. 또한 그 일을 위하여 패기 있는 헌신자들이 많이 출현하기를 기도합니다.

쉐마클리닉 참석자들의 증언!

선교신학적 입장

쉐마는 새로운 학문의 눈을 뜨게 해주었다

남후수 박사(Ph.D., 선교학)

- Midwest University 교수(USA)
- Dean, School of Intercultural Studies
- 고려신학대학원 초빙교수
- 학장, Cebu Bible College(Philippines)
- Asia Baptist Graduate Theological Seminary(선교학 Ph.D.)
- Denver Theological Seminary(M.A.)
- 고신대 & 고려신학대학원(BA, M.Div.)

쉐마는 새로운 학문의 눈을 뜨게 해주었다

나는 21년간 필리핀 선교사로 사역한 바 있다. 쉐마교육연구원의 1, 2학기 교육을 받으면서 많은 것을 배웠다. 인성교육 학기에 수직문화와 수평문화에 대한 강의는 이제까지의 교육학 이론을 무색하게 하는 내용들이었고 인성교육에서 수직선교와 수평선교로 이어지는 구약의 지상명령에 대한 강의는 새로운 학문의 눈을 뜨게 해주었다.

선교학을 공부하면서 늘 품어왔던 질문은 왜 힌 지역이 복음화 되면 그곳에 복음을 전해준 곳의 교회는 사라지는가에 대한 의문이었다. 선교학자들은 이것에 대하여 하나님께서 각 시대마다 각각 다른 민족에게 복음을 맡기셨기 때문에 복음의 중심지가 서쪽으로 이동한 것이라고 해석했다. 그러나 이것도 현상의 관찰일 뿐이지 그 원인을 명확하게 설명하지는 못한다. 그런데 구약의 지상명령 쉐마에 대한 강의를 듣고는 명쾌한 답을 얻게 되었다.

이와 같이 지난 1, 2학기의 이론 교육에서 받은 감동이 컸기 때문에 3학기 교육도 큰 기대를 가지고 참석했다. 이번의 3학기 교육은 유대인 공동체속의 현장 참여 학습이라는 점에서 아주 특별한 감명이 있었다.

정통파 유대인들의 회당 새벽기도회와 안식일 기도회 참석과 중고등학교 교실의 수업 참관과 가정에서 지키는 안식일 견학 등은 쉐마교육연구원 훈련생들만이 맛 볼 수 있는 특권이었다. 진보주의파 유대인 대학교 교실과 도서관의 보물들을 구경할 수 있었던 것이나 정통파 랍비와 서기관의 강의와 대화는 아주 소중한 경험이었으며, Holocaust 박물관과 유대인 문화센터도 쉐마를 이해하고 체득할 수 있는 좋은 기회를 제공했다. 비록 4박 5일간의 짧은 일정이었지만 이번 교육 과정은 모든 참여자들에게 평생에 두 번 경험하기 힘든 감동을 주었다.

유대인 공동체 체험과 사례 발표에서
나의 마지막 의문점이 풀렸다

제3학기 교육에 참가하면서 개인적으로 사도행전 15장에 기록된 율법에 관한 예루살렘 공회의 결론과 현 박사님의 주장이 상충된다는 점과, 율법과 문화와의 관계에 대한 질문이 있었다. 그러나 교육에 참석하면서 강의를 듣고 현장을 방문하는 동안에 자연스럽게 해답을 얻을 수 있어서 기뻤다.

제3학기 교육이 1, 2학기 교육과 두 가지 점에서 차이가 있었다. 첫째는 유대인 공동체를 직접 들어가서 실시하는 현장 학습이라는 것이다. 둘째는 캐나다 토론토에 있는 예수촌교회의 김치남 목사가 발표한 쉐마 목회와 가정의 현장 사례 발표였다. 김 목사의 사례 발표는 쉐마교육을 교회에 적용하기 위해 고심했던 참가자들에게 큰 도전을 주었고 용기와 희망을 선물했다.

김 목사는 현 박사님의 책에서 배운대로 유대인들의 방법론을

미국 쉐마지도자클리닉 졸업식 입장을 기다리며…. 우로부터 남후수 박사 부부 안병만 박사 고용남 박사 및 윤희주 목사 부부.

차용하여 한국의 역사, 문화, 전통으로 이룩된 한국의 수직문화로 옷을 입힌 복음을 자손대대로 전수하는 방법을 개발하여 제시했다. 유대인 공동체 견학과 예수촌교회가 발전시킨 한국형 쉐마 모델을 배우는 동안에 율법과 문화 사이에 있었던 개인적인 질문도 자연스럽게 해소되었다.

복음에 쉐마를 더한 선교학 개발이 최선의 대안이다

본인은 필리핀 선교 현장에서 사역하는 동안에 선교학을 전공했고, 또 이것을 가르쳐왔다. 그런데 쉐마교육연구원 훈련에 참석하여 배우면서 깨달은 것은 지금까지의 신약교회 선교학이 너무 타문화권(Cross-cultural Mission)에만 초점을 두었기 때문에 수평적인 선교는 발달했지만, 자문화권 선교나 자녀들에게 복음을 전수하는 수직선교(Geneological Mission)는 등한히 했다는 것이다. 다시 말해서 신약교회는 성경의 핵심 요소인 자녀선교가 빠진 복음을 지금까지 타민족에게 전해왔다. 그리하여 한 때 활발하게 타문화권 선교를 하던 강력한 교회들이 쇠약해지고 마침내는 소멸하고 말았다는 것이다. 그러므로 이제부터의 선교학은 타문화권 연구와 더불어 자손대대로(Geneological) 복음을 전수하는 수직선교학도 함께 발전시켜야 한다고 생각한다. 즉 수평선교와 수직선교를 동시에 시행하는 '쉐마선교학'을 개발해야 한다.

'쉐마선교학'의 발전을 위해서는 현 박사님이 개발한 인성교육을 이해해야 하며, 또 부모교육이나 효도교육 등도 포함시켜야 한다. 그래서 우리가 타민족을 선교할 때 쉐마가 들어간 복음을 전달하여 그 복음을 받는 민족들도 복음을 다시 수평적으로 이웃 민족에게 전할 뿐만 아니라 자기 자녀들에게도 가르쳐서 자손대대로 복음이 전수되게 해야 한다. 이렇게 되면 지금까지의 선교학보다 훨씬 더 방대한 선교학이 될 것이다. 이 '쉐마선교학'의 발전을 위해서는 우선 본인부터라도 힘닿는 데까지 연구하고, 또 가능한 주위의 선교학자나 선교사들과도 힘을 모아야 할 것이다.

다른 분야 학자들도 '쉐마학파' 발전에 힘을 합해야

'쉐마'를 발전시키기 위해서는 다른 인접 분야의 학자들과도 힘을 합해야 한다. 성경학자들은 쉐마의 성경적인 기초와 원리를 더 발전시켜야 하고, 역사신학자들은 잃어버린 쉐마를 교회의 역사에서 찾아 더 발전시켜야 하며, 기독교교육학자들은 한국교회에 맞는 쉐마의 적용 방법을 고안해 내야하고, 설교자들은 쉐마의 회복을 외쳐야 한다. 선교사들은 현지문화를 연구하여 복음과 쉐마의 현지화를 부단히 노력해야 한다. 쉐마의 발전은 이러한 종합적인 노력이 있어야 가능할 것이다.

이렇게 각 학문의 영역에서 쉐마를 발전시켜서 종합하면 기독교 역사에 기여할 새로운 '쉐마학파'가 탄생할 수 있다. 다시 말해서 쉐마의 이론을 날줄로 삼고 자신의 학문을 씨줄로 삼아 베를 짜는 '쉐마학자'들이 탄생할 수 있을 것이다. 그러기 위해서는 대학이나 신학교에서 쉐마를 가르치고 연구하여 제자들을 배출하는 운동을 일으키는 것이 가장 효과적인 한 방법이 될 수 있을 것이다.

쉐마의 세계화를 위하여서는 '쉐마교육학회'를 창설하여 쉐마교육을 받은 졸업생들이 연구한 논문들을 집대성하여 '쉐마학파'를 발전해 나가야 한다. 쉐마연구논문을 영어를 비롯한 각국의 언어로 번역하는 것과 주요 잡지나 학술지에 게재하는 방법도 있을 것이다. 번역을 위해서는 2세대 쉐마 학자들을 양성해야 하며, 또 전문 번역가를 양성하는 것도 필요하다.

세 번에 걸친 쉐마교육을 통하여 전에 깨닫지 못했던 아주 중요한 진리를 알게 되어서 너무 기쁘다. 짧은 시간이나마 유대인의 학교나 박물관 등을 방문하면서 그들의 지혜를 배울 수 있었다. 우리의 이론적 내용에 그들의 방법을 더하면 정말 위대한 것들을 창조할 수 있을 것으로 보인다. 이제 남은 일은 어떻게 쉐마를 날줄삼고 선교학을 씨줄삼아 '쉐마선교학' 베짜기를 하느냐이다. 성령의 도우심을 의지하고 시도해 보고자 한다.

쉐마클리닉 참석자들의 증언!

가정과 교회목회 적용

구약의 지상명령, 쉐마의 발견은 피곤한 목회에 소망과 생기를 주었습니다

박현준 목사(D.D., 목회학)

- 드림교회 담임
- Canada Christian College(D.D.)
- King's Way Theological Seminary(Th.M.)
- 고려신학교(M.Div.)

"다음 세대를 준비하라"는 사명을 받았지만…

"다음 세대를 준비하라"는 사명을 하나님께로부터 받은 이후 하나님의 명령에 순종하려고 부단히도 몸부림쳐 온 목회였습니다. 특별히 황폐해져 가는 아이들을 보면서 우리가 할 수 있는 일이라면 무엇이든지 부딪쳐보고 시도해 보았습니다.

유치부 어린이들을 위하여 어린이 신학교를 세우고, 초등학교 아이들을 위하여 학원을 세워 영성과 지성과 야성이 겸비된 그리스도의 군사를 양성하려고 노력했습니다.

지금까지 하나님의 은혜로 비교적 좋은 결과를 얻었다고 하지만, 늘 아쉬움이 남는 것은 더 구체적이고 분명한 교육을 할 수 없는 한계에 부딪히는 것입니다. 마음은 불타지만 내용이 부족하여 산만한 교육이 반복되었습니다.

그러던 중 후배 목사님의 권유로 현 목사님을 모시고 교회에서

미국에서 쉐마지도자클리닉을 마치고
수료증을 받는 박현준 목사.

교육부흥회를 개최한 후 큰 은혜를 받고 목회자 클리닉에 참여하게 되었습니다. 물론 현용수 교수님의 《IQ는 아버지 EQ는 어머니 몫이다》란 책이 처음 발간되었을 때 책을 통하여 강한 도전과 감동을 받았습니다.

강의를 들으면서 메마른 장작에 불이 붙어가는 은혜를 체험했습니다. 분명 쉐마교육은 교회가 해야 할 핵심 원리를 깨닫게 했습니다. 다음 세대를 준비하되 "어떤 세대로 준비해야 할 것인가?"에 대한 명쾌한 답을 얻었습니다. 물론 3차까지 참여한 후에 내려야 할 결론이겠지만 수직문화와 수평문화라는 용어 그 자체만으로도 이미 그림은 본 셈입니다. 다음 세대들을 위해 부어주시는 하나님의 잔에 넘치는 은혜라 여겨집니다.

- 이번 강의는,
1. 우리 민족과 교회와 시대의 문제를 본질적으로 분별하게 해

주었습니다.

2. 우리가 추구하고 이루어야 할 선명한 주제를 주었습니다.

3. 잘못된 사상을 극복할 수 있는 정교하고도 치밀한 논리로 무장할 수 있게 해 주었습니다.

4. 풍부한 지식을 공급해 주는 고품격의 강의였습니다.

지도와 나침반과 노를 손에 쥐어 준 목회자 클리닉이었습니다

쉐마목회자클리닉은 "지도와 나침반과 노를 손에 쥐어 준 기회였습니다." 이제 복음의 토양이요, 그릇이 되는 인성교육에 최선을 다하려고 합니다. 구약과 신약의 지상명령을 균형 있게 이루고 순종하려고 합니다. 재미가 아닌 의미를 추구하고, 내면적 자신감과 외면적 자신감이 어우러진 고품격 목회가 이루어지도록 노력할 것입니다. 그래서 하나님의 기대하심을 이루어드릴 것입니다.

쉐마사역은 하나님의 일이요, 성경의 핵심입니다. 먼저 자녀를 제자 삼는 일에 더욱 최선을 다할 것입니다. 그리고 어린이, 중·고 아이들의 새벽기도운동을 통해 쉐마운동을 전개하려고 합니다. 부흥회를 통해서 이미 파급된 쉐마운동을 교회 전 영역에 적용하여 교회 체질을 바꾸려고 합니다. 이미 진행되고 있는 I-School, S.O.T. 등을 쉐마로 더욱 강화시키고, 준비 중에 있는 대안학교와 홈스쿨링을 적극적으로 실행하려고 합니다.

쉐마를 주신 하나님께 감사를 드립니다. 쉐마를 위하여 열정을 쏟고 계시는 현 교수님을 위해 기도하겠습니다. 부족하지만 쉐마 사역의 번창을 위해 후원하겠습니다. 그리고 더 많은 동역자들을 쉐마 현장으로 이끌겠습니다.

쉐마클리닉 참석자들의 증언!

가정과 교회목회 적용

답을 찾아 하버드까지 갔지만 결국 쉐마에서 찾았다

한원섭 목사(D.Min., 목회학)

- 인천 하얀교회 담임
- 미국 하버드 교육대학원 교육지도자 과정 수료
- 펙림 신학대학원 목회학 박사(D.Min.)
- 훼이스신학대학원 종교교육학 박사 (D.Re.)
- 총회신학 대학원 졸업(M. Div.)
- 세계어린이선교신학 학장
- (사)나눔과 기쁨 인천남동구지부 대표회장
- 쉐마교육협력위원회 실무회장

한번 이벤트에 어린이 1,600여 명씩 모았지만 몇 년 후 적은 열매에 허망함 느껴

필자는 어린이선교에 미친(?) 사람이다. 한국어린이선교원 원장이신 이강무 목사님(현 성민대학교 총장) 밑에서 전도사로 시작하여 어린이 사역을 한 지 31년째다. 그곳에서 사무장을 맡으며 이 목사님을 도와 전국 방방곡곡에 20,000교회에 20,000 어린이선교원을 설립했다.

어린이 선교에는 누구보다도 자신감이 있었던 필자는 그곳에서 독립하여 인천에 하얀교회를 개척하고 인천 지역에서 어린이 선교를 다시 시작한지 22년째가 됐다.

하나님이 주신 은사로 나름대로 어린이를 모으는 재주는 탁월했다. 인천에서 목회를 하면서 구체적인 이벤트 계획 아래 매회 여름마다 어린이 전도를 나가면 1,000명에서 1,600여명 정도를 모아왔다. 그래서 항상 전체 유년주일학교(유치부에서 초등 6학년까

부록1 295

지)에 1,000여명 정도의 어린이들이 있었다. 어린이선교원과 초등부 방과 후 기독미션스쿨에 500여명의 어린이들이 있어, 도합 1,500여명의 어린이가 지속적으로 양육되고 있었다(장년은 200여명 정도).

그런데 매해마다 생기는 문제를 발견했다. 유치부에는 350~400여명 정도가 있었고, 초등학교 6학년에는 6~70명 정도가 있었는데, 중등부로 올라가면 얼마 되지 않아 10여명 정도만 남았다. 그리고 고등학교 3학년 정도만 되면 3~4명 정도의 교회 중직자 자녀들만 남기 일쑤였다. 나머지는 그 때마다 다른 학생들로 채워졌다.

대안을 찾아 하버드까지 가서 공부했지만…

오랜 세월 동안 헛수고만 했다는 결론에 도달했다. 그리고 마음은 너무나 허망했다. 생명을 다해 충성했는데…. 다른 좋은 대안은 없는가? 그 후 어린이 교육에 좋다는 교육은 거의 다 배워 실천해 보았다. 몬테소리를 비롯해 하버드 대학의 교육지도자 과정인 피아제 인지발달을 중심으로 한 유아교육과정도 마쳤다. 그리고 미국에서 기독교교육학으로 박사 학위도 받았다. 대안을 찾기 위해서였다.

그러나 허망한 문제는 여전히 풀려지지 않았다. 마음은 점점 더 초조해지고 공허해져 갔다. 어린이들의 인성교육도, IQ교육도, 영성교육도 거의 모두 실패를 거듭했다. 필자는 한번 하면 한다는 성격이라 아무리 새벽부터 밤늦게까지 열심히 노력해도 열매는 미미했다. 어린이들을 많이 모아놓아 잎은 무성한 것 같은데 열매가 거의 없었다. (어떤 이들은 속도 모르고 어린이 많이 모은 것을 부러워했다.) 함께 사역하는 아내와 함께 지치기 시작했다. 그러던 차에 1997년도에 현용수 박사님의 저서 《IQ는 아버지 EQ는 어머니 몫이다》(부제: 유대인 자녀교육)를 접하게 되었다. 그 때 이 책을 단숨에 읽고 "아, 이런 책도 있구나!" 하며 큰 감명을 받았다.

그러나 그 책 내용을 가정과 교회에서 직접 적용하지는 못했다.

쉐마클리닉에 700만원이 깨졌는데도
기도시간에 기쁨과 감사에 통곡했다

그러던 중 미국에서 쉐마목회자클리닉이 있다는 소식을 듣고 우리 부부는 만사를 다 제치고 미국행 비행기를 탔다. 1차 세미나 후 2차 세미나를 다녀오니까 미국에서 다른 여행은 하나도 하지 않았는데도 거금 700만원이 깨졌다. 당시에는 한국에 쉐마목회자클리닉이 개최되지 않았을 때였다. 그런데 전혀 후회가 되지 않았다. 너무나 감사와 기쁨과 자신감이 넘쳤다.

필자는 해병대 출신으로 잘 울지 않는 사람이다. 그런데 현용수 박사님의 쉐마 강의를 들으며 매 시간마다 가슴에 많은 눈물을 적시었다. 당시 강의와 함께 기도회도 겸했는데 기도회 시간에는 우리 부부가 통곡을 하며 울었다. 성령님의 강권적인 역사였다. 진리를 찾은 감격에 울었다. 얼마나 이를 찾아 헤메었던가! 하나님이 부족한 종의 기도에 응답하셨기 때문에 울었다.

그리고 4,000년 동안 말씀을 전수한 유대인의 실생활들을 견학하며 그 현장을 체험하니 모든 안개에 덮였던 것 같은 교육의 비전이 새롭게 선명하게 그려졌다. 확신이 생겼다. "바로 이것이구나!" 의문의 여지가 없었다. 이제는 실천만 남았다.

일곱 번 연이어 현 박사님의 강의를 들은 이유

결국 정답은 말씀교육으로 돌아가는 구약의 지상명령인 쉐마교육에 있었다. 늘 현 박사님이 주창하는 부모에게 말씀을 가르쳐 부모가 자녀를 말씀의 제자를 삼도록 하는 쉐마교육이었다. 한 가지 더 첨가한다면 인성교육의 중요성을 발견하였다는 점이다. 특히 Pre-Evangelism의 툴로 인성교육이 되지 않으면 복음적 토양이 자갈밭이 되어 복음도 잘 받아들이지도 않거니와 주님을 영접하고도 제자화하기에 힘들다는 사실도 알게 되었다. 왜 요즘 전도가 잘되지 않는지, 교회성장에 수평이동만 많은지 그 이유를 알게 된 셈이다. 그리고 대안을 찾아 실천했다.

필자는 남보다 우둔해서라기보다는 현 박사님의 강의 내용이 너무나 깊고 넓어서 동일한 강의를 일곱 번을 연이어 계속 들었다(한국에서). 그랬더니 더 선명하게 이해가 되었다. 뿐만 아니라 현 박사님의 강의 테이프(두 세트)를 반복하여 들었다. 그리고 현 박사님의 모든 책들을 연구하며 내 것으로 소화해서 필자가 원장으로 있는 세계어린이선교신학원에서 쉐마교육을 학생들에게 직접 가르치기 시작했다. (기존 기독교교육의 커리큘럼을 모두 쉐마교육으로 바꾸었음) 그리고 교회에서는 부모반을 만들어 가르치고 어린이선교원에서도 부모와 함께 어린이들에게 한국인의 인성교육과 쉐마교육을 유대인처럼 가르치기 시작했다.

쉐마교육 실천에 기대 이상의 놀라운 결과에 놀라

결과는 놀라왔다. 어린이선교신학교 학생들이 변하기 시작했다. 그들이 변하니 어린이들은 저절로 변했다. 어린이들은 인성만 좋아지는 것이 아니라, 현용수 교수가 지은 《유대인 아버지의 4차원 영재교육》(동아일보, 2006)의 방법으로 가르쳤더니, 30점에서 60점 정도를 받던 어린이들이 평균 90점 이상으로 올라갔다. 이런 어린이들이 하나 둘이 아니다. 필자도 놀라고 학부모들도 놀란다.

이변이 생긴 것이다. 이제는 인성교육과 영성교육 그리고 IQ교육, 모두에 성공하고 있다. 어린이들이 중등부에 올라갈 때도 거의 100% 올라간다. 중도 탈락이 거의 없다. 물론 우리 가정의 자녀들도 변했다. 물론 교회도 점차적으로 내실을 기하며 성장하고 있다. 5년만의 쾌거다.

**초청 강의 쇄도,
"내 강의는 1억 5천만원 짜리입니다."**

희소식은 더 있다. 이것이 주변에 소문이 나면서 거의 매주 밀리는 초청 강의에 너무나 바쁘다. 쉐마 전도사가 된 것이다. 비록 내가 강의료에 연연하지 않는다 하더라도 나는 학부모들에게 자신 있게 말한다.

"여러분이 듣는 이 강의는 1억 5천만원짜리 이상의 강의입니다. 왜냐하면 자녀를 유치원에서 고등학교까지 학원에 보내는 비용도 이 정도인데 내 강의는 IQ교육이나 인성교육적 측면에서 이보다 너무나 탁월하고 좋기 때문입니다."

역시 하나님은 하나님의 말씀대로 가르치니 세상에서도 머리가 되고 꼬리가 되지 않게 하시겠다(신 28:13)는 그 언약의 말씀을 지키시는 분이심을 매일 체험하고 있다. 현재는 그 열매를 너무나 맛있게 따먹고 있다. 할렐루야!

어린이선교 사역의 선배로서 한국의 어린이 선교에 헌신하시는 분들에게 간곡하게 알리고 싶다. 기존의 교회교육 위주에서 쉐마교육으로 전환하십시오. 빠르면 빠를수록 헛수고를 덜합니다.

그동안 저에게 이러한 가르침을 주신 현용수 박사님에게 진심으로 감사드린다. 하나님의 크신 은혜였다.

부록 2

쉐마 국악 찬양

인성교육적 측면에서
왜 국악 찬양이 필요한가!

유대인의 성공은 어디에서 오는가? 그들은 어떻게 자손 대대로 하나님의 말씀을 전수하는 데 성공하였는가? 그들은 자녀를 깊이 생각하는 뿌리 깊은 인간으로 양육하기 때문이다. 그들은 어떻게 자녀를 깊이 생각하는 뿌리 깊은 인간으로 양육할 수 있는가?

저자는 유대인을 모델로 한 저자의 저서 《현용수의 인성교육 노하우》 제1권에 수직문화와 수평문화에 대한 이론을 개발하였다. 그들은 표면적인 수평문화보다는 깊이 있는 수직문화를 가르치기 때문이다. 수직문화 중 하나가 자기 민족의 역사의식과 전통을 귀하게 여기고 가르치는 것이다. 그런데 한국인 기독교인은 우리의 전통을 무시하고 서양 것에만 너무 익숙해져 있다. 한국인 기독교인의 인성교육적 측면에서 분명히 잘못된 것이다.

물론 그만한 이유도 있다. 한국인 기독교인이 한국 민족의 전통을 그대로 이어갈 수 없는 이유는 대부분 한국의 전통들이 그 내용이나 형식을 보면 우상을 섬기는 데서 나왔기 때문이다. 그렇다면, 한국인 기독교가 한국의 전통을 어떻게 사용할 수 있는가? 두 가지로 생각할 수 있다.

첫째, 기독교에서 한국의 전통을 잇기 위해서는 그 전통의 내용을 신본주의 사상으로 바꾸어 일부 형식만 사용하는 방법이다. 예를 들면 조상들에게 추수에 대한 감사를 표시하는 한국의 추석을 하나님께 추수에 대한 감사를 표시하는 추수감사절로 바꾸어 사용하는 방법이다. 기도도 마찬가지다. 서양 사람들은 의자에 앉아서 혹은 서서 기도한다. 그러나 한국인은 옛날부터 무릎을 꿇고 조상신들에게 빌었다. 이런 기도하는 방법, 즉 무릎을 꿇고 하나님께 기도하면 얼마나 하나님 앞에 정성스런 기도가 될 것인가? 뿐만 아니라 찬양도 국악의 형식을 빌어 하나님을 찬양할 수 있다. 우리 민족의 고유 가락을 하나님 섬기는 도구로 사용하는 것이다.

둘째, 보편적 윤리나 도덕적 예의나 지혜는 그대로 사용할 수 있다. 예를 들면, 서양 사람들이 인사할 때는 고개를 그대로 들고 "하이(Hi!)" 한다. 그러나 한국 기독교인은 고개를 많이 숙이면서 "안녕하세요"라고 말한다. 뿐만 아니라 한국의 고사성어에는 동양의 지혜가 많이 배어 있다. 예를 들면, 토사구팽(兎死狗烹), 새옹지마(塞翁之馬), 결자해지(結者解之) 등이다. 식자우환(識字憂患)이란 고사성어는 전도서에 나오는 말씀이다(전 1:18). 이런 것들은 종교를 떠나 한국인 지식인이라면 마땅히 알고 평상시에 사용하여야 한다. 특히 성경의 잠언이나 전도서 같은 지혜서에 나오는 말씀들도 동양에 얼마든지 있다. 왜냐하면, 하나님께서 이방인에게도 성경이라는 특수계시를 주시기 전 하나님을 알 만한 보편적 진리(롬 1:19~20)를 주셨기 때문이다. [자세한 내용은 저자의 저서 《현용수의 인성교육 노하우》(전4권, 동아일보, 2008) 참조]

〈부록 2〉에는 부족한 종이 쉐마사역을 위하여 작사한 '쉐미 3대 찬양'과 '쉐마 효도 찬양' 그리고 박성희 목사가 작사한 '쉐마 이스라엘 들으라'를 싣는다. 곡은 모두 국악이다. 곡을 만드신 작곡가 류형선, 정세현, 조춘오 세 선생님에게도 감사를 드린다. 차제에 국악찬양이 많이 보급되어 전 세계에 흩어진 한국인 기독교인들이 우리의 것으로 하나님을 찬양하는 날이 속히 오기를 소원한다.

저자 현용수

쉐마3대찬양

참고자료 (References)

외국 자료

Abramov, Tehilla. (1988). *The Secret of Jewish Femininity*. Southfield, MI: Targum Press Inc.

Agron, David. (1992). *Soviet Jews: A Field God Has Plowed*. Fuller Theological Seminary School of World Mission, Th.M. Thesis. Pasadena, California.

Agus, J. B. (1941). *Modern Philosophies of Judaism*. New York, NY: Behrman's Jewish Book House.

Allis, O. T. (1982). *The Five Books of Moses*. Translated into Korean by Jung-Woo Kim. Seoul: Christian Literature Crusade.

An expository dictionary of Biblical Words. (1985). Edited by Vine, Unger & White. NY: Thomas Nelson Publishers.

Angoff, Charles. (1970). *American Jewish Literature*. New York, NY: Simon and Schuster.

Baeck, Leo. (1958). *Judaism and Christianity*. Philadelphia: Jewish Publication of America.

Ben-Sasson, H. H. Editor. (1976). *A History of the Jewish People*. Cambridge, MA: Harvard University Press.

Berenbaum, Michael. (1993). *The World Must Know, The History of the Holocaust As Told in the United States Holocaust Memorial Museum*. Boston, MA: Little, Brown and Company.

Birnbaum, Philip. (1991). *Encyclopedia of Jewish Concepts*. New York, NY: Hebrew Publishing Company.

Bloch, Avrohom Yechezkel, (   ), *Origin of Jewish Customs: The Jewish Child*. Brooklyn, N. Y: Z. Berman Books.

Botterweck & Ringgren, ed. (1977). *Theological Dictionary of the Old Testament, Vol. 1*. Grand Rapids, MI: Eerdman Publishing Company.

Bridger, David. ed. (1962, 1976). *The New Jewish Encyclopadia*. West Orange, NJ: Behrman House, Inc.

Brown, Collin, ed. (1975). *The New International Dictionary of New Testament Theology, Vol. 1*. Grand Rapids, MI; Regency Reference Library, Zondervan.

Brown, Driver & Briggs. (1979). *The New Brown – Driver – Briggs – Genesis*

Hebrew and English Lexicon. Peabody, Ma: Hendrickson Publishers.

Bryant, Alton. Editor. (1967). *The New Compact Bible Dictionary*. Grand Rapids, MI: Zondervan.

Calvin, John. (1980). 로마서 빌립보서 주석, 존칼빈성서주석출판위원회 번역. 서울: 성서교재간행사.

_____. (1981a). *Genesis, the Pentateuch*, Vol. I. Grand Rapid, MI: Baker Book House.

_____. (1981a). *Exodus, the Pentateuch*, Vol. II. Grand Rapid, MI: Baker Book House.

_____. (1981). *Institutes of the Christian Religion*. Translated by Moon Jae Kim, Seoul: Haemoon-sa.

Chait, Baruch. (1992). *The 39 Avoth Melacha of Shabbath*. Jerusalem, Israel: Feldheim Publishers, Ltd.

Cohen, Abraham. (1983). *Everyman's Talmud*. Translated in Korean by Ung-Soon Won, Seoul: Macmillian

_____. (1995). *Everyman's Talmud*. New York, NY: Schocken Books.

Cohen, Nachman. (1988). *Bar Mitzvah and Beyond*. Yonkers, NY: Torah Lishmah Institute, Inc.

Cohen, Simcha Bunim. (1993). *Children in Halachan*. Brooklyn, NY: Mesorah Publications, Ltd.

Cohen. (1992). *The Psalms*. Revised by Rabbi Oratz. New York, NY: The Soncino Press, Ltd.

Coleman, William L. (1987). *Environments and Customs of Bible Times*. Seoul: Seoul books.

Complete Word Study Dictionary(The). (1992). Complied and edited by Spiros Zodhiates. Chattanooga, TN: AMG Publishers.

Darmesteter, A. (1897). *The Talmud*. Philadephia: The Jewish Publication Society of America.

Debour, Rolang. (1992). *Social Customs in Old Testaments(I)*. Seoul: Kidok Jungmoon-sa.

_____. (1993). *Social Customs in Old Testaments(II)*. Seoul: Kidok Jungmoon-sa.

Derovan & Berliner. (1978). *The Passover Haggadah*. Los Angeles, CA: Jewish Community Enrichment Press.

Ditmont, Max I. (1979). *Jews, God and History*(한국역: 이것이 유대인이다). Translated into Korean by Young Soo Kim, Seoul, Korea: 한국기독교

문학연구 출판부.

Donin, Hayim Halevy. (1972). *To Be A Jew: A Guide to Jewish Observance in Contemporary Life*. USA: Basic Books.

_____. (1977). *To Raise A Jewish Child: A Guide for Parents*. USA: Basic Books.

_____. (1980). *To Pray As A Jew: A Guide to the Prayer Book and the Synagogue Service*. USA: Basic Books.

Drazin, N. (1940). *History of Jewish Education*. Baltimore: The Johns Hopkins press.

Ebner, Eliezer. (1956). *Elementary Education in Ancient Israel*. New York: Bloch publishing Co.

Eisen, Robert. (2000). *The Education of Abraham: The Encounter between Abraham and God over the Fate of Sodom and Gomorrah*. Jewish Bible Quarterly. Vol. 28. No. 2, pp. 80~86.

Encyclopedia of Religion (The). (1987). New York. NY: Macmillan Publication Co.

Erikson, E. (1959a). *Identity and the Life Cycle, Psychological Issues*. Vol. 1. New York: International University Press.

_____. (1959b). *Dimensions of New Identity(1st Ed.)*. New York: W. W. Norton & Co.

_____. (1963). *Childhood and Society(2nd Ed.)*. New York: W. W. Norton & Co.

_____. (1968). *Identity Youth and Crisis*. New York: W. W. Norton & Co.

_____. (1982). *The Life Cycle Completed*. London: W. W. Norton & Co.

Feldman, Emanuel. (1994). *On Judaism*. Brooklyn, NY: Shaar Press.

Grayton, J. (1985). *Early Buddhism and Christianity in Korea*. Leiden: E. J. Brill.

Hamilton, Victor P. (1995). *The Book of Genesis*. Grand Rapid: MI: William B. Eerdmans Publishing Co.

Heller, A. M. (1965). *The Jew and His World*. New York, NY: Twayne Publishers, Inc.

Hirsch, Samson Raphael. (1988). *Collected Writings of Rabbi Samson Raphael Hirsch*. Jerusalem, Israel: Feldheim Publishers Ltd.

_____. (1989a). *Genesis, the Pentateuch, Vol. I*. Gateshead: Judaica Press Ltd.

_____.(1989b). *Exodus, the Pentateuch, Vol. II*. Gateshead: Judaica Press Ltd.

_____.(1989c). *Leviticus, the Pentateuch, Vol. III*. Gateshead: Judaica Press Ltd.

_____.(1989d). *Numbers, the Pentateuch, Vol. IV*. Gateshead: Judaica Press Ltd.

_____.(1989e). *Deuteronomy, the Pentateuch, Vol. V*. Gateshead: Judaica Press Ltd.

_____.(1990). *The Pentateuch*. Edited by Ephraim Oratz, New York, NY: Judaica Press, Inc.

Hoffman, Joel E. (1997). *Jewish Education in Biblical Times: Joshua to 933 B.C.E. Jewish Bible Quarterly*. Vol. 25. No. 2. 1997, pp. 114~119.

Holy Bible. (NIV, KJV). (1985).

Hoon, Paul. (1971). *The Integrity of Worship*. Nashville: Abingdon Press.

Horton, Davis. (1957). *Christian Worship*. NY: Abingdon Press.

Hunt, E. (1980). *Protestant Pioneers in Korea*. Maryknoll: Orbis Books.

Hyun, Yong Soo. (1990). *The Relationship between Cultural Assimilation Models, Religiosity, and Spiritual Well-Being Among Korean-American College Students and Young Adults in Korean Churches in Southern California*. Doctoral dissertation, Biola University, Talbot School of Theology, La Mirada CA. Ann Arbor: University Microfilms International.

_____. (1993). *Culture and Religious Education*. Seoul: Qumran.

Jacobs, Louis. (1984). *The Book of Jewish Belief*. New York, NY: Behrman House, Inc.

_____. (1987). *The Book of Jewish Practice*. West Orange, NJ: Behrman House, Inc.

Jensen, I. R. (1981a). *Genesis: A Self-Study Guide*. Translated into Korean by In-Chan Jung. Seoul: Agape Publishing House.

_____. (1981b). *Exodus: A Self-Study Guide*. Translated into Korean by In-Chan Jung. Seoul: Agape Publishing House.

Kahn, Pinchas. (2002). *The Mission of Abraham: Genesis 18:17~22:19*. Jewish Bible Quarterly. Vol. 30. No. 3, 2002, pp. 155~163.

Kaiser, Walter. (2005). *Mission in the Old Testament*, 임윤택 번역, 서울: 기독교문서선교회.

Kaplan, Aryeh. (2005). *Tefillin*. New York, NY: OU/NCSY Publications.

_____. (2008). *Tzitzith, A Thread of Light*. New York, NY: OU/NCSY Publications.

Keach, Benjamin. (1991). *성경의 환유, 은유, 예표, 비유, 제유 해설 대사전*. 서울: 여운사.

Keil & Delitzsch. (1989a). *Genesis, the Pentateuch, Vol. I.* Grand Rapid, MI: Hendrickson.

_____. (1989b). *Exodus, the Pentateuch, Vol. II.* Grand Rapid, MI: Hendrickson.

Kim Kwang Chung, Warner and Kwon Ho Young. (2001). *Korean American Religion in International Perspective.* In Korean Americans and Their Religions: Pilgrims and Missionaries from a Different Shore, 3-24, University Park, Pa: Pennsylvania State University Press.

Kling, Simcha. (1987). *Embracing Judaism.* New York, NY: The Rabbinical Assembly.

Kolatch, Alfred J. (1981). *The Jewish Book of Why.* Middle Village, NY: Jonathan David Publishers, Inc.

_____. (1985). *The Second Jewish Book of Why.* Middle Village, NY: Jonathan David Publishers, Inc.

_____. (1988). *This Is the Torah.* Middle Village, NY: Jonathan David Publishers, Inc.

Lamm, Maurice. (1969). *The Jewish Way in Death and Mourning.* New York: Jonathan David Publishers.

_____. (1980). *The Jewish Way in Love and Marriage.* Middle Village, NY: Jonathan David Publishers, Inc.

_____. (1991). *Becoming a Jew.* Middle Village, NY: Jonathan David Publishers, Inc.

_____. (1993). *Living Torah in America.* West Orange, NJ: Behrman House, Inc.

Lamm, Norman. (2002). *The Shema: Spirituality and Law in Judaism.* Journal of Law and Religion. 17, 2002. Book Review.

Lampel, Zvi. trans. (1975). *MaimonidesO Introduction to the Talmud.* New York, NY: Judaica Press.

Lange, J. p. (1979). *The Book of Genesis I & II.* Translated into Korean by Jin-Hong Kim. Seoul: Packhap.

Lee, Helen. (1996). *Silent Exodus. Can the East Asian Church in America Reverse the Flight of Its Next Generation?* Christianity Today, no. August 12(1996): 50~53.

Lee, Sang-Keun. (1989). *Genesis, the Lee's Commentary.* Seoul: Sungdung-sa.

_____. (1989). *Exodus, the Lee's Commentary.* Seoul: Sungdung-sa.

Leupold, H. C. (1942). *Exposition of Genesis. Vol. I.* Grand Rapids: Baker.

_____. (1974). *Exposition of the Psalms*. Grand Rapids: Baker.

Levi, Sonie B. & Kaplan, Sylvia R. (1978). *Guide for the Jewish Homemaker*. New York, NY: Schocken Books.

Lindgren, Alvin. (1983). *Foundations for Purposeful Church Administration*. Nashville, TN: Abingdon Press.

Luther, Martin. (1962). *On the Jews and Their Lies*. trans. Martin H. Bertram, in Martin Luther's Works, 47:268~72(1543). Philadelphia, Pa: Muhlenberg.

MacArthur, John. (2001). *Successful Christian Parenting*. Translated into Korean by Ma Young Rae, Seoul: Timothy Publishing House.

Mathews, Kenneth A. (2005). *The New American Commentary, Vol. 1B*. Nashville, TN: Broadman & Holman Publishers.

Matzner-Bekerman, Shoshana. (1984). *The Jewish Child: Halakhic Perspectives*. New York, NY: KTAV Publishing House, Inc.

McGavran, Donald. (1980). *Understanding Church Growth*. Grand Rapid, MI: Zondervan.

New Compact Bible Dictionary. (1967). Editor; Alton Bryant. Grand Rapids, MI: Zondervan.

New International Dictionary of New Testament Theology Vol. 1(The). Edited by Collin Brown, 1975, Grand Rapids, MI; Regency Reference Library, Zondervan.

Payne, J. B. (1954). *An Outline of Hebrew History*. Grand Rapid, MI: Baker Book House.

Pilkington, C. M. (1995). *Judaism*. Lincolnwood, Il: NTC Publishing Group.

Ramban. (1999). *Ramban Commentary on the Torah, Genesis*. Brooklyn, NY: Shilo Publishing House, Inc.

Rashi. (1994). *The Metsudah Chumash. Vol. V*. Hoboken, NJ: KTAV Publishing House.

_____. (2003a). *The Metsudah Chumash. Vol. V*. Hoboken, NJ: KTAV Publishing House.

_____. (2003b). *Commentary on the Torah Vol. 1. Genesis*, New York, NY: Mesorah Publication, Ltd.

Reuben, Steven Carr. (1992). *Raising Jewish Children In A Contemporary World*. Rocklin, CA: Prima Publishing.

Sanders, E. P. (1995). *Paul, the Law, and the Jewish People*. Translated by Jin-Young Kim, Seoul: Christian Digest.

Scherman & Zlotowitz(Editors). (1992). *The Complete Art Scroll Siddur*. NY: Mesorah Publication, Ltd.

_____. (1994). *The Chumash*. Brooklyn, NY: Mesorah Publication, Ltd.

_____. (2004). *The Complete Art Scroll Siddur*. Brooklyn, NY: Mesorah Publication, Ltd.

_____. (2005). *The Chumash*. Brooklyn, NY: Mesorah Publication, Ltd.

Scherman, Nosson(Ed.) (1998). *Tanach, The Torah/Prophets/Writings*. Mesorah Publications, Ltd.

Seymour Sy Brody, Art Seiden(Illustrator), (1996). *Jewish Heroes and Heroines of America: 150 True Stories of American Jewish Heroism*. New York, NY: Lifetime Books.

Solomon, Victor M. (1992). *Jewish Life Style*. Translated into Korean by Myung-ja Kim, Seoul: Jong-ro Books.

Song, Min-Ho. (1997). *Constructing a Local Theology for a Second Generation Korean Ministry*. Urban Misson, no. December(1997): pp. 23~34.

Stott, John. (1996). *The Message of 1 Timothy & Titus*. 김현희 역, Leicester, England; InterVarsity Press.

_____. 디모데전서 · 디도서 강해. 김현희 역, 서울; 한국기독학생회(IVP).

Strassfeld, Michael. (1985). *The Jewish Holidays, A Guide & Commentary*. NY: Harper and Row.

Swift, Fletcher H. (1919). *Education in Acient Israel from Earliest Times to 70 A. D*. The Open Court Publishing Company.

Talmud. Babylonian Edition.

_____. Jerusalem Edition.

TANACH. (1998). *The Jewish Bible*. Brooklyn, NY: Mesorah Publication, Ltd.

TANAKH. (1985). *The Jewish Bible*. The Holy Scriptures by JPS.

Telushkin, Joseph. (1991). *Jewish Literacy*. New York, NY: William Morrow and Company, Inc.

_____. (1994). *Jewish Wisdom*. New York, NY: William Morrow and Company, Inc.

Theological Dictionary of the Old Testament Vol. 1. Edited by Botterweck & Ringgren, 1977, Grand Rapids, MI: Eerdman Publishing Company.

Tokayer, Marvin. (2007). 탈무드 1; 탈무드의 지혜. 현용수 편역. 서울: 동아일보사.

_____. (2007). *탈무드 2: 탈무드와 모세오경*. 현용수 편역. 서울: 동아일보사.

_____. (2009). *탈무드 3: 탈무드의 처세술*. 현용수 편역. 서울: 동아일보사.

_____. (2009). *탈무드 4: 탈무드의 생명력*. 현용수 편역. 서울: 동아일보사.

_____. (2009). *탈무드 5: 탈무드의 잠언집*. 현용수 편역. 서울: 동아일보사.

_____. (2009). *탈무드 6: 탈무드의 웃음*. 현용수 편역. 서울: 동아일보사.

Touger, Malka. (1988a). *Sefer HaMitzvot Vol. 1*. New York, NY: Moznaim Publishing Corporation.

_____. (1988b). *Sefer HaMitzvot Vol. 2*. New York, NY: Moznaim Publishing Corporation.

Unger, M. F. (1957). *Unger's Bible Dictionary*. Chicago: Moody Press.

Unterman, Isaac. (1973). *The Talmud*. New York, NY: Bloch Publishing Company.

US Today, *Working Mom to Home for Baby Nurturing*. May 4, 2004.

Vilnay, Zev. (1984). *Israel Guide*. Jerusalem: Daf-Chen.

Vine, W. E. (1985). *An Expository Dictionary of Biblical Words*. Nashville: Thomas Nelson Publishers.

Wagschal, S. (1988). *Successful Chinuch*. Jerusalem, Israel: Feldheim Publishers Ltd.

Walder, Chaim. (1992). *Kids Speak Children Talk About Themselves*. Jerusalem, Israel: Feldheim Publishers.

Waltke, Bruce K. (2001). *Genesis*. Grand Rapid: MI: Zondervan Publishing Co.

Webber, Robert. (1994). *Worship: Old and New*. trans. by Ji-Can Kim. Seoul: Wordd of Life.

Wenham, Gordon J. (1994). *World Biblical Commentary, Vol. 2*. Nashville, TN: Thomas Nelson Publishers.

Westermann, Claus. (1995). *A Continental Commentary, Genesis Chapter 12~36*. Minneapolis: Fortress Press.

Wilson, Marvin R. (1993). *Our Father Abraham, Jewish Roots of the Christian Faith*. Grand Rapid, MI: William B. Eerdmans Publishing Company.

Zlotowitz, Meir. (1989). *Pirkei Avos Ethic of the Fathers*. Brooklyn, NY: Mesorah Publications, Ltd.

인터넷 자료

http://auskec.org/bbs/zboard.php?id=resource03&page

http://leewongu.byus.net/spboard /board.cgi?id=lee wongu_1&action=download&gul=143)

http://www.aspire7.net/belief-2-15.html

http://www.christiantoday.co.kr/view.htm?id=172503

http://www.gmnnews.com/gcolumn/spview.asp?num=28&code=p015, 2007년 12월 23일)

http://www.hanhim.org/zeroboard/zboard.php?id

http://www.imdusa.org/for2007/aboutfor2007-2.html

한국 자료

국민일보. *교회학생 급감 '비상'*. 2001년 9월 28일.

김상룡. (1994). *동방의 등불 한국*. 서울: 행림출판

김종욱. (1998). 민족 번영을 위한 준비. 공군 정신교육원 햇불지 23호. 1998년.

김홍기, *40년의 한국교회 성장율*. http://www.churchgrowth21.com/decadalgrowth.html

김홍식, 동성애에 대하여. 미주중앙일보, 2008년 11월 13일.

데이비드 커. (2005). 영국 웨일즈 지역 신앙각성 운동: *17세기~20세기 사이에 일어난 부흥 운동에 대한 고찰*. 한국기독공보, 2005년 6월 4일.

데지마 유로. (1988). *유대인의 사고방식*. 고계영, 이시준 역, 도서출판 남성.

동아 메이트 국어사전. (2002). 서울: 두산 동아.

동아일보. 타고르. 동방의 등불. 1929년 4월 2일.

dongponews.com, 2001, 제2호(1, 2월호), USA.

미주크리스천신문. *미국 내 한인교회 총 3,437*. 2005년 1월 29일, p. 1.

_____. *아이들 TV 너무 많이 본다*. 1996년 12월 21일.

_____. *미국 내 한인 교회 수는 약 3,402개*. 2006년 1월 14일.

미주크리스천월드. *한국교회, 1만7697명 선교사 파송*. 2008년 11월 17일.

민현식, (2005). 한류열풍의 정신문화적 가치. 한국교육개발원의 교육정책 포럼. 2005년 12월 23일.

박미영. 아이 기르기를 즐기는 이스라엘식 육아법을 아세요? 라벨르(labelle). 1995년 8월호, pp. 381~393.

_____. (1995). 유대인 부모는 이렇게 가르친다. 서울: 생각하는 백성.

박용규. (2007). 알렉산더 피터스; 성경번역자, 찬송가작사자, 복음전도자, 논문집: 알렉산더 피터스 선교사 조명. 서울: 내곡교회한국교회사연구소.

박윤선. (1980). 성경주석, 창세기 출애굽기. 서울: 영음사.

_____. (1980). 성경주석, 레위기 민수기 신명기. 서울: 영음사.

박은규. (1991). 예배의 재발견. 서울: 대한기독교출판사.

(현대인의) 성경. (1984). 생명의 말씀사.

성경: (1956). 한글판 개혁. 대한성서공회.

성경: (2001). 표준새번역. 대한성서공회.

쉐마교육을 아십니까? (2007). 서울: 쉐마교육연구원

안희수. (2007). 100년 전 8월 1일의 치욕을 잊었는가. 국방일보, 2007년 8월 1일.

엣센스 국어사전. (1983). 서울: 민중서림.

이기준 칼럼. 집으로 돌아간 장관. 중앙일보(미주판), 2004년 5월 5일.

이상근. (1989). 창세기 주석. 서울: 성등사.

_____. (1990a). 갈. 히브리 주석(8). 서울: 성등사.

_____. (1990b). 출애굽기 주석. 서울: 성등사.

_____. (1990c). 레위기 주석(상). 서울: 성등사.

_____. (1991). 로마서 주해, 서울: 성등사.

_____. (1992a). 살전-디도 주해. 서울: 성동사.

_____. (1992b). 요한복음 주해. 서울: 성동사.

_____. (1994). 잠언 · 전도 · 아가서 주석. 서울: 성등사.

이은선. (2007). 초기 한국교회의 성경 번역과 교회 부흥, 논문집: 알렉산더 피터스 선교사 조명. 서울: 내곡교회한국교회사연구소.

조선일보, 미국 이민 100년과 한인교회. 2002년 1월 26일.

조종남, 한국 교회갱신과 성령운동의 방향(웨슬리의 갱신운동의 조명). http://sgti.kehc.org/data/person/wesley/11.htm

중앙일보. 한인 신학생 2,500명. 2000년 9월 11일. (미주판)

_____. 워킹 맘 '육아 위해 집으로'. 2004년 5월 5일. (미주판)

_____. 해외동포 663만 8,338명. 2005년 9월 9일.

_____. 해외동포 704만명, 북미주 223만여명… 중국 이어 두 번째. 2008년 8월 26일. LA중앙일보.

_____. 1948년… 해방 후 5년의 선택이 대한민국 운명 갈랐다. 2008년 7월 19일.

최찬영. 이민 목회와 21세기 기독교 선교의 방향. 크리스챤 헤럴드 USA. 1995년 9월 29일, pp. 10~11.

칼빈, 죤. (1993). 기독교 강요. 제4권, 편집부 역, 서울: 기독성문출판사.

크리스천투데이. 복음을 14세 전(5~13세)에 심어야. 1999년 12월 4일.

_____. 미국 목회자들 67%는 13세 이전에 예수 영접. 2000년 11월 4일.

_____. 미주한인교회 수 2924개로 줄어. 2001년 12월 12일.

_____. 한국 기독교인 1200만 아닌 862만. 2006년 6월 9일.

_____. 한인 선교사 1만4905명 사역. 2007년 9월 13일.

크리스챤투데이(한국). 풍전등화 유럽교회, 한국교회 밖에 답이 없다. 2006년 2월 23일.

크리스천월드(미주). 한국교회, 1만7697명 선교사 파송. 2008년 11월 17일.

한미준·한국갤럽 리서치. (2005). 한국 교회 미래 리포트. pp. 42~43. 서울: 두란노서원.

현용수. (1993). 문화와 종교교육. 서울: 쿰란출판사.

_____. (2005). IQ는 아버지 EQ는 어머니 몫이다. 제1권. 서울: 쉐마.

_____. (2005). IQ는 아버지 EQ는 어머니 몫이다. 제2권. 서울: 쉐마.

_____. (2005). IQ는 아버지 EQ는 어머니 몫이다. 제3권. 서울: 쉐마.

_____. (2005). 부모여 자녀를 제자 삼아라. 제1권. 서울: 쉐마.

_____. (2005). 부모여 자녀를 제자 삼아라. 제2권. 서울: 쉐마.

_____. (2006). 유대인 아버지의 4차원 영재교육. 서울: 동아일보사.

_____. (2007). 자녀들아 돈은 이렇게 벌고 이렇게 써라. 서울: 동아일보사.

_____. (2009). 현용수의 인성교육 노하우. 제1권. 서울: 동아일보사.

_____. (2009). 현용수의 인성교육 노하우. 제2권. 서울: 동아일보사.

_____. (2009). 현용수의 인성교육 노하우. 제3권. 서울: 동아일보사.

_____. (2009). 현용수의 인성교육 노하우. 제4권. 서울: 동아일보사.

홍은선. (2002). *선교대회로 첫발… 눈부신 성장*. 크리스천투데이, 2002, 5월 8일. p. 4.

홍인규. (1994). 바울은 율법을 잘못 전하고 있는가. 목회와 신학. 12월호. 통권 66호. pp. 287~301. 서울: 두란노서원.

본서에 사용한 사진의 출처

Canon Institute 조한용 선생 제공, ⓒ 미국 Los Angeles, CA. Tel. (213) 382-9229 USA. (각 사진에 출처가 표기돼 있음).

Shema Education Institute, ⓒ Yong-Soo Hyun, 3446 Barry Ave Los Angeles, CA 90066 USA. (각 사진에 출처가 표기 안 된 모든 사진들)

Solomon, Victor M. ⓒ Secret of Jewish Survival(옷을 팔아 책을 사라). Translated into Korean by Yong Soo Hyun, Seoul: Shema Books. (각 사진에 출처가 표기돼 있음).

Wiesenthal Center Museum of Tolerance, ⓒ Jim Mendenhall, 9786 West Pico Blvd., Los Angeles, CA USA. 90035-4792 Tel. (310)553-8403 제공. (각 사진에 출처가 표기돼 있음)

Yad Vashem, P.O. Box 3477, Jerusalem, Israel. Tel. 751611. (각 사진에 출처가 표기돼 있음)

교육학 교과서(고등학교, 서울시 교육감 인정): 교학사(1998).

참고 사항

1. 본 책자에 사용된 사진의 불법 복사 및 사용을 금합니다.
2. 만약 독자가 본서에 포함된 사진을 사용하기를 원할 때에는 반드시 사진 작가의 허가를 받아야 합니다.
3. 본 책자의 저자 이외의 사진은 저자가 권한을 갖고 있지 않으므로 주소로 직접 연락하시기 바랍니다.
4. 본 책자에 사용한 랍비 토카이어의 탈무드의 내용들은 저자의 허락을 받은 것들입니다. 따라서 본 책자의 저자의 허락 없이 무단복제를 금합니다.

찾아보기(Index)

찾아보기는 제1권~제3권 모두를 포함한다.
제1권은 'I', 제2권은 'II', 제3권은 'III'으로 표기했다.

가

가나안 I-101, 104, 108, 112~116, 148, 157, 166, 169, 172, 174~180, 219, 220, 224 II-84, 85, 96, 143~145, 167, 182, 196~198, 200, 203, 239, 257, 258, 291 III-68, 73, 101, 102, 104~106, 108, 128, 134, 231, 233, 240, 265

가르쳐 지키게 하라(가르치는 것, 가르침, 강론) I-89, 121, 141, 187, 203, 208, 210, 211, 226, 231, 237 II-18, 26, 99, 179, 212, 213, 215, 216, 236, 238, 242, 243, 249~260, 269, 271, 285, 289, 293, 295 III-18, 19, 43, 80, 154, 161, 162, 236

가문(가문의 뿌리, 가문의 역사) I-149, 181, 196, 198~201 II-46, 49, 130, 136 III-141, 144, 173, 229~231

가인(가인과 아벨) I-86, 88, 166 II-122

가정목회철학 I-147, 149, 154, 157

가정 성전(가정은 성전, 가정교회) I-16, 51, 74, 121~125, 244, 253~257, 259, 261 II-16, 43, 60, 134, 223 III-16, 258, 262

가정과 교회 I-22, 43, 92, 229 II-50, 136, 208, 287, 292, 298 III-201, 252, 253, 274, 277

가정교육신학(-의 모델, -의 중요성) I-16, 77, 161, 162, 174, 175, 215, 216 II-16, 199 III-16

가정사역의 기본(-의 본질) I-32, 126 II-30, 42, 47 III-31

(건강한) 가정 II-123, 124, 298 III-173, 174, 206, 212, 222, 225, 226

(성공한) 가정교육 I-122, 124

(실패한) 가정교육 I-122, 124

가정과 국가의 우선 순위 II-116, 122

가정예배 I-124, 279 II-295, 297

가정의 제사장 I-255 II-297 III-258, 282

가정파괴 II-124, 125

가족 I-19, 22, 85, 101, 103, 125, 127, 141, 152, 157, 172, 174, 181, 183, 225, 233, 238~240, 244, 245, 248~250, 257~261, 269, 275, 279 II-20, 22, 50~53, 56, 60, 62, 122, 123, 125, 176, 185, 186, 215, 218, 239, 295, 297 III-113, 117, 134, 138, 155, 165, 181, 199, 205, 266, 286

가족을 경시 I-248

각성운동 I-71

감독의 자격 I-255

감람나무 I-32 II-30, 67, 69, 70, 74, 79, 82, 84, 89~91, 93, ~97, 101, 102, 104~109, 115, 127, 132 III-31

돌-[기독교인은 가지, 가지(이방 기독교인)] I-32 II-30, 67, 74, 77, 79, 83, 89~91, 93~97, 102, 105, 106, 109, 115, 132 III-31

돌-의 모습 II-91

참-[유대인은 참-, 참-(유대인)] I-32, 67, 70 II-30, 69, 74, 79, 82, 89~91, 93~97, 102, 104, 106~108, 115, 127, 132 III-31

참- 뿌리의 진액 II-74, 79, 90, 127, 132

참-의 모습 II-91

참-의 뿌리와 가지의 원리 II-69

참-의 속성 II-91

참-의 역할 II-89, 91, 97

강령(두 강령) I-220, 223, 225 II-181, 221 III-58

개인주의(Individualism) III-111, 250, 251

개척교회(교회 개척) I-48 III-61, 119, 214, 277

거룩(거룩성) I-61, 65, 67, 108, 122, 173, 174, 180, 231, 240, 274 II-22, 77, 78, 80, 82~87, 89, 90, 92, 94, 104, 106, 146, 147, 152, 197, 214, 257, 260, 263, 273, 274, 277, 280, 290, 298 III-85, 86, 106, 119, 146, 173, 193, 211, 266, 269, 283, 283

-한 장소 II-22, 273

-해지는 과정 II-92

건국이념 III-182

건설자 III-118

계토 II-249

결혼 I-90, 101, 148, 200, 238, 239~242, 246,

251, 255, 261 II-60, 63, 267 III-77~82, 94, 99, 101, 112, 117, 119, 120, 125, 146, 155
경건한 자손 I-85 III-45, 119, 256
경문 I-27, 47, 276 II-212, 229, 251, 252, 257, 260~263, 266, 275 III-51, 56, 59, 132, 146, 147, 151, 211, 245
경제신학 I-39, 275 II-37, 136 III-38, 219
계명(계율, 율법) (너무 많아 생략함)
계시록 I-45, 157, 160, 169, 218 II-41, 205 III-217, 277
계시와 응답 III-90
계약 조건 II-161
고난 I-27, 39, 180, 181, 194, 196, 197, 199, 202, 204, 211, 273, 275 II-16, 32, 37, 124, 127, 136, 172, 173, 177, 178, 180, 202, 217, 255, 269, 287, 290, 291, 295, 296 III-16, 33, 38, 70, 72, 112, 136, 180, 194, 219, 227, 256, 258, 279~281
고난의 역사(-교육) I-27, 39, 194, 196, 197, 199, 202, 211 II-37, 172, 177, 202, 217, 297 III-38, 219, 258
고난의 역사신학 I-39, 273 II-37, 136, 287 III-38, 219
고린도교회 II-114
곡식 가루(처음 익은 -) II-83, 84
공간과 시간 I-136
공동체 I-19, 30, 79, 122~127, 172, 175, 181, 196~201, 203, 205, 211, 244, 246, 258~260, 270, 275, 276, 280, 282 II-28, 43, 53, 60, 61, 64, 65, 74, 169, 185, 186, 197~199, 220, 224, 299 III-21, 22, 29, 123, 132, 145, 158, 288, 289,
  - 교회 I-122~127, 175, 244, 246 II-43, 60, 61
  - 지도자(-의 어른들, -의 지혜자) I-196, 198, 201
  -의 역사 I-198~201
  -의 정체성 I-198
  3대 - I-172 II-53
과거의 역사와 연속성 I-203, 204, 207, 208
과학만능주의(Scientism) III-250
광야 40년 I-115, 144
광야생활 I-196, 198, 203
교사는 목사 I-126
교육 (너무 많아 생략함)

유대식 양반- II-197
예절- III-155
 -부흥회 II-23, 187 III-205
 -신학 I-15, 16, 17, 21, 27~30, 33, 37~40, 51, 52, 77, 121, 122, 146, 161~163, 167, 174, 175, 215, 216, 234, 273, 276, 281 II-15, 16, 22, 24, 25, 27, 28, 31, 35~38, 45, 47, 65, 141, 159, 200, 286, 287 III-15~17, 22~24, 26, 28, 29, 32, 36~39, 42, 44, 51, 219, 231, 255, 256
 -의 내용(-과 형식) I-31, 38, 48, 65, 66, 74, 121, 163, 22~229, 234, 261, 263, 273 II-29, 36, 46, 47, 291 III-30, 37, 42, 43, 47, 48, 51~53, 56, 60, 82, 87, 128, 160, 162, 204, 252, 256, 258, 260
 -의 대상 I-126
 -의 목표(목적) III-45, 108, 139, 258, 259
 -의 방법 II-21, 210, 250 III-23, 42, 53, 57, 58
 -적 기능 III-173
교회 (너무 많아 생략함)
 건강한 -(건전한 -) III-93, 99, 212, 222, 225, 226, 284
 -목회의 본질(-의 본질) II-42
 -교육 I-25, 27, 46 II-20, 53, 55, 295 III-176, 218, 252, 277, 280, 285
 -론 I-16, 124, 246, 253, 254 II-16, 43, 147 III-16, 66~68, 84, 85, 88, 89, 94,
 -성장(건강한 성장) I-22, 41, 45, 46, 48, 128, 244 II-39, 43, 50, 56 III-41, 119, 175, 212, 213, 228, 229, 252
 -의 원형 I-254
 -의 태동 I-44 III-86, 177, 216
 40년의 한국- 성장률 I-46
 일곱 - I-45 III-217, 277
 한인- II-56, 57, 191, 285 III-174, 176, 200, 209
교회당(가시적인 교회당) I-126
구별(구별된 행위) I-67, 223, 278 II-44, 92, 155, 179, 197, 219, 257, 258, 269, 288 III-50, 78, 92, 94, 105, 123, 269, 272
구속사(구속 역사, 구속의 역사) I-18, 26, 49, 53, 61~63, 139, 149, 151, 158, 166, 172, 262 II-18, 43, 101, 118, 240 III-18, 29, 100, 109, 114, 121, 122, 124, 232, 246, 257, 259, 266

-적 의미 I-158
-적 입장(-적 측면) I-30, 31, 49, 138, 159, 160 II-24, 25, 28, 29, 69, 71, 126, 133, 189 III-30, 56, 259,
구속의 계획과 성취 II-104
구약과 신약의 지상명령의 차이 I-117, 146, 225, 238, 257 II-21
구약의 중심주제 I-247 II-200 III-204, 248, 254
구약의 지상명령 (너무 많아 생략함)
구원 (너무 많아 생략함)
 - 문제 II-116, 126
 - 계획(-하시려는 계획) I-31, 43, 49, 50, 53, 54, 58, 59, 62, 63, 75, 119, 217, 218 II-21, 29, 41, 76 III-30, 254, 263
 -론(-론적 입장) I-41, 218 II-39, 41, 179 III-40, 67, 68, 70, 275, 285
 -을 대물림 I-92
 -의 표 I-125, 127 II-46, 208 III-153,
구전 I-58
국가(-의 탄생, -적 재앙) I-25, 28, 45, 152, 156, 157, 169, 199, 269, 270, 283 II-23, 26, 48, 84, 85, 116~119, 122~125, 135, 146, 147, 157, 159, 166, 198, 200 III-68, 69, 81, 118, 177, 184, 187~190, 215, 216, 227, 235, 277
귀 있는 자(-에 담아 두라, -에 할례를 받은 자) II-205, 206, 208
규례 II-162, 168, 169, 196, 197, 199, 205, 258
균형(-과 조화) I-15, 23, 39, 74, 75, 77, 153, 217, 230, 233, 235, 243, 249, 260 II-15, 17, 23, 25, 37, 50, 282, 299 III-15, 38, 93, 95,
그릇(유대인은 그릇) I-57, 88, 239 II-86, 87, 105, 161, 162, 166 III-69, 112~114, 122, 183
그리스도 I-26, 28, 59, 67, 68, 70, 135, 159, 173, 175, 232, 245, 247, 254, 255, 269, 270, 278, 281 II-22, 76, 81, 90, 96, 112~115, 148, 178, 209, 225, 287 III-22, 27, 53, 70, 72, 90~92, 94, 120, 154, 204, 264
 - 예수의 좋은 군사 I-247
 -를 남편 I-254
 -의 형상 I-68, 232, 254 III-120
그리심 산 II-182~184, 187 III-89, 128
긍휼 I-131, 255 II-72, 78, 168, 172 III-247
기갈(기근) I-101 II-171, 288 III-271
기도 (너무 많아 생략함)

새벽- I-47, 279 II-55, 183, 266~268, 273~277, 279, 289, 296 III-81, 146, 147, 211, 212, 245, 281, 286, 288
 -드리는 장소 I-129
기도복(유대인의 -) II-229, 266~268, 273, 274, 276~289 III-42, 45, 46, 87, 132, 146
기도책 II-214, 266
기독교 (너무 많아 생략함)
 - 역사적 측면 III-177
 -교육(-교육학) I-15, 16, 19, 21, 24, 26, 29, 35, 36, 38~40, 43, 47, 48, 57, 61, 65, 77, 91, 217, 235, 266, 273, 274, 276, 279, 282 II-15~18, 20, 24, 27, 33, 34, 36~38, 47, 67~69, 134, 136, 179, 185, 194, 201, 210, 221, 284, 288 III-15~17, 21, 24, 25, 28, 34, 35, 37~39, 173, 202, 204, 219, 220, 258, 259, 262, 277, 290
 -교육의 근본 오류 분석 I-77, 217
 -의 뿌리 II-71
 -의 시조 I-237
 -의 역사 I-73 II-97, 133 III-177, 245, 248
 -인의 영적 시조 I-237
 -인의 오류 I-73 II-44
 -인의 정체성 II-71
 -인의 조상 II-96
기업(영원한 약속의 -) I-33, 114, 177, 179, 229, 253 II-21, 31, 166, 239 III-32, 68, 97~100, 101, 102, 104, 105, 108, 186, 265

나

나무 I-32, 106, 146, 188 II-30, 48, 67, 69, 70, 74, 79, 82, 84, 85, 89~91, 93~97, 101, 102, 104~109, 115~117, 127, 132, 134~136, 158, 166 III-31, 162
 아브라함의 - II-48, 116, 117
 무성한 가시(이스라엘 국가) I-156, 169 II-48, 84, 116, 117, 135, 157 III-68
남은 자들(remnants) I-247, 277 III-245~248
남자와 여자의 창조 I-166
노인대학 I-180, 181
느부갓네살 왕 II-228

다

다른 세대 I-33 II-31 III-32, 241
다윗의 자손 예수 I-259, 245
단일민족 III-213

달레트 II-264
대물림 I-24~26, 31, 32, 58, 59, 73, 84, 92, 131, 184, 248 II-21, 29, 30, 47, 134, 200, 201, 260 III-25, 30, 31, 232, 234, 235, 240, 252, 253, 256, 266
대속 I-59 II-258
대안 I-15, 27, 35, 40, 41, 44, 48, 49, 62, 74, 246, 268~270, 279 II-15, 20, 22, 24, 33, 38, 39, 41, 130, 134, 210, 284, 286, 288, 295 III-15, 21, 34, 39, 40, 56, 202, 203, 214, 229, 240, 253, 261, 278, 284, 285, 289
도(justice) I-85, 131
도덕과 윤리 III-56
도덕법 II-197
돌판 II-154, 240 III-106
돕는 배필 I-164 III-117, 120, 256, 258
동방의 등불 III-184, 185
동성애(-자) I-88 III-98, 121~126
동양인인 사고방식 II-120
동포 1세 III-176, 227
동화(assimilation) I-172, 203 III-50, 180, 198, 210, 266
두루마리 성경 II-224, 274 III-77, 81, 87, 109, 136, 138, 141
들으라(Hear, 쉐마) I-121 II-203~206, 208~210, 212, 215, 222, 226, 259 III-25, 26, 43, 58, 181, 207,
등불 I-164 II-113 III-184, 185
디아스포라 I-25, 27 II-58, 99, 113, 297 III-21, 174, 190, 202, 209~212, 214~217, 220~222, 224~228, 277
땅(약속의 -, 안식의 -) (너무 많아 생략함)
 - 끝 선교(- 선교사) I-168 III-174, 196, 198, 200, 201, 224, 228
 -에 충만하라 III-111, 121, 265
 -을 유업 I-178 III-265
때(time) (너무 많아 생략함)
 집에 있을 - II-234
 누웠을 - I-121 II-212, 213, 215, 242, 243, 259, 260, 269, 271, 293 III-43, 161
 길을(에) 행할 - I-121 II-212, 213, 215, 234, 243, 259, 260, 293 III-43, 161
 일어날 - I-121 II-212, 213, 215, 242, 243, 259, 269, 271 III-43, 161
떡덩이와 가지 II-84

떡반죽 그릇 II-161, 162
떡을 떼며 II-51

라

라쉬(Rashi) I-81, 83, 137, 194, 196, 200, 201 II-227, 230, 231, 236, 240, 243, 269
람반(Ramban) I-101 II-238
랍비 솔로몬 II-76, 281
랍비신학교 III-186
랠프 윈터의 4단계 전도 I-27 III-198, 199
로버츠(Evan Roberts) I-70, 71
로마 교회 I-45
로컬리즘 I-218~220
롯의 아내 I-80, 96
룻기 I-221 III-80, 81
리브가 I-52, 149, 151

마

마가의 다락방 III-88, 89
마음 (너무 많아 생략함)
 - 밭 III-251, 252
 -을 다하고 I-121, 274 II-212, 213, 215, 222, 226, 227, 229, 230, 259 III-43, 181
 -의 성전 III-90
 -의 할례 II-207, 208
 -판 II-248
마이크로이즘(Microism) I-189
마태복음의 족보 I-263
막벨라 밭 굴 I-115
만나 I-98, 99 II-197 III-242
만민(goy) I-80, 83, 91, 97, 109, 132, 136, 143, 145, 177, 281 II-63, 83, 116, 122~125, 167, 264 III-105, 186, 263
만방에 전파 I-138, 220 II-45, 50 III-256, 263
말씀 (너무 많아 생략함)
 - 맡은 자(-을 맡은 백성) I-33, 57, 69, 147, 281 II-21, 31, 101, 108, 109, 191, 192, 211, 220, 237, 244, 245, 296 III-32, 97, 98, 104, 106~111, 113, 117, 119, 124, 127, 137, 145, 146, 149, 150, 154, 155, 158, 161, 163, 169, 207, 228, 256, 257, 260, 261, 263~266, 269, 272, 273
 - 전수(-전수, -을 전수) (너무 많아 생략함)
 -을 담는 그릇 I-57, 239 II-87 III-114

-의 세대차이 II-50
-의 연속성 I-263
-의 제자 I-23, 38, 51, 68, 69, 126, 132, 142, 144, 145, 147, 149, 152, 158, 226, 228, 246, 263 II-24, 36, 46, 55, 117, 211, 236, 260 III-37, 134, 144, 155, 203, 207, 208, 211, 221, 225, 237, 244, 257, 258, 277
메시아닉 주(Messianic Jew) II-101, 128
메주사 II-250, 253, 256, 264, 266 III-42, 45, 47
맥크로이즘(Macroism) I-188, 189
명령(command, הוצ, 짜바) (너무 많아 생략함)
모리아산 I-105
모세 (너무 많아 생략함)
 -오경 I-18, 54, 90, 99, 103, 129, 165, 169, 199 II-123, 141~143, 146, 158, 203, 212, 226, 242, 257, 265 III-67, 83, 101, 135, 141, 144
 -의 수건 II-101
 -의 율법 I-57, 116 II-165, 189, 279
모압 I-26, 80 II-144, 196
목회 I-22~24, 26, 28, 29, 32, 41, 52, 72, 117, 122, 126, 127, 146~149, 151, 153~155, 157, 216, 224, 225, 237, 242, 248, 250, 261, 268, 271, 272, 274, 276, 278, 279 II-22, 24, 26, 27, 30, 39, 42, 43, 46, 47, 55, 61, 134, 273, 284~286, 292, 294, 295, 298 III-28, 31, 40, 61, 62, 166, 278~280, 283, 284, 286, 288
 가정-(가정 -) I-26, 32, 147, 149, 154, 157, 216, 274 II-30, 47 III-31
 교회 - II-42
 구약시대 -의 중심 I-126
 평생 몇 명 - I-52, 117, 146, 148, 149, 153, 225
 한 명 -철학(한 명 가정-철학) I-147~149, 154
 -신학 I-52, 146, 149, 153 II-284, 294 III-278, 279, 284
무교병 II-257 III-71
무교절 II-165
문설주 I-121 II-212, 213, 215, 243, 250, 253, 259, 260, 264 III-43, 47, 55, 69, 70, 183
물으라 I-187, 195, 200, 201 III-247
물질주의(Materialism) III-251
미간(네 미간에 붙여 표를 삼고) I-121 II-212, 215, 243, 250, 251, 259
미국 선교사 I-71 II-107
미국 교회 I-48 III-253

민족 공동체 I-124 II-185
민족교회 I-74, 75 II-46, 49, 136, 119 III-216~228, 248
민족의식 II-57, 59
민족적 소속감(Belongness) II-62
믿음 I-18, 21, 38, 66~68, 97~99, 104, 105, 107, 108, 112~114, 124~128, 130, 134, 135, 142, 146~149, 152~154, 159, 160, 163, 164, 166, 172, 176, 179, 222, 242, 251, 255, 261, 263, 275, 278 II-21, 36, 46, 79, 80, 93, 96, 97, 117~119, 136, 156, 163, 179, 181, 194, 201, 204, 235, 280, 297 III-37, 56, 78, 106, 152, 154, 183, 189, 193, 240, 246, 248, 264, 265, 267
 -의 가문 I-149 II-136
 -의 선진들(-의 선조, -의 용장) I-66, 67 II-96, 97, 117~119, 194 III-248
 -의 조상 I-21, 98, 99, 107, 124, 142, 147, 149, 153, 154, 159, 160, 163, 166, 222 II-46, 79
 죽은 - I-163

바

바님 III-118
바닷가의 모래 I-132, 160 II-83
바로(-의 관헌, -의 속박) I-101 III-70, 72
바룩 II-205
바르게 함 III-63
바른 교육 I-203, 204
바른 행동(바른 행위) I-36 II-34, 197, 199, 200 III-35, 162
바리새인 II-232, 233 III-51, 52
바 미찌바(Bar Mirzvah) I-33 II-31 III-32, 129~133, 150, 257
바빌로니아 II-99, 167, 170, 189 III 193, 244, 266
바울의 세계선교 I-246 II-60
바울의 열정(바울처럼) I-172, 241~244, 261 II-61, 126, 127 III-276, 277
발달 과정 III-159
발달심리학 III-159
밤에서 아침 II-269
방법론적 접근 I-94
배움 I-185 II-249 III-65, 152, 160, 161
120문도 II-131
번성 I-109, 132, 154, 156, 157, 176~178, 242,

281 II-131, 136, 137, 164, 166, 168, 196, 200 III-98, 104, 111~114, 117, 119, 121, 189, 247, 265
 자녀의 - III-114, 117, 265
 말씀 맡은 자의 - III-117, 265
번제 I-97, 104~106, 108, 143, 163 II-156, 184
번창(말씀의 번창) I-200 III-114, 119
법률과 계명 II-165
법의 민족 I-90
베드로(-의 설교) I-237 II-91, 104, 105, 108, 112, 126, 148 III-272
벧엘 I-156, 177, 178
벳 미쯔바(Bat Mirzvah) III-132
보님 III-118
보편적 윤리 I-87
복 I-24 II-159~161, 164, 166, 170, 173, 177, 179, 182~184, 187, 191, 192, 194, 203 III-120, 169, 263, 264, 266, 268, 274
 -과 생명 II-160, 164, 173, 177, 179, 191, 192, 194, 203 III-266, 274
 -과 저주 II-159, 160, 170, 182~184, 187, 191, 192 III-262
 -의 4단계 III-273
 -의 근원 I-132, 218 II-41, 42, 83 III-263, 267, 280
 -의 조건 III-265
복음 (너무 많아 생략함)
 - 전달 방법 II-115
 -성가 I-241, 244
 -으로 접붙임 II-127, 131
 -을 전파(-전파) I-59, 152, 153, 220, 233, 248, 252, 261, 264 II-45, 46, 62 III-177, 190, 211, 212, 221, 226, 253, 268
 -의 빚진 자들 II-74
 -적 토양 I-37 II-35 III-36, 164, 251
 -주의자 I-47, 48 III-277
본성 I-87
본질과 원리 I-38, 162, 174, 181 II-36 III-37
영원한 본향의 표상 III-105
부모 (너무 많아 생략함)
 -가 자녀를 말씀의 제자 삼는 교육 I-68, 185
 -공경(네 부모를 공경하라) II-45, 46
 -교육 I-182, 184 II-55 III-290
 -는 교사 혹은 목회자 I-122
 -에게 순종 I-110, 111, 131 III-160

-에게 질문 I-196, 198, 208, 210, 211 III-161
-의 4가지 유형 I-204
-의 권위 III-161
-의 임무 II-220, 221
-의 잘못된 교육관 I-203
부활 I-41, 50, 59, 62, 67, 159, 237 II-39, 53, 102, 114, 115 III-40, 86, 154, 204
부흥 운동 I-70, 71
북왕국 II-147, 168 III-244
불순종 I-124, 163, 222, 251 II-72, 75, 84, 145, 172, 177 III-160,
빚진 자 II-74 III-248, 254
빛 I-55, 134, 135, 221, 282 II-78, 174, 189, 190, 269, 277 III-25, 81, 184, 185, 194, 277, 278, 279, 280
 이방의 - I-135, 221 II-189, 190
 복음의 - II-190 III-185
뿌리 때문에 가지가 살아남는다 II-82
뿌리의 진액(뿌리 안의 진액은) II-74, 77, 79, 82, 86~90, 93, 94, 102, 104, 117, 127, 131, 132, 134~137
뿌리인 유대인이 거룩한 이유 II-86

사

사도 I-60, 63, 229, 282 II-76, 90, 91, 102, 104, 112, 114, 131, 132, 163 III-151, 183, 197
사라 I-32, 52, 79, 95, 96, 99, 101, 106, 122, 124, 125, 146~148, 151, 155, 224 II-30, 47, 60, 61, 84, 124 III-31, 117
사랑과 경외 II-251, 256
사마리아와 땅 끝 III-88, 197
사명감(사명의식) I-84, 167, 168, 173, 195, 196 III-282
사명자 I-143
사사시대 III-241, 243, 249, 251, 252
4차원 영재교육 I-162, 192 II-226, 236 III-134, 162, 239
사탄 II-124 III-183
사회 공동체 II-220 III-123
사회 규범 II-197
삭개오의 구원 I-228
산상수훈 III-267
산헤드린 회원 II-233
살렘왕(평화의 왕) III-183
살롬(평화) I-279 III-183

삶의 규범 III-78
삶의 철학 I-27, 43, 173 II-217, 269 III-54, 262
3대 가정교육신학 I-77, 161, 162, 174, 175, 215, 216 II-199
　-의 모델(모형) I-162, 215, 216
　-의 효시 I-77, 161, 162
　-의 원리 I-183
3대 공동체 I-172 II-53
3대 신앙교육(-의 열매) I-175, 176, 179, 181
3대 족장 I-52, 153, 162, 164, 170, 174~176, 178, 179, 181, 215, 216
　-의 가정교육 I-162
　-의 역할 I-164
상속받은 자녀 III-107
상속자 II-79 III-101, 102
생명과 사망 II-160, 184, 187, 192 III-262
생육하고 번성 III-111, 121, 265
생일 II-57 III-82, 94, 135, 157
　세속적 - III-157
　히브리적 - III-157
샤밧 II-267
선과 악(선과 죄) I-86, 88
선교(세계선교) (너무 많아 생략함)
선물 I-197 II-147, 148, 193 III-100, 101, 104, 288
선민교육 I-30, 31, 38, 39, 43, 48, 65~69, 73, 74, 118, 120, 178, 226~229, 233, 239, 246, 273 II-21, 28, 29, 36, 37, 44, 46, 47, 68, 69, 96, 106, 112 III-29, 30, 37, 38, 68, 82, 173, 203, 204, 207, 219, 248, 254, 259, 262, 272, 277
　-의 내용과 방법 I-48, 74 III-204
　-의 우수성 II-68
　두 가지 - I-43, 65
선민의 뿌리 II-137
선민의 언약 III-153
선민의 조상 I-32, 69, 108, 150, 162, 165, 215, 216, 218, 219 II-30, 41~43, 83, 211 III-31, 68, 85, 111, 233, 255, 263
선택된 민족(선택한 백성) I-99 III-184, 186
선한 유대인의 행위 II-91
선행 대조 I-78, 79
성결 I-15, 281 II-15, 147, 148, 196, 277, 278, 280 III-15, 17, 24, 46, 132, 219

성경적 교육 I-19, 27, 38, 65, 281 II-22, 36 III-23, 37, 220
성경적 교육 원리 III-220
성경적 자녀교육법 II-47
성공한 비밀 I-48, 74
성공한 역사 I-211
성년식(בר מצוה, Bar Mitzvah) I-33 II-21, 31, 252, 253, 260, 267, 268, 275 III-32, 97, 106, 127~129, 131~135, 138~140, 145~151, 154, 155, 157, 158, 165, 167, 169, 257, 265
성년식의 목적 III-157, 158
성도는 신부 III-79
성령 (너무 많아 생략함)
　- 강림(성령님의 임재) I-44, 60, 122, 125, 126 III-67, 85, 86, 88, 177, 216
　-님께서 지나간 흔적 II-134
　-받은 절기 I-141 III-66
　-의 능력 II-92, 93, 101, 109, 234, 247 III-94, 275, 276
　-의 열매 II-92, 93
　-의 촛대 I-44 III-177, 178, 196, 216, 224
성막 I-122, 124, 125, 156, 175 II-294 III-81, 85~88
성숙 I-38, 66~68, 256, 278 II-22, 36, 93, 94, 179, 271, 282 III-37, 56, 130, 131, 133, 152, 154, 155, 158, 163, 225
　-한 기독교인 II-282
　내면적 -(내적 -, 내적 성결, 내적 순결) I-66 II-147, 148, 172 III-154, 155, 225
　외면적 -(외적 -) I-67 III-154, 155
성적 및 육적 만행 I-80
성전(성막) I-16, 105, 121~127, 129, 156, 175, 215, 244, 246, 253~257, 259, 261, 278 II-16, 24, 42, 43, 46, 60, 96, 134, 172, 223, 255, 292, 293, 298 III-16, 18, 55, 81, 85~91, 204, 258, 285
　가정 - I-16, 121~125, 244, 253~257, 259, 261 II-16, 60
　최초의 - I-122, 124
　예루살렘 - I-16, 105, 122, 124~127, 215, 244, 246 II-16, 96, 172, 255, 292 III-16, 90, 91
성전 제사 III-86
성지순례 I-45
성품(-을 다하고) I-37, 121, 274 II-35, 91, 212~215, 226, 227, 229, 230, 259 III-36,

43, 163
성화 I-37~39, 227, 278 II-35~37, 44, 90, 92~94, 96, 97, 115, 155, 179, 292 III-36~38, 56, 154, 182, 248, 254
 -의 과정 I-39 II-37, 44, 92~94, 96, 97, 179 III-38, 154
 -의 도구 II-155
세겜(- 땅) I-26, 113, 114 II-183 III-128
세계 부흥 운동 I-71
세대 I-18, 33, 36, 47, 84, 128, 131, 138~141, 161, 164, 166, 173, 178~182, 187, 188, 189, 191, 193~195, 198, 202, 203, 205~211, 216, 235, 246, 260, 263, 272, 274, 279, 281, 282 II-22, 24, 26, 31, 34, 50~54, 56~59, 64, 134, 136, 144, 185~187, 193, 199, 206, 216, 265, 269 III-32, 35, 112, 113, 140, 198, 205, 222, 228, 236, 240~243, 249, 258~260, 266, 280, 286, 291
 - 통합 II-54, 58
 -차이(영원한 -차이) I-47, 131, 164, 173, 179, 181, 202~208, 210, 211, 216, 235, 281 II-50~54, 56~58, 186, 193, 199, 206, 216, 269 III-112, 113, 198, 205, 236, 241, 259, 280, 286
 다른 - I-33 II-31 III-32, 241
 다음 - I-33, 84, 173, 202~208, 246 II-31 III-32, 241, 242, 249, 258~260
세례 I-65, 67, 127, 128, 226, 228 II-43, 46, 107, 148, 208, 275 III-153, 154
세상의 빛 I-136
세상의 신적 행동의 배역(a role in the Divine conduct of the world) I-142, 145
세상의 화목 II-72
세속문화 I-69 II-62, 197 III-155
소금 기둥 I-80, 95, 96
소돔 I-50, 78~83, 85, 86, 88, 91~96, 98~100, 102, 119, 132, 173 II-43, 174 III-122
소돔과 고모라 I-50, 78~81, 83, 85, 86, 88, 91~96, 98~100, 119, 132, 173 II-43 III-122
소수민족 II-124 III-59
소아시아 교회 I-45 II-135
소유권 III-100
손목(-에 매어 기호를 삼으라) I-121 II-212, 213, 215, 243, 250, 251, 259, 260~265, 274, 276 III-43, 53, 146
손양원 II-228

손자 I-70, 72, 161, 162, 167, 168, 172, 174~176, 180~182, 184, 187, 216, 224, 231, 263 II-52, 83, 185, 196, 199 III-114, 137, 139
 -교육(-의 모델) I-168, 174, 175
 - 선교사 I-167, 168, 172, 175
솔로몬 성전(솔로몬의 예루살렘 성전) I-105, 124 III-90
쇼부트(오순절) III-76
쇠난탑 II-240
쇠사슬의 고리 I-141 III-236
수가성 II-112
수직문화 I-36, 174, 181, 193, 203, 206, 207, 278 II-34, 286, 288, 295 III-35, 218, 251, 252, 287, 289
수직적 가족의 개념 I-259
수직적 가족의 공동체 I-181
수직적 선민교육 I-31, 65, 68, 69, 118, 120, 226, 228 II-21, 29, 46 III-30, 259
수직전도 I-152, 158, 217, 219, 231~233, 235, 243, 246, 273 III-169, 208
수평문화 I-36, 41, 174, 181, 203, 206, 207, 235, 278 II-34, 39, 286, 288 III-35, 40, 167, 170, 200, 218, 242, 243, 250~252, 287
수평적 목회 I-248
수평적 선민교육 I-65~67, 226, 228
수평적 제자교육 I-66
수평전도 I-66, 69, 152, 217, 231,~233, 235, 238, 240, 242, 246 II-24 III-169, 208
순결 I-281 II-172, 207, 248 III-182, 183
순교 I-105, 180, 220, 240, 246 II-55, 118, 194, 228, 229, 230
순종 I-78, 97, 104~112, 116, 118, 124, 130, 131, 163, 164, 182, 184, 222, 251, 281 II-18, 47, 72, 156, 159, 160, 162, 184, 199, 202~204, 208, 209, 211, 230, 263, 287 III-57, 135, 160, 207, 208, 246, 274, 276,
 -교육 I-105, 130
 -의 제물 I-108
 -의 조상 I-104, 107, 164
술 단 저고리 II-251, 254~256 III-42, 45, 49, 50
쉐다이 II-262, 263
쉐마(שְׁמַע, Shema) (너무 많아 생략함)
 -교육 (너무 많아 생략함)
 -교육부흥회 II-246

-교육선교 전략 I-27, 33, 265 II-31 III-32,
　　　97, 172, 202, 203, 208, 209, 212, 213, 216,
　　　217, 220, 222, 223, 225, 228, 229, 254
　　-목회자클리닉(-지도자클리닉) I-16, 267~269,
　　　271, 272, 277, 283 II-16, 64, 209, 262, 263,
　　　274, 284, 285, 290, 294~296 III-16, 71, 87,
　　　91, 109, 278, 280, 281, 283, 289
　　- 언약의 표식들 II-250, 256
　　-의 내용 II-141, 195, 211 III-41, 42
　　-의 실천 III-235, 237
　　-의 역사적 배경 II-143, 145
쉘 로스 II-262
쉘 야드 II-261
쉰 II-262, 264
스데반(-의 설교) II-104
시각의 종교 II-210, 211
시각적 II-255 III-45
시간적 I-219
시내광야(시내산 광야) I-156 II-144, 147
시내산 I-26, 32, 54, 57, 85, 92, 98, 99, 116,
　　　130, 281 II-30, 86, 142~149, 151, 155,
　　　157, 159, 164, 171, 173, 176, 177, 182, 193,
　　　195, 196, 202, 203, 211, 214, 224, 231, 232
　　　III-31, 41, 57, 77, 78, 82, 85, 88, 89, 104,
　　　106, 107, 138, 144, 152, 154, 179, 232, 233,
　　　243, 249, 255, 256
　　- 강림 II-149
　　- 언약(-에서 유대 민족과 맺은 언약) I-57, 92,
　　　98, 281 II-142, 146, 157, 159, 164, 171, 173,
　　　177, 182, 193, 195, 196, 202, 203, 214, 224
　　　III-41, 57, 77, 243, 249, 255, 256
　　- 언약을 지키는 방법 I-98
　　- 언약의 원리 II-177 III-57
　　-에서 율법(오순절에 -에서 십계명) I-57, 98,
　　　99 II-143, 177, 231 III-85, 152, 154
시청각 교육 I-94 II-250, 263
시청각 성경교재 II-211
신령과 진정 III-90, 91, 93
신론 I-281 II-111 III-112
신본주의 I-274 II-79, 95, 118, 123, 146, 202,
　　　269 III-23, 54, 134, 163, 173, 188, 210, 236,
　　　250
신본주의적 교육 철학 II-202
신분(-의 변화) I-136, 137 II-77~79, 89, 90
　　　III-129, 130, 187

신비주의자 III-93
신앙 I-22, 24, 64, 71, 98, 109~111, 148, 164,
　　　169, 175, 176, 179~184, 231, 235, 262, 269,
　　　273, 274, 277, 278, 280, 281, 283 II-20, 22,
　　　48, 50, 51, 53~56, 58, 64, 67, 75, 111, 118,
　　　119, 130, 163, 179, 184, 187, 194, 199~201,
　　　228, 270, 286, 290, 295 III-23~25, 27,
　　　55, 79, 82, 107, 108, 140, 189, 195, 196,
　　　209~212, 214, 215, 217, 221, 222, 225~228,
　　　241, 242, 249, 253, 277, 281~283, 285, 286
　　-의 대물림 I-184 III-25
　　-의 세대차이 II-50
　　-의 연속성 I-262 II-51
　　-의 열매 II-200
　　-의 열조 III-108
　　-의 유산 III-195, 228, 253, 277
　　-적 뿌리 I-169
신약교회 I-30, 44, 47, 68, 71, 73, 121, 123,
　　　125, 153, 241~244, 247~249, 252~257, 259,
　　　261 II-24, 28, 53, 65, 131, 192 III-29, 67,
　　　84, 86, 88~90, 93, 95, 128, 177, 178, 216,
　　　253, 289, 290
　　-의 모델 I-125
　　-의 목적 I-247
신약시대 (너무 많아 생략함)
　　- 교육의 장 I-126
　　-의 교회 I-44, 49, 53, 230, 243 II-41, 43,
　　　48, 74 III-84, 88, 91, 196, 261
신약의 중심 주제 I-247 II-69 III-204
신약의 지상명령의 목적 I-138, 220
신의 성품 I-37 II-35, 91 III-36
신적 반응 I-80
신정정치 II-146
실천신학 III-17, 21~23, 26, 275, 279,
심판(심판의 책무) I 79, 91, 93, 95, 222 II-145,
　　　161, 168, 170, 172, 173, 181, 189 III-136, 139,
　　　148, 243, 244
십계명 I-89, 98, 99 II-95, 146, 150, 151, 154,
　　　214, 238, 239 III-67, 76, 77, 79, 106, 115,
　　　116
13세 I-33, 175 II-31, 253, 260, 267 III-32, 45,
　　　46, 127, 129~135, 145, 149, 155, 157~164,
　　　166~169, 265
십일조 I-146
십자가 I-59, 67, 107, 159, 237, 238, 259 II-76,

찾아보기 327

112, 114, 115, 225 Ⅲ-70, 72, 88, 204
씨앗의 100배 Ⅰ-110

아

아담 Ⅰ-44, 54, 86, 89, 119, 122, 124~126, 150, 158, 250 Ⅱ-41, 97, 120, 151, 190 Ⅲ-232, 263
　첫 - Ⅰ-44
　둘째 - Ⅰ-44, 150
　-과 이브(-과 하와) Ⅰ-89, 89, 119, 122, 124~126, 158 Ⅱ-41 Ⅲ-263
아들의 신분 Ⅱ-78
아라우나의 타작마당 Ⅰ-105
아람의 아버지 Ⅰ-137
아랍인들의 조상 Ⅱ-83
야마카(키파) Ⅱ-273
아말렉 사건 Ⅱ-204
아바 Ⅰ-137, 196 Ⅱ-177, 178, 270 Ⅲ-181
　- 신학 Ⅰ-137
　- 아버지 Ⅱ-177, 178, 270
아버지 교육신학의 효시 Ⅰ-163, 167
아버지 신학 Ⅰ-162, 273 Ⅲ-256
아버지의 역할 Ⅰ-242 Ⅱ-297
아버지의 4차원 영재교육 Ⅰ-192 Ⅱ-226, 236 Ⅲ-134, 162, 239
아버지의 교육신학 Ⅰ-163, 215, 216
아버지의 유업 Ⅱ-79
아버지의 전통 Ⅰ-164
아브라함 (너무 많아 생략함)
　-에게 주신 지상명령(-이 받은 지상명령) Ⅰ-32, 69, 77~79, 92, 117, 118 Ⅱ-30, 118 Ⅲ-31, 256
　-에게 주신 10가지 시험 Ⅰ-101
　-을 택하신 이유 Ⅰ-142, 144, 145, 158
　-의 교육 Ⅰ-104, 105, 108
　-의 신앙생활이 주는 교훈 Ⅰ-148
　-의 씨 Ⅰ-132, 170
　-의 아들 Ⅰ-104, 169~171, 224 Ⅱ-83
　-의 언약 Ⅰ-80, 82, 97, 149 Ⅱ-21
　-의 족보 Ⅰ-134, 159 Ⅱ-44, 83
　-의 집 Ⅰ-82
　-의 품 Ⅰ-159, 160
　하나님이 -을 사랑하시는 이유 Ⅰ-128
　-처럼 바울처럼 Ⅰ-243, 244
　그의 영적 위치와 역할 Ⅰ-160

아브람 Ⅰ-114, 122, 137, 138, 218
아비의 마음 Ⅰ-262~264 Ⅱ-51, 52
아스키나짐 Ⅱ-267
아시아(아시아 교회) Ⅰ-25, 44, 45 Ⅱ-20, 135 Ⅲ-177, 185, 196, 214, 216, 279
아침과 밤(아침에서 밤) Ⅱ-269
아펜젤러(Henry Appenzeller) Ⅰ-45 Ⅲ-175
악을 행함(악한 행위) Ⅱ-91, 180
안디옥 교회 Ⅰ-45
안식 Ⅰ-114, 123, 124, 127 Ⅱ-50, 51, 53~55, 165, 194, 218, 267, 292, 297 Ⅲ-103~105, 108, 135, 141, 282, 288
　-의 땅 Ⅰ-114 Ⅲ-104, 105, 108
안식일 Ⅰ-123, 124, 127 Ⅱ-50, 51, 53~55, 165, 194, 218, 267, 292, 297 Ⅲ-103, 135, 141, 282, 288
　- 강단 Ⅱ-51
　- 식탁 Ⅱ-50
　- 절기 Ⅰ-123, 124
알다(to know) Ⅰ-142
암흑시대 Ⅰ-56
아시리아 Ⅱ-170 Ⅲ-179, 189, 193, 244, 266
애굽 Ⅰ-98, 101, 104, 108, 109, 112~116, 156, 166, 177, 211 Ⅱ-143~146, 150, 163, 167, 175, 202, 204, 214, 257, 258 Ⅲ-68, 69, 70, 72, 77, 79, 94, 136, 144, 179, 183, 185, 189, 193, 194, 233, 240, 242
　-에서 탈출(-을 탈출, 출-) Ⅰ-33, 98, 104, 112, 113~116, 122, 124, 125, 156, 175, 192, 199, 211 Ⅱ-21, 31, 43, 47, 48, 84, 118, 143~145, 147~149, 153, 155, 173, 211, 257, 258 Ⅲ-32, 69, 128, 141, 143, 183, 233, 240
　-은 세상 Ⅰ-109
야곱 Ⅰ-21, 52, 54, 109, 112~115, 130, 131, 135, 149, 153~157, 162, 164~167, 169~181, 215, 216, 224, 245, 275 Ⅱ-24, 43, 51, 76, 83, 84, 86, 94, 96, 117, 128, 132, 135, 146, 160, 190, 199, 207, 237~239, 289, 296 Ⅲ-85, 101, 102, 111, 115, 117, 256, 257, 259
　-의 12아들 Ⅰ-154, 156, 171
　-의 식구 70인 Ⅰ-166
　-의 집 Ⅰ-154, 169 Ⅱ-237, 238, 290
약속 Ⅰ-51, 114, 117~119, 132, 134, 137~140, 150, 156, 159, 160, 163, 170, 173, 176, 177, 179, 220, 222~225, 228, 281, 283 Ⅱ-43, 86,

90, 143, 146, 163, 165, 167, 178, 196, 200, 239, 250, 260, 270 III-68, 88, 101, 102, 104, 108, 137, 144, 249, 263, 265, 267, 269
  -의 기업 I-114 II-239 III-68, 101, 108
  -의 땅 I-114 II-196 III-101, 102, 137, 265
  -의 자녀(-의 자손) I-156, 170
양식 I-56, 61, 227 II-104, 130~133, 175, 245, 267 III-92, 119, 139, 154, 271, 273
  육의 - II-245
  영적 - I-227 II-130, 131, 245
양의 피 III-69, 71
양자의 영 II-177, 270
양피지 I-116 II-252, 261~263, 274, 291, 292
어른세대 I-210, 211
어린양(하나님의 어린양, 잃어버린 양) III-70~72, 86, 88, 94
어머니 신학 I-39, 273, 275 II-37, 136, 287 III-38, 219, 256
언더우드(Horace Underwood) I-45 III-175
언약 (너무 많아 생략함)
  신적 - II-159
  - 체결(-을 체결) I-114, 130 II-147, 154, 155, 157, 159 III-77
  -의 아들(언약의 자식) I-153, 155
에덴동산 I-122, 124, 125 III-232
에릭슨(Erikson) III-159, 166
에발 산 II-182~184, 187
에브라임 I-182
에스라 I-38, 66, 67, 278 II-36, 96 III-37, 138, 252
에하드 II-223, 224, 226
여호수아 I-113, 114, 157, 169 II-114, 169, 182, 184, 185, 204 III-235, 240
여호와를 경외(여호와 하나님을 경외) II-50, 199, 201 III-83, 249
여호와의 도 I-81, 84, 85~88, 92, 94, 96, 99, 100, 131 III-232, 241, 244
여호와의 언약 II-158, 164, 264
여호와의 총회(여호와의 회의) I-83 III-137, 140
역대의 연대 I-187~189, 191, 194, 195
역사(실패의 -) (너무 많아 생략함)
  -와 연속성 I-203~205, 207, 208, 210
  -의식 I-173, 193, 202~209
연속성(continuity) I-203~205, 207, 208, 210, 262, 263 II-51 III-273, 274

열국의 아버지(열국의 아비) I-133, 137, 138, 159 II-44
12지파 I-21, 54, 156, 157, 169 II-146 III-85, 256
열매로 평가 I-146
영국교회 I-72
영상문화 I-174
영생 III-92, 153
영성 개발(영성 훈련) I-66, 228, 230
영성개발교육(Spiritual Development) I-67
영의 양식(영적 양식) I-56, 227 II-104, 130~133, 245 III-92, 139, 154, 273
영적 사망 II-168
영적 생명 II-165
영적 성숙(영적으로 성숙) I-38, 66~68, 256 II-36, 93, 94 III-37, 152
영적 아버지(영적으로 낳은 부모) I-232, 233, 235, 255
영적 유대인(영적 이스라엘) I-38, 61, 74, 134, 144, 246 II-36, 60, 69, 90, 93, 132, 155, 159, 177 III-37, 70, 72, 94, 107~109, 113, 118, 137, 183, 204, 208, 259
영적 자녀 I-232 III-120
영혼과 육 II-246
영혼의 빛 I-56
영혼의 양식 I-61
영화(-롭게, -롭고) I-88, 147 II-162 III-114
예다이티브 I-142
예레미야 I-66, 67 II-96, 171~175, 205 III-102
예루살렘 I-16, 44, 45, 105, 122, 124~127, 185, 186, 215, 244, 246, 273 II-16, 46, 96, 131, 135, 166, 167, 172, 255, 276, 292 III-16, 88~91, 138, 165, 177, 196, 197, 199, 216, 217, 266, 282, 288
  - 성전(-교회) I-16, 45, 105, 122, 124~127, 215, 244, 246 II-16, 96, 135, 172, 255, 292 III-16, 90, 91, 177
  - 전도 III-197, 199
예배(제사) I-72, 123~127, 129, 164, 213, 275, 279 II-51~54, 56~58, 86, 89, 96, 172, 186, 187, 267, 272, 279, 284, 295, 297, 298 III-67, 68, 84~87, 89~91, 93, 95, 103, 278, 286

절기 - II-267
-론 III-68, 84, 89, 95
예수님 (너무 많아 생략함)
　-의 재림(오실 -) I-34, 43, 54, 58, 60, 73, 92, 160, 230, 246, 264, 265, 274, 275 II-21, 32, 42, 45, 46, 49 III-22, 23, 33, 256, 263, 274
　-의 족보 I-196
　-처럼 바울처럼 I-242, 244
예식(예식적) II-22, 257, 258, 273 III-71, 77, 79, 81, 85, 130, 131, 133, 135, 270, 283
예언 I-59, 119, 133, 135, 159, 223, 273 II-172 III-246
예절교육 III-155
예표 I-157 II-148 III-70
옛 사람 I-157 II-148 III-70
5감의 문화 III-166
오네시모 I-255
오늘과 내일 II-148
오립 III-156
오멜 I-76, 80
오벳 III-81
오순절(שבועות, Shavouth) I-44, 60, 98, 99, 125, 126, 258, 260 II-131, 141, 145, 147, 148, 154 III-26, 66~68, 76, 77~82, 84~89, 93~95, 177, 216, 268, 269
　- 성령강림(- 다락방) I-44 II-131 III-26, 177, 216
　-에 시내산에서 십계명 I-98, 99
옳고(charity, 옳은 일) I-118, 131
왕 같은 제사장 I-274 II-78, 80
외식적인 생활 III-52
요나의 니느웨 전도 I-154, 250
요드 II-264
요셉 I-66, 67, 104, 109, 112~116, 166, 178, 181, 182, 227, 264 II-96, 132, 184 III-102, 186
　-의 뼈(-의 해골) I-104, 112~114
요엘 선지자 I-183
우슬초 III-69
원주민 선교사 II-62
월삭 II-165
월키(Waltke) I-84
웨스터만(Westermann) I-83, 85
웨일즈 부흥과 쇠망 I-70
웬햄(Wenham) I-83

유니버설리즘(Universalism) I-218~220
유대 국가 II-198, 200 III-81, 118, 235
유대 민족(유대민족) I-32, 58, 69, 98, 99, 102, 113, 116, 121, 143, 169, 185, 209, 211, 219 II-30, 43, 47, 84~86, 98, 99, 124, 136, 141, 143, 145, 146, 157, 164, 193, 195, 211, 219, 238, 239, 241, 249 III-31, 41, 82, 89, 94, 104, 115, 208, 210, 233, 235, 236, 238, 245, 256, 262
유대계 기독교인 II-67, 100, 102, 104~108
유대교의 시작(유대교의 시조, 유대인의 조상) I-246 III-60
유대문화 II-98
유대의 전통 III-73
유대인 (너무 많아 생략함)
　- 공동체 I-15, 19, 30, 196, 199, 211, 280 II-28, 65, 74, 186, 189, 224 III-21, 29, 288, 289
　- 교회(Messianic congregation) II-78, 129
　-의 가정 I-26, 27, 32, 39, 154, 155, 273, 283 II-30, 37, 47, 60, 238, 292 III-31, 38, 219, 280
　-의 가정목회 I-154, 155 II-30, 47 III-31
　-의 삶의 철학(-의 생활 방식) I-43 II-269
　-의 생존 비밀 II-51 III-44
　-의 선민교육 I-30, 38, 39, 48, 227, 229, 273 II-28, 36, 37, 68, 96 III-29, 37, 38, 173, 204, 219
　-의 쉐마 I-39, 40, 43, 48, 57, 74, 98, 227, 276 II-37, 38, 44, 65, 96, 118, 135, 145, 161, 163, 177, 179, 194, 204, 214, 217, 222, 286 III-38, 39, 45, 51, 52, 57, 253, 259, 261, 286
　-의 예시바 I-185
　-의 유산(-유업) I-84 II-90
　-의 자녀교육 II-67~69, 136, 200 III-55, 128, 173, 204
　-의 전통 I-164, 175, 212, 270 II-242 III-73, 75, 81
유대전도 III-200
유대주의 I-174 II-122, 133, 231, 238 III-78, 145
유럽교회 I-72
유산 I-84 II-93, 97, 200, 216, 239, 289, 290 III-99~102, 107, 108, 110, 112, 114, 115, 195, 228, 253, 275, 277

유언 I-113, 115, 116 II-144, 203, 211, 215, 226, 269 III-115, 227
유업을 이을 자 I-159 II-77, 78, 79, 178
유업인 가나안 I-176
유월절(פֶּסַח, Passover) I-98, 167, 183, 192, 245 II-51, 143 III-26, 67~73, 76~80, 82, 86, 94, 128, 268, 269
 - 어린양 III-70, 71, 72, 86, 94
유전적인 거룩 II-85
유황과 불 I-96
613개 율법(613개의 율법) I-88, 115 II-212, 254, 256, 266 III-49, 59, 85, 109, 181
육신의 아버지 I-232, 235
육신의 자녀 I-170
육신의 할례 II-207, 208 III-107
율례와 법도 I-165 II-93, 96, 161, 162, 167, 179, 180, 199, 250, 275 III-145, 149, 157, 236, 242, 244, 252
율법 (너무 많아 생략함)
 - 받은 날 III-76, 78, 80, 82, 86, 88
 구약의 - I-67, 264
 - 교육 II-68, 194
 - 맡은 자 I-33 II-31, 190, 192, 211
 -주의자 II-232
 -책 II-184, 264
음부 I-160
의(righteousness or charity) I-85~87
의식의 행위 III-46, 53
의와 공도 I-81, 84, 85, 87, 91~93, 95, 96, 222
의인 I-78~80, 86, 88, 89, 91, 93, 95, 99, 134, 150, 258 II-46, 180, 181, 233 III-82
 -의 기준 I-88
 -의 표상 I-79, 91
이반 로버츠(Evan Roberts) I-70, 71
이방 구원(-의 구원, -인의 구원) I-138, 157, 239 II-70, 71, 93, 94, 180
이방 기독교인(이방인 기독교인) I-32, 60, 134 II-30, 67, 70, 74~79, 82~84, 88, 90, 91, 93~95, 100~104, 106, 115, 130~134, 136 III-31, 257
이방 문화 I-172 III-242
이방 교회(이방인 교회) II-134
이방을 비추는 빛(이방의 빛) I-134~136, 221 II-189, 190
이사야 I-135, 183, 273, 282 II-235, 285 III-255, 272
이삭 I-21, 32, 52, 54, 97, 99, 101, 102, 104~112, 114, 115, 119, 130, 131, 143, 146, 147, 149~151, 153~157, 162~166, 169~179, 181, 215, 216, 224, 245, 275 II-24, 30, 43, 47, 51, 83, 84, 86, 94, 96, 117, 132, 135, 146, 160, 199, 207, 238, 239, 297 III-31, 85, 101, 102, 111, 256, 259
이삭의 순종 I-104, 105, 108, 130, 164
이새 III-81
2세교육 I-168 III-91, 155, 172, 174~178, 196, 200, 201, 224, 228, 229
이스라엘 국가 I-156, 169 II-48, 84, 116, 117, 135, 157 III-68
이스라엘아 들으라 I-121 II-203, 209, 212, 215, 222, 226, 259 III-26, 43, 58, 181, 207
이스라엘의 12지파 II-146
이스라엘의 아들 I-169~171 II-238
이스마엘 I-101, 155, 170 II-83, 84
이웃전도 I-23, 71, 126, 242 II-134 III-208, 228
이적과 표적 I-96, 98 III-241, 242, 244
이중문화 III-213, 214, 222
이집트(-의 노예) I-192 II-99, 167 III-73, 74, 143
인간론 II-112
인간의 타락 I-166
인류 구속의 역사 I-61, 63, 262 III-121, 124
인류 구원 I-31, 43, 49, 50, 53, 54, 56, 58, 59, 62, 95, 100, 119, 134, 138, 160, 220, 222, 225, 237, 262, 264 II-24, 29, 86, 151 III-22, 232, 264, 273, 274
인류의 조상(- 아담) I-158 II-71 III-232
인본주의 I-234 III-54, 250~252
인생의 외미 III-252
인생의 재미 III-252
인성교육 I-24, 35, 36~41, 174, 175, 181, 190, 201, 268, 269, 274, 278, 280 II-33~39, 50, 61, 210, 286, 288, 294, 295 III-24, 25, 34~40, 42, 44, 59, 157, 160, 164, 173, 175, 231, 249~253, 287, 290
일곱 가지 규범(일곱 개의 율법) I-88~90
일곱 교회 I-45 III-217, 277

자

자녀 (너무 많아 생략함)
  -교육(- 양육) I-16, 19, 21, 22, 27, 29~31, 33, 35, 38, 40, 41, 57, 61, 105, 106, 110, 121, 122, 124, 125, 131, 143, 149, 167, 168, 175, 197, 202, 233~236, 239, 241, 246, 247, 261, 266, 281 II-16, 27~31, 33, 36, 38, 39, 46, 47, 55, 61~63, 67~69, 75, 134, 136, 183, 200, 202, 216, 220, 241, 250, 263, 286 III-16, 22, 28~32, 34, 37, 39, 40, 44, 55, 59, 108, 128, 144, 155, 159, 160, 167~170, 173, 203, 204, 207, 226, 228, 258~260, 262, 273, 278, 284, 286
  -신학 I-39, 239, 273 II-21, 37, 136, 285, 287 III-38, 97, 219, 265
  -의 복음화 III-197
  -의 유형 I-16, 161, 202, 208, 209 II-16 III-16
자손(자식) (너무 많아 생략함)
자식은 여호와의 주신 기업 II-31 III-97, 100, 102
장막 I-172, 174, 176, 179 II-146 III-77, 79, 143
장자 I-98, 101 II-258 III-69
재산 II-80, 166, 215, 216, 229 III-99, 100, 102, 115
10가지 재앙 I-98, 99
저주 I-100, 218, 221, 239, 246, 262, 264 II-51, 122, 159~164, 168, 170, 173, 177, 179, 182~184, 187, 191, 192, 194, 203, 241, 251, 270 III-92, 98, 119, 121, 124, 136, 137, 139, 140, 207, 249, 262, 264~266
전능자(전능하신 하나님) II-202, 262, 264 III-131, 136, 235
전도(evangelism) I-23, 25, 27, 31, 37, 39, 53, 66, 69, 71, 126, 150~152, 154, 158, 217, 219, 224, 231~235, 238, 240, 242~247, 249~252, 258, 273 II-21, 24, 29, 35, 37, 43, 46, 50, 62, 100, 107, 108, 111~113, 115, 128, 131, 132, 134, 192, 201, 240 III-30, 36, 38, 111, 119, 120, 155, 169, 173, 196~200, 208, 225, 228, 237, 248, 251, 252, 372
전도의 방향 I-231, 233
전수 (너무 많아 생략함)
전통(제도적인 -) I-27, 154, 164, 169, 174, 175, 180, 181, 183~185, 187, 210, 212, 216, 244, 263, 270 II-22, 53, 54, 61, 79, 95, 105, 240~242, 267, 279, 290 III-18, 19, 21, 25, 65, 73, 75, 77, 81, 97, 132, 157, 173, 188, 198, 200, 210~212, 241, 250, 256, 280, 281, 289
전통 문화 III-256
전통 및 역사 II-61 III-210
전통의 계승과 보존 I-164
전파 I-31, 44, 50, 56, 57, 59, 60, 62, 138, 152, 153, 165, 219, 220, 231, 233, 248, 252, 261, 264, 269 II-21, 29, 44~46, 50, 62, 112, 124, 133, 136, 137 III-22, 30, 111~114, 177, 190, 211, 212, 216, 221, 225, 226, 229, 253, 256, 263, 268, 271, 273, 274, 277
접붙임 받은 이방 기독교인(-을 받은 가지) II-70, 83, 84
정결 II-105, 147, 289, 291 III-80, 182, 283
정경 I-60, 87 III-54
정의 I-89, 131, 244, 247, 257 II-21, 95, 97, 202, 203, 207, 290, 294 III-84, 90, 100, 131, 150
정체성(Identiy) I-36, 170, 181, 198 II-34, 62, 71, 84, 86, 286 III-22, 35, 98
정통파 유대인 I-19, 26, 27, 30, 33, 47, 67, 142, 234, 245, 249, 256, 276, 280, 283 II-25, 28, 31, 64, 65, 97, 106, 107, 128, 163, 183, 253, 256, 267, 273, 274, 277, 279, 280, 286 III-21, 29, 32, 70, 71, 111~124, 130, 132, 140, 146, 150, 205, 211, 214, 219, 220, 280, 288
젖과 꿀(-이 흐르는 땅) II-196, 257 III-105
제1대 족장 아브라함 I-146
제2대 족장 이삭 I-149, 164
제3대 족장 야곱 I-153,164
제3세계(-인) II-62 III-200, 213, 215~218
제단 I-101, 146 II-184, 282, 293 III-190, 215
제물(희생제물) I-97, 101, 102, 104, 107, 108, 125 II-81 III-85, 91
제사장(가정의 제사장) I-124, 125, 135, 156, 255, 274 II-78, 80, 146, 165, 166, 171, 178, 236, 297 III-85, 86, 90, 106, 128, 138, 201, 258, 282, 285
  - 나라 I-135 II-146 III-152
제자 (너무 많아 생략함)
  - 양육(discipleship, -로 양육) I-232 II-49 III-155
조기교육 III-162

조상 (너무 많아 생략함)
　선민의 - I-32, 69, 108, 150, 162, 165, 215, 216, 218, 219 II-30, 41~43, 83, 211 III-31, 68, 85, 111, 233, 255, 263
　순종의 - I-104, 107, 164
조선민족(조선사람) III-183, 184, 186
조직신학 I-28 III-275
족보 I-79, 134, 152, 159, 196, 198~200, 244~246, 250, 258, 263 II-44, 61, 71, 83 III-187, 190
　개인적인 - I-199, 200 II-61
족속(mishpawkhaw) I-50, 59, 62, 65, 74, 75, 120, 132, 134, 152, 175, 177, 218, 219~221, 226, 240, 246, 274 II-21, 41, 42, 45, 46, 78, 80, 83, 116, 122, 123, 125, 287 III-111, 173, 222, 227, 228, 263, 272
족장(- 아브라함, - 이삭, - 야곱) I-52, 146, 149, 153, 164, 176
족장시대 I-149, 170, 224 II-85
존재론 II-112
종교심리학 III-249
종교 행위(가식적 -) III-56
종말론 II-48
종의 신분 II-76, 79
종족 선교 III-202, 215, 222, 225, 227, 229
죄 값(죄의 삯) I-44
죄의 종살이 III-70
죄를 심판 II-170
죄에서 해방 III-72, 86
주기철 II-93, 228
주일 I-46, 111 II-52, 54, 194, 293, 297 III-61, 176, 196, 243, 277, 278, 284, 286
죽음의 재앙 III-69, 70, 71, 183
중보자 I-84 II-177 III-77
중심주제 I-81, 247 II-200 III-248
중재지 II-145, 147, 154
지도자 I-16, 39, 113, 196, 198, 199, 201, 247~257, 261, 267~269, 271, 272, 277, 284, 299 II-16, 18, 26, 37, 64, 143, 164, 209, 244, 262, 263, 274, 284, 296 III-16, 25, 38, 56, 69, 71, 73~75, 87, 91, 109, 143, 144, 278
지도자의 조건 I-253
지상명령 (너무 많아 생략함)
　구약의 - (너무 많아 생략함)
　두 가지 - I-31, 43, 44, 46, 48, 50, 52~64, 66, 68, 70, 72, 74, 152, 220 II-21, 29, 42 III-22, 30
　신약의 -(예수님의 -) (너무 많아 생략함)
　-의 내용 I-32, 77, 117 II-30, 118 III-31, 261
　-을 성취 I-31, 219, 239 II-29 III-30, 227
　하나님의 - I-21~23, 53, 54, 95, 100, 128, 139, 154 II-64 III-114, 207
지정학적 입장 III-198
지혜교육 II-177
지혜자 I-192, 196 II-227, 228
찌찌트 I-27 II-244, 250, 254~256, 266, 268, 277, 279, 280 III-42, 48, 49, 51, 59

차

창조론 II-112
창조물 II-150
창조자(-주, -주 하나님) I-119 II-114, 155, 223 III-131
책의 민족 II-242
영원한 천국 II-62 III-155
천국을 확장 I-232 II-239 III-112~114, 117, 120
천국의 그림자(천국의 예표, 천국의 표상) I-157, 114 III-101, 108
천지 창조 I-166
천하 만민(all nations on earth) I-80, 83, 97, 109, 119, 132, 143, 145, 177, 281 II-83, 116, 122, 123, 125 III-263
청각의 종교 II-211
청종 II-213, 223, 259
체험 학습(- 프로그램) II-182
초대교회 선교 I-45
초막절 I-51, 165 III-68, 71, 78, 141
초실절 III-76
축복 (너무 많아 생략함)
　-과 생명 II-179
　-과 저주 II-184 III-202
축제의 날(축제의 절기) III-69, 138
칠칠절 II-154, 165 III-76
침묵의 탈출 I-46

카

카이저(Walter Kaiser) I-133, 221, 222, 224, 225
칼빈 I-254 II-75, 85, 87 III-17, 21
칼타고 공의회 I-60
캐논 III-54
코리안 디아스포라(Korean Diaspora) III-174,

찾아보기 333

202, 209, 210, 212, 215, 224, 225
키파(야마카) II-273

타

타락 I-26, 31, 36, 44, 54, 56, 62, 78, 79, 85, 91~93, 100, 119, 133, 138, 158, 166, 218, 219, 238, 264 II-29, 34, 41, 42, 46, 76, 88, 118, 151, 170, 190, 240 III-30, 35, 104, 111, 218, 231~233, 240, 241, 243, 245, 247, 252, 253, 256, 259, 263
타민족 I-25, 44, 47, 49, 53, 230~232, 246 II-41, 62 III-178, 193, 200, 201, 261, 289
탈리트 카탄 II-254
탈무드 I-33, 34, 64, 90, 103, 129, 139, 141, 150, 165, 169, 185, 186, 192, 214, 231, 239, 266 II-31, 32, 81, 99, 110, 120, 121, 123, 139, 150, 158, 188, 218~220, 226, 230, 238~240, 242, 249, 254, 264, 272, 281, 283, 288, 289, 296 III-19, 32, 33, 65, 73~75, 83, 103, 112, 114, 116~118, 120, 144, 156, 160, 162, 171, 192, 206, 236, 238, 239, 270, 281
탈출 I-46, 96, 98, 113, 115, 116 II-113, 144 III-21, 69, 78, 143, 183
태의 열매 III-97, 100
택하신 족속(택한 백성) I-274 II-78, 80, 196 III-70, 104, 154, 184
테필린 I-27 II-250, 251, 253, 256, 257, 260, 262~265, 267, 268, 273, 274, 276 III-42, 45, 46, 51
토라 I-18, 26, 27, 49, 53, 54, 57~60, 62, 115, 142, 185, 191, 263, 264 II-23, 44, 86, 94, 95, 99, 144, 150, 151, 153, 183, 220, 224, 231, 234, 238, 242, 252, 255, 260, 262, 263, 279, 289~291, 297 III-18, 22, 23, 67, 76, 77, 79, 81~83, 87, 93, 101, 104, 106~108, 131, 135,~139, 141, 142, 156, 165, 204, 210, 232, 234, 240, 245, 258, 259
토라교육 II-23, 220
토카이어(Tokayer) I-64, 90, 103, 129, 139, 141, 150, 165, 169, 186, 192, 214, 266 II-81, 99, 110, 121~123, 139, 158, 188, 219, 226, 239, 240, 242, 249, 272, 281, 283 III-65, 75, 83, 103, 112, 114, 116, 144, 146, 156, 160, 171, 192, 206, 236, 239, 270
특권 I-83 II-79, 80, 132, 177, 178, 195, 220,
275 III-18, 41, 127, 135, 140, 145~147, 149, 157, 244, 262, 288
특수계시 I-87
티샤바브 II-172

파

팔목 II-212, 252, 267, 274 III-245
펜트코스트 III-76
평양 대부흥 운동 I-71
평화와 번영 II-58, 164, 165, 173 III-195
포로생활 II-173
프로테스탄트 I-213
피장의 집 지붕 II-105
피조물 I-88, 237 II-150, 295 III-131
(알렉산더) 피터스(Alexander A. Pieters) II-107
(알버터스) 피터스(Albertus Pieters) II-107

하

하나를 귀히 여기는 자 I-151
하나님 (너무 많아 생략함)
 - 나라 I-165 II-124
 -과 원수 II-73, 76
 -은 오직 한 분 II-222
 -의 강림(-의 임재) II-147, 152, 154, 289 III-85, 86
 -의 계획(-의 원대한 계획) I-79, 83, 162, 215, 216 II-221
 -의 교육 방법 I-98, 212 III-50, 52, 53, 128
 -의 기업 II-166 III-104
 -의 벗 I-160
 -의 본체 I-237
 -의 상속자(-후사, -의 후사) II-79, 178
 -의 선물 III-100
 -의 소유(-의 유업) I-176 II-178
 -의 신부 III-77
 -의 언약 I-83, 182 II-177~179, 250, 285, 286 III-233
 -의 이름 II-223, 229, 262, 264 III-50
 -의 주권(하나님의 절대 주권) I-269 II-69, 71, 79, 129, 214, 223 III-68, 257
 -의 정체성 I-170
 -의 형상을 닮도록 교육 I-118
히드 팔렐 II-281
하림 III-156

하셈 에하드 II-223
하셈 엘로헤이누 II-223
하프토라 III-135, 137, 141
하와 I-86, 119, 122, 125, 158 II-41 III-99, 176, 263
학교교육 I-110, 283 II-295 III-164, 218, 252
한국 민족의 뿌리 II-58
한민족 동질성 II-50
할례의 유익 II-86, 88, 115, 150
할아버지 I-131, 162, 167, 168, 173~176, 182, 184, 187, 198, 200, 210, 215, 216, 231, 273 II-22, 52, 185, 186, 203, 215 III-136, 139, 205, 256
 - 교육신학 I-167, 175, 216
 - 신학 I-162, 168, 175, 273 III-256
 -의 역할 I-174 II-22
해산의 수고 I-232, 254
핵심단어(키워드) II-145
행함이 없는 믿음 I-68, 163
허쉬(Hirsch) I-82, 85 II-198
해밀턴(Hamilton) I-83, 84
혈기와 기질 I-256
혈통적 자녀(혈통적인 유대인) I-69 III-105, 107, 109, 113
형식주의(-자) II-292 III-52, 56
호렙산 II-193
호립 III-156
홈스쿨링(-의 성경적 기원) I-68, 118 III-258
홍해 I-98, 99, 113 II-143, 211 III-77, 233, 240, 268, 269
화목제 II-165, 184
햇불 언약을 체결 I-114
회개(죄의 -) I-70, 150, 183, 194, 269, 270 II-74, 112, 147, 148, 169, 172, 176, 198, 232, 235, 274~276, 281, 282 III-43, 50, 235, 250~252
 -에 합당한 죄가(-에 합당한 열매) II-274, 275
회당(유대인 회당) I-120, 126, 129, 197, 199, 213, 215, 279, 283 II-50, 51, 53, 54, 56, 58, 176, 242, 273, 283, 289, 292, 293, 296, 297 III-77, 79~81, 83, 132, 135, 138, 141, 145, 205, 210, 214, 270, 281, 282, 288
회복 I-274, 278, 279, 281 II-22, 129, 169, 186, 285~287, 295, 298 III-210, 212, 214, 217, 221, 222, 225, 226, 267, 271, 277, 280, 290
 복의 - III-271
 말씀 - III-271
효과 I-104, 211 II-210, 255, 287 III-42, 45~48, 51, 56, 128, 160, 162, 227, 228, 291
 시각적인 - III-45
 촉각적인 - II-255 III-46, 47
 청각적인 - III-46
 온몸 체험 - III-46, 48
효도교육 I-39, 131 II-37, 45 III-38, 182, 219, 258, 290
후사(후손) I-51, 59, 74, 83, 85, 91, 99, 119, 125~128, 138, 143, 145, 155, 156, 158, 160, 165, 173, 176~179, 181, 184, 196, 219, 223, 230, 238, 246, 263, 273, 281 II-20, 21, 42, 43, 45, 47, 48, 58, 60, 69, 83~85, 90, 118, 119, 143, 151, 178, 211 III-68, 105, 183, 204, 232, 233, 235, 237, 255, 257, 267, 283
후천적 교육 I-209
훗파 III-77, 79

ABC

EQ(마음, 사랑, 정서)의 학습방법 I-190
EQ의 사람 I-191, 193
IQ(두뇌, 머리, 지식)의 학습방법 I-190
IQ의 사람 I-191, 193
Know-How I-40 II-38, 98 III-39
Know-Why I-40 II-38 III-39
Pre-Evangelism I-35, 37, 39 II-33, 35, 37 III-34, 36, 38
Post-Evangelism I-37, 39 II-35, 37 III-36, 38

유대민족이 받은 지상명령

"

이스라엘아 들으라(쉐마)!
우리 하나님 여호와는 오직 하나인 여호와시니,
너는 마음을 다하고 성품을 다하고 힘을 다하여,
네 하나님 여호와를 사랑하라.
오늘날 내가 네게 명하는 이 말씀을 너는 마음에 새기고,
네 자녀에게 부지런히 가르치며,
집에 앉았을 때에든지 길에 행할 때에든지 누웠을 때에든지
일어날 때에든지 이 말씀을 강론할 것이며,
너는 또 그것을 네 손목에 매어 기호를 삼으며,
네 미간에 붙여 표를 삼고,
또 네 집 문설주와 바깥 문에 기록할지니라. (신 6:4~9)

"

교육 혁명이 시작되었습니다!
- 가정교육 · 교회교육 · 교회성장 위기의 대안 -

자녀교육 + 교회성장 고민하지요?

Q1: 왜 현대 교육은 점점 발달하는 데 인성은 점점 더 파괴되는가?
Q2: 왜 자녀들이 부모와 코드가 맞지 않아 갈등을 빚는가?
Q3: 왜 대학을 졸업하면 10%만 교회에 남는가? 교회학교의 90% 실패 원인은?
Q4: 왜 해외 교포 자녀들이 남은 10%라도 부모교회를 섬기지 않는가?
Q5; 왜 현대인에게 전도하기가 힘든가?

근본 대안은 유대인의 인성교육과 쉐마교육에 있습니다

- 어떻게 유대인은 위의 문제를 4,000년간 지혜롭게 해결하고 세계를 지배하고 있는가?
- 어떻게 유대인은 아브라함 때부터 현재까지 세대차이 없이 자손 대대로 말씀을 전수하는데 성공했는가?

■ 쉐마교육연구원은 무슨 일을 하나?

1. 2세 종교교육 방향제시
혼돈 속에 있는 2세 종교교육의 방향을 성경적이고 과학적인 연구에 의해 옳은 방향으로 제시해 준다.

2. 성경적 기독교교육 재정립
유대인의 자녀교육과 기존 기독교교육 자료를 중심으로 백년대계를 세울 수 있도록 한국인에 맞는 기독교교육 방법을 재정립한다.

3. 한국인에 맞는 기독교교육 자료(내용) 개발
현 한국 및 전 세계 한국인 디아스포라를 위해 한국인의 자녀교육에 맞는 기독교교육 내용을 개발한다.

4. 해외 및 기독교교육 문제 연구
시대와 각 지역 문화의 변화에 대처하기 위해 계속 연구하고 대안을 제시한다.

5. 교회교육 지도자 연수교육
각 지교회에 새로운 교회교육 지도자를 양성 보충하며 기존 지도자의 필요를 충족시켜준다.

6. 청소년 선도 교육 실시
효과적인 청소년 교육 프로그램을 개발하여 선도교육을 실시한다.

7. 효과적 성서 연구 및 보급
성경을 교육학적으로 보다 깊이 연구하고 효과적인 전달 방법을 개발하여 이를 보급한다.

8. 세계 선교 교육
본 연구원의 교육 이념과 자료가 세계 선교로 이어지게 한다.

■ '쉐마지도자클리닉'이란 무엇인가?

쉐마교육연구원은 세계 최초로 현용수 교수에 의해 설립된, 인간의 인성과 성경적 쉐마교육을 가르치는 인성교육 전문 교육기관이다. 본 연구원에서 가르치는 핵심 교육의 내용 역시 현 교수가 하나님이 주신 지혜로 계발한 것들이며, 거의 모두가 세계 최초로 소개된 인성교육의 원리와 실제를 함께 가르치는 성경적 지혜교육이다. 본 연구원은 바른 인성교육 원리와 쉐마교육신학으로 가정교육·교회교육·교회성장 위기의 대안을 제시해 준다.

쉐마교육연구원에서 주관하는 '쉐마지도자클리닉'은 전체 3학기로 구성되어 있다. 1주 집중 강의로 3차에 걸쳐 제1학기는 '유대인을 모델로 한 인성교육 노하우', 제2학기는 '유대인의 쉐마교육'이 국내에서 진행된다. 제3학기는 '유대인의 인성 및 쉐마교육 미국 Field Trip'으로 미국에서 진행되며 현용수 교수의 강의는 물론 LA에 소재한 유대인 박물관, 정통파 유대인 회당 및 안식일 가정 절기 견학 등 그들의 성경적 삶의 현장을 견학하고, 정통파 유대인 랍비의 강의, 서기관 랍비의 양피지 토라 필사 현장 체험을 한 후 현지에서 졸업식으로 마친다.

3학기를 모두 마친 이수자에게는 졸업 후 쉐마를 가르칠 수 있는 'Teacher's Certificate'를 수여하여 자신이 섬기는 곳에서 쉐마교육을 가르칠 수 있도록 도와준다.

■ 누가 참석해야 하는가?

- 기존 교육에 한계를 느끼고 자녀교육과 교회학교 문제로 고민하시는 분.
- 한국 민족의 후대 교육을 고민하며 그 대안을 간절히 찾고자 하시는 분.
- 하나님의 말씀을 자손에게 물려줄 수 있는 비밀을 알고자 하시는 분.
- 유대인의 효도교육의 비밀과 천재교육+EQ교육의 방법을 알고자 하는 분.

미국: 3446 Barry Ave. Los Angeles, California 90066 USA
　　　쉐마교육연구원 (310) 397-0067

한국: 02) 3662-6567, Fax. (02) 2659-6567
　　　www.shemalQEQ.org　　shemaiqeq@hanmail.net

IQ · EQ 박사 현용수의
유대인 자녀교육 총서

	인성교육론 시리즈	쉐마교육론 시리즈	탈무드 시리즈
1	인성교육론 + 쉐마교육론의 총론: IQ는 아버지 EQ는 어머니 몫이다 전3권		탈무드 1 : 탈무드의 지혜 (원저 마빈 토카아어, 편저 현용수)
2	현용수의 인성교육 노하우 1 - 인성교육이란 무엇인가 -	부모여, 자녀를 제자삼아라 전2권 - 유대인 자녀교육이 필요한 이유 -	탈무드 2 : 탈무드와 모세오경 (이하 동)
3	현용수의 인성교육 노하우 2 - 인성교육의 본질과 원리 -	잃어버린 구약의 지상명령 쉐마 전3권 - 교육신학의 본질 -	탈무드 3 : 탈무드의 처세술 (이하 동)
4	현용수의 인성교육 노하우 3 - 인성교육과 EQ + 예절 교육 -	유대인 아버지의 4차원 영재교육 - 아버지 신학 -	탈무드 4 : 탈무드의 생명력 (이하 동)
5	현용수의 인성교육 노하우 4 - 다문화 속 인성 · 국가관 -	자녀들아, 돈은 이렇게 벌고 이렇게 써라 - 경제 신학 -	탈무드 5 : 탈무드 잠언집 (이하 동)
6	문화와 종교교육 - 박사 학위 논문을 편집한 책 -	자녀의 효도교육 이렇게 시켜라 전3권 - 효신학 -	탈무드 6 : 탈무드의 웃음 (이하 동)
7	IQ · EQ박사 현용수의 쉐마교육 개척기 - 자서전 -	신앙명가 이렇게 시켜라 전2권 - 가정 신학 -	옷을 팔아 책을 사라 (원저 빅터 솔로몬, 편저 현용수, 쉐마)
8	가정해체로 인한 인성교육 실종 대재앙을 막는 길 - 논문 -	성경이 말하는 남과 여 한 몸의 비밀 - 부부 · 성 신학 -	
9	유대인이라면 박근혜의 위 기, 어떻게 극복할까 - 논문	성경이 말하는 어머니의 EQ 교육 전2권 - 어머니신학 -	
10		한국형 주일가정식탁예배 예식서, 순서지 - 가정예배	
11		하나님의 독수리 자녀교육 - 고난교육신학 1 -	
12		유대인의 고난의 역사교육 - 고난교육신학 2 -	
13		승리보다 패배를 더 기억하는 유대인 - 고난교육신학 3 -	

이런 순서로 읽으세요 (전 38권)

인성교육론과 쉐마교육론

- 전체 유대인 자녀교육에 대한 개론을 알려면
  - 《IQ는 아버지 EQ는 어머니 몫이다》 (전3권)
- 유대인을 모델로 한 인성교육의 원리를 이해하려면
  - 《현용수의 인성교육 노하우》 (전4권)
- 인성교육론이 나오게 된 학문적 배경을 이해하려면
  - 《문화와 종교교육》 (현용수의 박사 학위 논문)
  - 《IQ·EQ 박사 현용수의 쉐마교육 개척기》 (현용수 박사의 자서전)
- 왜 기독교교육에 유대인의 선민교육이 필요한지를 알려면
  - 《부모여 자녀를 제자 삼아라》 (전2권)
- 쉐마교육론(교육신학)이 나오게 된 성경의 기본 원리를 알려면
  - 《잃어버린 구약의 지상명령 쉐마》 (전3권)
    (쉐마와 자녀신학이 포함됨)
- 가정 해체와 인성교육과의 관계를 알려면
  - 《가정 해체로 인한 인성교육 실종 대재앙을 막는 길》
- 대한민국 자녀의 이념교육 교재
  - 《유대인이라면 박근혜의 위기, 어떻게 극복할까》

각 쉐마교육론을 더 깊이 연구하려면 다음 책들을 읽으세요

- 아버지 신학 《유대인 아버지의 4차원 영재교육》
- 경제 신학 《자녀들아, 돈은 이렇게 벌고 이렇게 써라》
- 효 신학 《자녀의 효도교육 이렇게 시켜라》 (전3권)
- 가정 신학 《신앙명가 이렇게 세워라》 (전2권)
- 부부·성신학 《성경이 말하는 남과 여 한 몸의 비밀》
- 어머니 신학 《성경이 말하는 어머니의 EQ 교육》 (전2권)
- 가정예배 《한국형 주일가정식탁예배 예식서》 (별책부록: 순서지)
- 고난교육신학 1 《하나님의 독수리 자녀교육》
- 고난교육신학 2 《유대인의 고난의 역사교육》
- 고난교육신학 3 《승리보다 패배를 더 기억하는 유대인》

앞으로 더 많은 교육 교재가 발간될 예정입니다. 계속 기도해 주세요.